O X MARCA O LOCAL

Elogios para O X Marca o Local

"O *X Marca o Local* é um livro fascinante tanto como um compêndio de grandes sucessos de revelações arqueológicas quanto uma sutil análise de como a 'descoberta' evoluiu. Ao pesquisar a jornada da arqueologia — de estudiosos imperialistas, gênios poliglotas e aventureiros saqueadores até a colaboração atual de projetos de várias décadas — o professor Michael Scott mostra que as 'descobertas' muitas vezes exigiram não somente coragem, persistência e talento, mas também pressão geopolítica, conhecimento local, escolhas éticas questionáveis e sorte, pura e simples sorte!"

Greg Jenner, historiador, autor e apresentador do podcast *You're Dead to Me*

"Se você adora Indiana Jones, encontrou o lugar certo. Michael Scott celebra a fusão da erudição e da aventura em um livro repleto de ambas."

Dan Snow, historiador, autor e apresentador do podcast *History Hit*

"Em oito dos atos de descoberta mais audaciosos da História, Scott nos apresenta um relato da própria arqueologia. Essa é uma investigação incrível da obsessão da humanidade pelos vestígios físicos de seu passado."

Suzannah Lipscomb, historiadora, locutora e autora

"Leitura essencial até para aqueles com apenas um vago interesse em explorar o passado. Michael Scott tece um mundo ao redor de cada descoberta que nos revela, tanto dos comportamentos modernos quanto das antigas civilizações encontradas sob o pó dos séculos. Não consegui parar de ler!"

Janina Ramirez, historiadora, locutora e autora

"Você quer saber mais sobre algumas das mais fascinantes descobertas arqueológicas feitas pelo mundo? Então pegue o fabuloso, esclarecedor, inteligente e nunca desatualizado livro de Michael Scott imediatamente. É maravilhoso."

Natalie Haynes, classicista, locutora e autora

Com seu chapéu Fedora e o chicote, um dos heróis mais famosos da cultura popular é um arqueólogo: Indiana Jones. Aqui estão algumas das histórias excepcionalmente incríveis por trás de filmes, quadrinhos, romances e videogames: Hiram Bingham nas montanhas de Machu Picchu, Aurel Stein em Casgar, Mary Leakey na garganta de Olduvai e muitos outros. Estas são as histórias de algumas das descobertas mais extraordinárias da arqueologia, em desertos, selvas e até debaixo d'água. Michael Scott as conta de um modo agradável, didático e acessível com um olhar conhecedor, oferecendo-nos imagens incisivas dos personagens muitas vezes difíceis e motivados que ampliaram as fronteiras do conhecimento, enquanto examina as ações deles à luz de valores e debates modernos sobre restituição, exibição e investigações acadêmicas em curso."

Michael Wood, historiador, locutor e autor

"Vívido, intenso e repleto de detalhes fascinantes, *O X Marca o Local* é uma aventura instigante pelo tempo, impulsionada pelos excelentes conhecimentos e estilo de escrita acessível de Michael Scott."

Alice Loxton, historiadora, autora e apresentadora do canal *History Hit*

"Um contador de histórias excepcional. Hoje em dia, por vezes, a arqueologia mais circunspecta procura se distanciar de histórias de exploração e aventura. As conotações coloniais e manchetes sensacionalistas são arriscadas e rústicas demais para uma disciplina mergulhada em difíceis origens imperiais. Em *O X Marca o Local*, Michael Scott consegue realizar um feito formidável — captar o entusiasmo e o deslumbramento da descoberta, mas situar esses contos surpreendentes em suas realidades históricas complexas e confusas. O livro nos leva pelo mundo e às profundezas da pré-história, mas sempre nos reconduz a prementes questões de nosso tempo. De quem é essa história? E quem deve contar as histórias desses tempos antigos? É um livro envolvente e esclarecedor. Ele o inspirará a ficar mais maravilhado com o mundo e seu povo — do presente e do passado."

Mary-Ann Ochota, antropóloga, locutora e autora

"Quem sabia que os achados do naufrágio do Uluburun incluíram 32 caracóis terrestres? Ou que ainda podem existir 6 mil armaduras a serem descobertas além das esculturas de terracota dos Guerreiros de Xian já desenterradas? Ou que a Garganta de Olduvai, no Quênia, preserva pegadas fossilizadas que provam que o bípede sem penas — nós — andou sobre dois pés antes do que imaginávamos? Ou que a Pedra de Roseta contém inscrição não de três, mas quatro textos? Tudo isso e muito mais é revelado e maravilhosamente contado pelo incansável Michael Scott, famoso estudioso da arqueologia e comunicador, um Indiana Jones *de nos jours* e para a nossa época. *O X Marca o Local* encontra o local."

Paul Cartledge, historiador e autor

"Habilmente, Michael Scott capta as dificuldades e os êxitos da arqueologia, das privações da vida em uma escavação à emoção da descoberta. Abrangente no tempo e no espaço, *O X Marca o Local* é uma combinação fascinante de história, biografia e — acima de tudo — aventura."

Toby Wilkinson, egiptólogo e autor

"Estou totalmente absorvida pelo maravilhoso novo livro de Michael Scott — um relato generoso e caloroso sob nova roupagem de oito descobertas arqueológicas que mudaram o mundo, da Pedra de Roseta a Machu Picchu, até à Donzela do Gelo Siberiana [a Princesa Altai]. É um *tour de force* e uma leitura imparável."

Katherine Schofield, historiadora

O novo livro de Scott atinge certamente o objetivo. Ele conta a história fascinante de como as escavações arqueológicas nunca são apenas missões que visam descobrir fatos, mas são movidas pelas mesmas preocupações atuais que vemos em qualquer outra atividade humana. Uma obra impressionante, com uma análise incisiva de uma ampla série de exemplos, todos escritos em um estilo envolvente e vibrante."

Jerry Toner, classicista

"O relato altamente pessoal e apaixonado de Scott de oito descobertas diferentes analisa a fundo mais de dois séculos de arqueologia. À medida que ele explora a maravilha e o entusiasmo de nosso caso de amor com o passado, revelando extraordinárias culturas perdidas e exaltando os homens e mulheres determinados que trabalham em condições às vezes extenuantes para revelá-las, o elo comum que une a humanidade no espaço e no tempo torna-se cada vez mais visível. O entusiasmo de Scott é palpável, e seu livro, envolvente e carismático, sem dúvida inspirará toda uma nova geração de futuros arqueólogos. Quem sabe o que encontrarão?"

David Stuttard, classicista, diretor de teatro e autor

"Estiloso, espirituoso e baseado em conhecimentos amplos e abrangentes, *O X Marca o Local* conta histórias empolgantes, ao mesmo tempo que esclarece as profundas ligações entre passado e presente. Uma leitura absolutamente prazerosa."

Harry Sidebottom, historiador e autor

"Um relato cativante de algumas das mais extraordinárias descobertas arqueológicas da história. Repleto de figuras importantes que representam um desafio para Indiana Jones. Um livro triunfante!"

Tristan Hughes, autor, produtor do podcast *History Hit*, e apresentador do podcast *The Ancients*

"Michael Scott examina meticulosamente oito descobertas diferentes, desde a Pedra de Roseta, no Egito, até a resolução do Enigma de Keros. Ele explica como a descoberta do passado costuma levar a uma avaliação mutante de quem somos no cenário da rica tapeçaria que é a história humana. Gostei muito e aprendi bastante com este livro."

Charles Freeman, historiador e autor

O X MARCA O LOCAL

A História da Arqueologia em Oito Descobertas Extraordinárias

MICHAEL SCOTT

ALTA BOOKS
GRUPO EDITORIAL
Rio de Janeiro, 2024

O X Marca o Local

ISBN: 978-85-508-2507-6

Alta Cult é uma Editora do Grupo Editorial Alta Books.

Translated from original X Marks the Spot © 2023 by Michael Scott. ISBN 978-1-529-36777-5. This translation is published and sold by Hodder & Stoughton, the owner of all rights to publish and sell the same. PORTUGUESE language edition published by Starlin Alta Editora e Consultoria Eireli, Copyright © 2024 by STARLIN ALTA EDITORA E CONSULTORIA LTDA.

Impresso no Brasil — 1ª Edição, 2024 — Edição revisada conforme o Acordo Ortográfico da Língua Portuguesa de 2009.

Dados Internacionais de Catalogação na Publicação (CIP)
(BENITEZ Catalogação Ass. Editorial, MS, Brasil)

S439x
1.ed. Scott, Michael
O X marca o local : a história da arqueologia em oito descobertas extraordinárias / Michael Scott ; tradução Edite Siegert. - 1.ed. - Rio de Janeiro : Alta Cult (Selo), 2024.
320 p.; il.; 15,7 x 23 cm.

Título original: X marks the spot.
ISBN 978-85-508-2507-6

1. Arqueologia - História. 2. Artefatos. 3. Civilizações - Antiguidade - História. 4. Descobertas (arqueologia). I. Siegert, Edite. II. Título.

06-2024/10 CDD 930.1

Índice para catálogo sistemático:
1. Descobertas : Arqueologia : História 930.1
Aline Graziele Benitez - Bibliotecária - CRB-1/3129

Grupo Editorial Alta Books

Produção Editorial: Grupo Editorial Alta Books
Diretor Editorial: Anderson Vieira
Editor da Obra: Gorki Starlin
Vendas Governamentais: Cristiane Mutüs
Gerência Comercial: Claudio Lima

Produtor Editorial: Thiê Alves
Tradução: Edite Siegert
Copidesque: Carlos Bacci
Revisão: Vera Moraes
Diagramação: Natalia Curupana

ALTA BOOKS
GRUPO EDITORIAL

Rua Viúva Cláudio, 291 — Bairro Industrial do Jacaré
CEP: 20.970-031 — Rio de Janeiro (RJ)
Tels.: (21) 3278-8069 / 3278-8419
www.altabooks.com.br — altabooks@altabooks.com.br
Ouvidoria: ouvidoria@altabooks.com.br

Editora **afiliada à:**

ASSOCIADO

Este livro é dedicado à minha mulher, Cassie,
que me ajudou a redescobrir a luz do sol.
Com todo meu amor e profundo agradecimento
MWNLCC

"Portanto, esqueçam qualquer conceito
que tenham sobre cidades perdidas,
viagens exóticas e escavar o mundo.
Não seguimos mapas para tesouros enterrados,
e 'X' nunca, jamais marca o local."

Indiana Jones, falando à classe de alunos de arqueologia
Indiana Jones e a Última Cruzada, 1989

Sumário

Introdução

Quem Liga para o Passado?

O primeiro imperador romano, Augusto, logo após obter controle exclusivo do mundo romano em 30 AEC (Antes da Era Comum), esteve na cidade de Alexandria, no Egito. Na ocasião, pediu para visitar o túmulo do homem que tinha dado o nome à cidade: o rei Alexandre, o Grande, que conquistou tudo em suas incursões entre a Grécia e a Índia, cerca de 300 anos antes. Augusto foi conduzido à tumba e se viu diante do corpo mumificado do rei. Segundo uma série de fontes antigas, ele foi respeitoso e cuidadoso: colocou uma coroa dourada na cabeça de Alexandre e espalhou flores sobre seus restos mortais.[1] Segundo outra, ele passou a mão, satisfeito e desajeitado, na carne degradada do homem que agora acreditava superar e, nesse movimento, quebrou o nariz do rei.[2] Parece que os exploradores do passado não foram mais cuidadosos do que o moderno personagem de Hollywood, o arqueólogo Indiana Jones, que também conseguiu destruir praticamente todos os sítios arqueológicos em que entrava.[3]

Augusto não foi o único a querer ver, tocar, reverenciar e se comparar aos grandes heróis do passado. Diz-se que o próprio Alexandre, o Grande, visitou o templo de Atena, na cidade de Troia, e se apossou de armaduras deixadas lá nos tempos da épica guerra de Troia, um milênio antes. Ele deixou algumas de suas armaduras no lugar (aparentemente por sentir que se tratava de uma troca justa), e fez seus soldados levarem essas peças antigas à sua frente nas batalhas como símbolo de sua iminente vitória e glória.[4]

Contudo, felizmente, o interesse grego e romano pelo passado estava muito além de proporcionar oportunidades de RP e bugigangas simbólicas para seus mais recentes pretensos conquistadores. O passado — e seus vestígios físicos espalhados ao redor — fundamentava o próprio conceito dos antigos de como o mundo havia surgido. Heródoto, historiador do século V AEC usou a presença de fósseis de conchas marinhas nas montanhas do Egito para argumentar que, em certa época, aquela região estivera submersa.[5] Os ossos fossilizados de dinossauros e mamutes, descobertos pelos gregos no mundo mediterrâneo, foram interpretados, na mitologia grega, como evidência física de heróis, gigantes e monstros que viveram antes da Idade do Homem e se tornaram material para mitos e lendas gregas.[6] À medida que seus grandes literatos descreviam a genealogia do mundo e seus deuses desde a época em que emergiu do Caos primordial, os objetos que os gregos descobriram à sua volta ofereciam, assim, provas para a realidade dessas histórias. Como resultado, há uma boa razão para que os gregos reverenciassem muitas das relíquias encontradas e construíssem templos nas antigas ruínas que pontilhavam sua região como um elo entre seu presente e passado, sua mortalidade e o divino e os poderosos que moldaram e dominaram seu mundo. Não foi diferente com os romanos*. O passado, embora, de fato, fosse uma época em que as coisas eram feitas de modo diferente, não era algo deslocado da então realidade contemporânea, mas um elemento crítico de quem eram os gregos e os romanos.

Os gregos chamaram as histórias que contavam e a busca por objetos encontrados e venerados de "*archaiologia*" — o "*logos*" sendo o "relato, o cálculo, a explicação e a discussão" do "*archaios*", o "primordial, o há muito tempo, o passado, o velho, o antigo". A *Archaiologia* incluía, como descrito nos diálogos de Platão do século IV EC (Era Comum), "as genealogias dos heróis e homens comuns, e histórias da fundação das cidades".[7] Tampouco essa *archaiologia* foi prerrogativa de intelectuais e eruditos. Pausânias, geógrafo e autor do século II EC, lembra que testemunhou trabalhadores no santuário de Olímpia, enquanto preparavam o terreno para um novo mo-

* Hesíodo, famoso poeta épico romano, em seu relato sobre as sucessivas eras da humanidade, chamou a era anterior à Idade do Homem de Era Heroica. [N. da T.]

numento da vitória para algum chefão romano, escavarem fragmentos de armaduras e equipamentos de equitação.[8] Virgílio, o grande poeta épico romano, ao falar de algumas das primeiras batalhas de Roma, reflete que um dia haveria um agricultor que, ao arar seus campos, encontraria as "lanças corroídas pela ferrugem" ou, com sua enxada, "atingiria capacetes vazios", "abertos diante dos ossos heroicos que perturbou".[9] Qualquer um poderia — e certamente iria — interessar-se pela chance de se ver diante de objetos físicos do passado. Os antigos se deparavam com eles por toda parte em que estivessem.[10] Eles usavam, reverenciavam, adoravam, estudavam e escreviam sobre eles.[11] Até sonhavam com eles.[12]

Nenhuma civilização ou comunidade deixou de se fascinar com as relíquias físicas dos que vieram antes deles. Sempre nos relacionamos ao passado. Ele cria um esboço sequencial no qual representamos nossa vida e ficamos perdidos se avançamos sem ele. Para citar uma frase conhecida: "O passado nunca morre, nem sequer é passado."[13] É a sede de se relacionar e se prender ao passado que torna a *archaiologia* uma parte inata do que é ser humano. É irônico que somente há pouco tempo (em termos históricos) tenha voltado a ser chamada assim. Os romanos traduziram *archaiologia* para o latim como *antiquitates*, que se disseminou para o inglês e outras línguas europeias.[14] Como resultado, durante muitos séculos, estudantes de relíquias físicas do passado foram *antiquaries* e *antiquarians* em vez de arqueólogos.[15] De fato, a arqueologia (re)nasceu como termo e disciplina reconhecida somente a partir do final do século XVIII e se desenvolveu em ritmo acelerado desde então.[16]

Este livro é dedicado a esse desejo genuinamente humano e irrequieto de descobrir e de nos relacionar aos vestígios físicos de nosso passado. Ele se concentra no período de duzentos e poucos anos, durante os quais a arqueologia foi retomada como o grito de guerra desse empreendimento e desenvolveu suas próprias características, métodos e autoconsciência. Em cada uma das próximas oito histórias, que falam de descobertas intrigantes de diferentes culturas antigas feitas em diferentes partes do mundo por diferentes indivíduos e grupos durante esse período, investigaremos como e por que os descobridores procuraram o que encontraram. Seguiremos seus passos nos momentos extraordinários da descoberta. Nós trabalharemos com eles e, às vezes, com as gerações seguintes, em seus esforços para recuperar, estudar e compreender o que foi encontrado. Acompanharemos a evolução dessa compreensão até os dias de hoje e, finalmente, perguntaremos o que a descoberta acrescentou à nossa visão do passado. E, por meio dessas oito histórias, quero não só sublinhar o quanto a busca pelo passado é parte inata do ser humano, mas deixar claro três pontos essenciais sobre o que está em jogo em tal estudo.

O primeiro mostra que o que procuramos, encontramos e, então, estudamos é sempre uma escolha ativa. Não poderia ser diferente. Simplesmente não podemos procurar, escavar e estudar tudo — não há tempo ou dinheiro suficientes. Assim, claro, a escolha e priorização sobre que passado investigar, onde procurar por ele, que tipo de evidência eleger e como interpretá-la é algo inevitável. Mas, ao mesmo tempo, essa escolha ativa é, na verdade, orientada por uma série de forças tectônicas variáveis maiores, as quais regem o que decidimos procurar em nosso passado em diferentes épocas. Como veremos em cada história de descoberta, eventos mundiais, forças geopolíticas, valores políticos e culturais, assim como obsessões e fraquezas acadêmicas inconstantes, que gravitavam ao redor de nossos descobridores na época em que formulavam seus pensamentos e planos, exerceram significativa influência no que foi procurado e quando foi descoberto — e, claro, por quem. Isso não reduz a importância dos complexos e fascinantes caráteres de nossos descobridores, nem tampouco de suas aventuras e realizações fatigantes. Mas eles atuaram e exploraram em um contexto poderoso que, muitas vezes, os moldou, preparou e guiou na direção das grandes descobertas que fizeram. Assim, devemos lembrar que o passado que procuramos é, muitas vezes, produto de nosso presente.

O segundo ponto essencial encontrado nessas oito histórias de descoberta é que o modo pelo qual buscamos o passado sofreu grandes mudanças, especialmente nos últimos 200 anos, nos quais a arqueologia renasceu e se desenvolveu como disciplina. Parte do impulso para o renascimento da arqueologia foi o grande avanço no início do século XIX no que se refere à compreensão de como estudar o solo debaixo de nossos pés. Foi então que geólogos pioneiros e protoarqueólogos desenvolveram, pela primeira vez, o estudo da estratigrafia: a capacidade de interpretar e datar diferentes camadas de solo à medida que escavavam e, assim, oferecer uma linha de tempo precisa para os passados que estavam revelando. Essa habilidade crucial transformou a anterior busca simplificada de fragmentos de nosso passado em um mapa científico da antiguidade da raça humana e preparou o caminho para o surgimento, em meados do século XIX, de uma linha do tempo da evolução social humana baseada nos materiais com que a humanidade havia trabalhado: a Idade da Pedra, do Bronze e do Ferro. Combinados com revoluções simultâneas na compreensão da evolução da espécie humana em si, simbolizada pela publicação de *A Origem das Espécies*, de Charles Darwin, em 1859, esses grandes avanços impeliram a arqueologia para uma trajetória de descoberta e crescimento rápido e empolgante.

Naturalmente, tal desenvolvimento não ocorreu — e ainda não ocorre — sem suas "dores de crescimento". Cada uma de nossas oito histórias de descoberta situa os descobridores em uma era específica da evolução arqueológica. Esses homens e mulheres, enquanto lutam para fazer suas descobertas, muitas vezes exemplificam a prática habitual no campo naquele tempo e são também líderes no desenvolvimento de novas técnicas, mentalidades e, ao menos em décadas mais recentes, ética. Portanto, suas histórias são lendárias, bem como repletas de atitudes e ações das quais hoje em dia devemos nos afastar. Em especial, os primeiros capítulos deste livro analisam as histórias de descobertas que foram, na ocasião, removidas de seu local de origem para se tornarem propriedade do descobridor (e, com frequência, da nação que o financiou). Em alguns casos, isso ocorreu em um contexto de guerra e, em outros, como parte de permissão oficial concedida na época para a escavação, e outras ainda como parte de negociações não oficiais disfarçadas de esforços para preservar o passado.[17] Acompanharemos as histórias dessas descobertas até os dias de hoje para entender de que maniera, em alguns casos, a compreensão e resolução, agora alcançados, de como, onde e por quem tais descobertas devem ser tratadas, e outros, os males causados por essas ações passadas ainda precisam ser sanados. Ao mesmo tempo, nos capítulos finais, veremos como, especialmente nos últimos 70 anos, a prática arqueológica evoluiu para reconsiderar a questão da propriedade, do cuidado e da exibição, além de uma série mais ampla de questões éticas a respeito do que, antes de mais nada, pode e deve ser escavado e estudado. Como resultado, embora tenhamos feito progressos significativos de muitas maneiras, veremos também como o ato de equilibrar a descoberta se tornou complexo e delicado.[18]

O terceiro — e talvez o mais crítico — ponto apresentado neste livro é que o que fazemos com o passado que descobrimos é tão importante quanto a própria descoberta e interpretação inicial. Em cada uma dessas oito histórias, vemos os descobridores dando uma primeira impressão de suas explorações e publicando sua versão desse passado para o mundo. Esse marco inicial do valor e o significado da descoberta às vezes veio depressa, em outras, levou décadas. Porém, seja como for, a história não termina aí. Em muitos casos, o estudo acadêmico desses achados nunca foi interrompido graças a novas tecnologias e questões que abrem novos caminhos e possibilidades de investigação, revelando verdades mais profundas sobre a descoberta e, de fato, exigindo revisões (e, em alguns casos, rejeição) quanto ao entendimento anterior. O que uma descoberta pode nos contar sobre o passado é uma história interminável.

Ao lado dessa discussão acadêmica constante, é essencial lembrar também que os significados das descobertas em contínua evolução não se mantêm como propriedade dos descobridores ou, ainda, das gerações de estudiosos que passam a examiná-las. Como crianças, as descobertas crescem e deixam o ninho para se tornar parte do resto do mundo. Elas, bem como seu entendimento progressivo proporcionado pelos estudiosos, tornam-se histórias contadas e recontadas ao longo do tempo por indivíduos, grupos, comunidades e nações e, assim, ainda são reformuladas, reapresentadas e remodeladas conforme as necessidades desses grupos e sua época. A capacidade de ser mudado e reformulado é, naturalmente, uma das razões pelas quais o passado é tão importante para o presente, mas com certeza o torna um cliente desafiador. Como diz outro de meus ditados preferidos: "Somente o futuro é certo, o passado continua a mudar." Ainda que a arqueologia seja uma disciplina que tenta evoluir como uma ciência a nos oferecer o melhor registro factual e interpretação possível do passado (que está sempre evoluindo à medida que surgem novas evidências e insights), sua imagem variável dele acompanha outras versões sobrepostas e variáveis do que significa o passado no resto do mundo. De fato, parte importante do mais recente desenvolvimento da arqueologia como disciplina é a resposta à sua necessidade de continuar a ser parte do debate público, muito tempo depois de a descoberta ter sido anunciada.

Ao longo dos próximos oito capítulos, atravessaremos milhões de anos, de alguns de nossos primeiros ancestrais humanos aos vestígios de civilizações mais recentes. Viajaremos das selvas da América do Sul às planícies da África, das ilhas do Mediterrâneo aos desertos áridos e às congeladas terras altas da Ásia Central e até a vasta extensão da China. Seguiremos invasões militares acompanhados de equipes de acadêmicos. Caminharemos com indivíduos que partiram para o perigoso desconhecido em busca de novos mundos e aventureiros estrangeiros que tiraram vantagem de chamar a atenção do público global para tesouros que habitantes locais conheciam há muito tempo. Lutaremos ao lado de acadêmicos que ultrapassaram muitos obstáculos em seu caminho para revelar os primeiros momentos da humanidade. Lamentaremos com aqueles cujas descobertas acidentais beneficiaram o mundo, mas não a eles. Sentiremos empatia pelas comunidades que sentem que seu legado e história lhes foram tomados. Ficaremos ansiosos enquanto artefatos são lentamente persuadidos a revelar seus segredos graças à evolução das tecnologias e aos esforços hercúleos de redes globais de eruditos em ação há décadas. E seremos desafiados pelo passado não só em termos da compreensão do que ocorreu, mas do que deveria acontecer em seguida. Em resumo, em comparação ao que Indiana Jones disse a seus alunos sobre o que trata a arqueologia, *descobriremos* cidades perdidas, faremos viagens exóticas, escavaremos o mundo e até, às vezes, seguiremos um mapa do tesouro. No entanto, em uma coisa todos concordamos: o X nunca, jamais, marca o local.

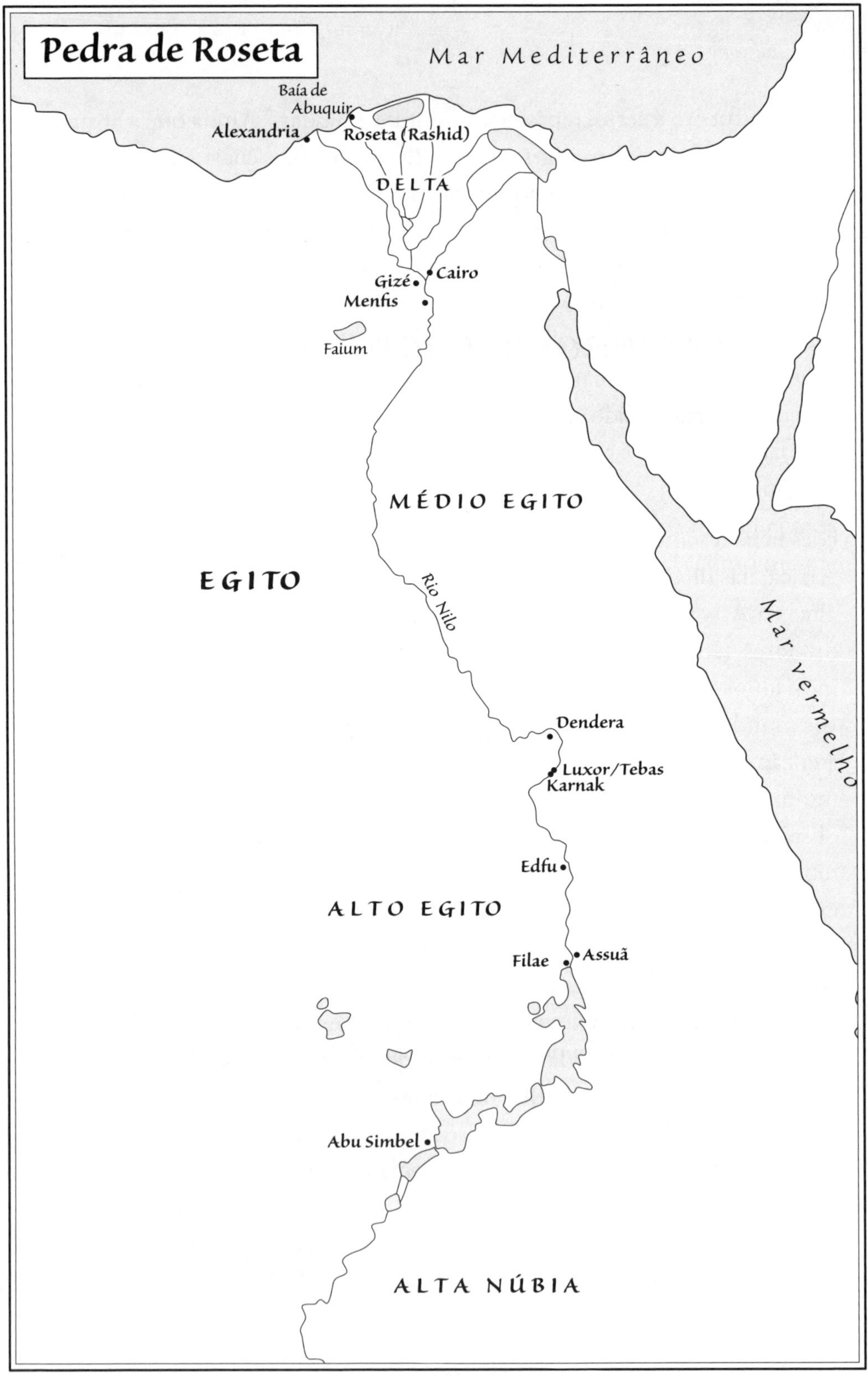
Pedra de Roseta
Mar Mediterrâneo
Baía de Abuquir
Alexandria
Roseta (Rashid)
DELTA
Cairo
Gizé
Menfis
Faium
MÉDIO EGITO
EGITO
Rio Nilo
Mar vermelho
Dendera
Luxor/Tebas
Karnak
Edfu
ALTO EGITO
Filae
Assuã
Abu Simbel
ALTA NÚBIA

1

Fazendo as Pedras Falarem

Na primeira vez que vi a Pedra de Roseta, ela era maior que eu. Colocada em um pedestal, encarcerada em uma antiga caixa de vidro e iluminada pelas luzes auspiciosas da galeria, sua borda superior quebrada transpassava o ar vazio acima dela como os picos do Everest. Isso foi em minha primeira visita ao Museu Britânico, em Londres, aos oito anos. Lembro-me da voz melodiosa do guia turístico repassando os fatos principais dessa pedra. Mas, atrás de sua prisão de vidro, tudo o que eu via eram os milhares de símbolos e letras minúsculos dançando através dela, dando vida à frente dessa placa de granodiorito naturalmente imóvel. Não se tratava de uma múmia egípcia — o que, para ser sincero, era tudo que crianças de oito anos estavam mais interessadas em ver — mas a pedra me impressionou. Em pensamento, visualizei as pessoas diante dela há milhares de anos, como eu estava naquele momento, gravando todos aqueles símbolos e letras que eu observava. Quem eram elas? Como se chamavam? Como eram suas vidas?

A Pedra de Roseta foi descoberta quase 200 anos antes de eu vê-la pela primeira vez, perto da cidade portuária de Rashid, no Egito (conhecida para os ocidentais como Roseta), na parte ocidental do delta do Nilo, de frente para o Mediterrâneo. Em 15 de julho de 1799, durante a invasão napoleônica ao Egito, um tenente francês chamado Pierre-François Xavier Bouchard comandava seus soldados para montar as defesas de um velho forte arruinado perto de Rashid. Enquanto trabalhavam arduamente sob o implacável calor egípcio para escavar material que pudesse ser usado para reforçar o forte, seus homens desenterraram um bloco de pedra incomum da areia escaldante. A pedra era pesada, media 1,1m de comprimento, 75cm de largura e 28cm de espessura, cerca de metade da altura de uma porta comum, e o tenente Bouchard ficou imediatamente cativado pelo que eu veria 200 anos depois: ela estava coberta de texto.

De acordo com o procedimento militar padrão, Bouchard informou seu superior, Michel Ange Lancret. Ao contrário de Bouchard, Lancret não era apenas um soldado: ele era também membro do Instituto Científico do Egito. O instituto tinha sido criado recentemente por Napoleão Bonaparte para o estudo da geografia, meio ambiente, cultura e história desse país como parte do novo desenvolvimento de seu interesse (sem mencionar o da França e da Europa toda) e desejo de se associar ao antigo Egito. Lancret reconheceu que parte do texto na pedra estava escrito em grego antigo, parte em hieróglifos egípcios e parte em caracteres desconhecidos. Com seu conhecimento de grego antigo, ele descobriu que as últimas linhas nesse idioma registravam a decisão de redigir esse texto igualmente em caracteres "sagrados" e "nativos": em outras palavras, tratava-se do mesmo texto, traduzido em três idiomas diferentes. E um deles eram hieróglifos egípcios — que ninguém no mundo conseguia traduzir na época. Hoje parece incrível pensar que ninguém sabia ler hieróglifos em 1799, mas qualquer conhecimento da língua tinha sido totalmente perdido pela civilização humana após a adoção do cristianismo pelo Império Romano no século IV EC e o abandono dos cultos "pagãos", que incluíam templos egípcios e a língua hieroglífica "sagrada" usada na religião. Nos séculos intermediários — quando havia pouco interesse no Egito antigo — essa incapacidade de decifrar hieróglifos não representou um problema. Mas agora que todos voltavam a se interessar pelo Egito antigo, ler textos egípcios tinha se tornado prioridade máxima. E se — como Lancret compreendeu parado sob o sol escaldante — essa pedra tinha dois textos idênticos em grego e hieróglifos, era possível decifrar o código hieroglífico comparando ambos.

Lancret confiou rapidamente a pedra a Bouchard, que deveria escoltá-la para o Instituto Científico do Egito, no Cairo, para estudos aprofundados. Ele enviou uma mensagem para os estudiosos do instituto, seu entusiasmo e empolgação pelo achado rompendo o tom acadêmico discreto como era esperado na época: "o cidadão Bouchard descobriu na cidade de Roseta algumas inscrições cujo exame pode ser de grande interesse."[1] A notícia da descoberta — e as possibilidades que oferecia — se espalhou depressa. Em 29 de julho de 1799, o *Courier de l'Égypte*, o jornal oficial da expedição napoleônica ao Egito, relatou o evento dizendo: "essa pedra apresenta grande interesse para o estudo de caracteres hieroglíficos; talvez, finalmente, ela nos dê uma solução."[2] Ela logo foi chamada de "A Pedra de Roseta" — a chave para desvendar a escrita e, assim, o mundo dos antigos egípcios.[3]

*

Soldados raramente param devido a pedras, especialmente durante campanhas tão árduas quanto a de Napoleão no Egito. Mas essa não era uma simples tomada de terras — a conquista do Egito pela França tinha ambições e ideais muito mais grandiosos. Em março de 1798, apenas um ano depois da descoberta da Pedra de Roseta, o Diretório (*le Directoire* em francês) — o grupo de cinco membros do comitê que governavam a França após a sísmica revolução de 1789 — autorizou uma expedição ao Egito. Depois de perder a corrida pelo controle e influência na Índia para a Grã-Bretanha, as autoridades francesas encaravam a conquista militar do Egito como uma resposta crucial em relação à condição enfraquecida da França no cenário mundial.

Contudo, outro objetivo igualmente importante da expedição foi posicionar a França como herdeira do rico e cativante patrimônio histórico e cultural do antigo Egito. Desde o início do século XVI o país fizera parte do império otomano, e antes disso, a partir do século VII, fora um dos integrantes do mundo árabe. Portanto, esteve fora do alcance do Ocidente durante séculos. Entretanto, durante o período do Iluminismo Europeu nos séculos XVII e XVIII, a história do antigo Egito tornou-se elemento importante do pensamento ocidental — para as potências europeias, o Egito oferecia o contexto fundamental para narrativas bíblicas e, por outro lado, era fonte de conhecimento esotérico, revelações místicas e magia.[4] Por exemplo, copiar a arquitetura egípcia nesse período, por seu estilo tão diferente de tudo que havia na Europa na época, era sinal de que você era um livre-pensador, aberto a ideias novas e radicais.

O problema era que, na Europa, de fato sabia-se muito pouco sobre o Antigo Egito, suas construções, sua cultura e história (além do formato geral das Pirâmides de Gizé, reconhecidas apenas como monumentos funerários, e não como repositórios das narrativas bíblicas de José), porque visitá-las era difícil e perigoso. Entre 1650 e 1800, há somente 50 relatos em primeira mão de visitas de ocidentais ao Egito (o que se compara favoravelmente a apenas seis no período de 1500 a 1650).[5] Porém, 27 desses relatos eram de exploradores franceses. A França desenvolvia depressa uma afinidade especial com o antigo Egito, não por suas conotações bíblicas, mas pelo seu valor simbólico como algo radicalmente diferente da tradição atual. E quando a França mergulhou na revolução — o supremo pensamento radical — em 1789, esse sentimento de camaradagem só fez aumentar.

Ao mesmo tempo, o outro modelo para a Revolução Francesa — o do nascimento da República Romana, em que Roma aboliu a monarquia assim como a França — deu às autoridades francesas outra razão para se interessar pelo Egito. Pois foi a República Romana (ou pelo menos sua fase final antes da queda e de se tornar um império sob Augusto) que dominou o Egito na antiguidade — a era de Júlio César e Marco Antônio enfeitiçados por Cleópatra. Ao lançar seu olhar para o Egito, a França não só reequilibrou o mapa geopolítico para se opor à moderna influência britânica na Índia, mas também afirmou sua identidade cultural como herdeira do pensamento radical e místico do antigo Egito *e* como a próxima República Romana, (re)criando um império. E, o melhor de tudo, ao se voltar para o Egito, a França revolucionária ainda representaria o papel de libertadora, livrando-o do Império Otomano. Assim, ao contrário dos romanos que conquistavam meramente por ganhos territoriais (e, de fato, ao contrário da recente conquista da Índia pela Grã-Bretanha), os franceses poderiam alegar estar conquistando o Egito em busca da *liberté*. Como contrapeso à ironia de tentar libertar o Egito e anexá-lo ao próprio império, os franceses argumentaram que estavam assegurando a prosperidade daquele país. Como disse o ministro das Relações Exteriores da França, em 1798:

> O Egito era uma província da República Romana; ele precisa se tornar uma província da República Francesa. O governo romano viu a decadência desse país maravilhoso; o governo da França o fará prosperar. Os romanos tiraram do Egito reis notáveis nas artes e na ciência; os franceses o tirarão das mãos dos mais aterrorizantes tiranos que já existiram.[6]

Nessa época, Napoleão era um general surpreendentemente bem-sucedido no exército francês. Nascido na Córsega em 1769, ele se alistou em 1785, antes da Revolução. Em 1796, liderou o exército em vitórias extraordinárias contra as forças austríacas na Itália. Ele era também um estorvo para o Diretório que, preocupado com seu próprio apego ao poder, sentiu que ele estava se tornando popular demais. Enviar Napoleão para o Egito como encarregado da expedição possibilitou ao Diretório afastá-lo da influência política em Paris. Para o general, contudo, isso era exatamente o que queria. A medida não só lhe permitiu evitar que sua reputação de revolucionário fosse manchada por possíveis envolvimentos em inúmeras tramas que se espalhavam contra o Diretório em Paris, mas ainda lhe deu a oportunidade de se cobrir com os louros do sucesso militar da conquista e exploração do poderoso significado cultural do antigo Egito. Ao planejar a expedição, seus modelos históricos não estavam na República Romana, mas sim no primeiro imperador de Roma, Augusto, que conquistara o Egito (e forçara o suicídio de Cleópatra e Marco Antônio) e, séculos antes disso, Alexandre, o Grande, que criou um império que se espalhou do Mediterrâneo até a Índia.

A expedição de Napoleão partiu de Toulon em 19 de maio de 1798. Era formada por 17 mil soldados e marinheiros, mil peças de artilharia e 700 cavalos (Napoleão esperava obter camelos no Egito). Acompanhado por vários navios de diferentes portos, essa foi a maior força expedicionária a navegar para o Egito desde a da Roma antiga no século I AEC.[7] Mas essa não era uma expedição comum. Dada a necessidade não só de conquistar o Egito, mas ainda de estudá-lo e de herdar sua cultura ancestral, entre os soldados também havia um grupo conhecido simplesmente por "*les savants*", "os sábios".[8] Cento e cinquenta e um homens foram escolhidos entre todos os ramos de conhecimento e pesquisa: topógrafos, engenheiros civis, mecânicos, engenheiros de minas, matemáticos, naturalistas, astrônomos, artistas e tipógrafos. Composto por alguns dos mais notáveis homens da França de então, incluindo Nicolas-Jacques Conté, o inventor do lápis de grafite, *les savants* eram liderados pelo cientista Jean-Baptiste Joseph Fourier.[9] E, para acompanhá-los, havia uma cópia de todos os livros sobre o Egito disponíveis na França naquele período, além de inúmeras unidades de equipamentos científicos e de medição. Napoleão estava tão preocupado com as consequências para a França caso sua *crème de la crème* intelectual fosse morta ou capturada pelos britânicos enquanto a flotilha navegava para o Egito que, a fim de reduzir quaisquer riscos em potencial, *les savants* foram igualmente divididos entre os dezessete navios de guerra franceses. Por cautela ainda maior, cada grupo de especialistas (de topógrafos, astrônomos etc.) foram espalhados por navios diferentes para garantir que mesmo se alguns fossem capturados, haveria ao menos alguns especialistas de cada disciplina que chegariam ao Egito — como a antiga tradição pela qual herdeiros diretos do trono britânico não tinham permissão de viajar juntos para garantir a sobrevivência da linhagem na eventualidade de um acidente catastrófico.

No entanto, antes que esse grupo pudesse realizar seu trabalho, a terrível tarefa de conquistar o Egito teria de ser completada. Napoleão chegou ao litoral egípcio perto de Alexandria em 1º de julho de 1798. Não perdeu tempo: partiu imediatamente para a cidade antes mesmo de todo o exército desembarcar. Alexandria era um porto e uma cidade comercial guarnecida por tropas de mamelucos. Estes soldados, que originalmente compunham um exército de escravos no mundo muçulmano, conquistaram o poder, criaram a própria dinastia e governaram o Egito e a Síria do século XIII ao século XVI. Depois, conquistados pelos otomanos, passaram a fazer parte formal desse império, mas cujo dia a dia ficou por conta do Egito. Por volta de 1790, porém, o Império Otomano estava em pleno declínio e os mamelucos ficaram novamente sob o efetivo controle do Egito e os únicos deixados para defendê-lo. Contudo, seu poderio militar era limitado. Alexandria foi dominada por Napoleão em apenas três horas em 2 de julho de 1798, com os últimos elementos de seu exército desembarcando apenas em 3 de julho.

Cinco dias após tomar Alexandria, Napoleão partiu com seu exército para tomar o Cairo, a fortaleza das forças mamelucas. Foi uma marcha punitiva de 2000km pelo deserto egípcio no calor escaldante do verão. O exército francês, com seus uniformes pesados e quentes, estava absurdamente mal equipado — muitos soldados nem ao menos carregavam um cantil. Os mamelucos haviam sabotado a maioria das fontes no trajeto, deixando muitos franceses morrerem de sede e exaustão pelo calor. Vários cometeram suicídio para não enfrentar mais as extenuantes condições. Entretanto, apesar de chegar ao Cairo esgotadas, em número menor e moral baixo, as forças de Napoleão conseguiram derrotar os governantes mamelucos do Egito naquela que passou a ser conhecida como a Batalha das Pirâmides. Napoleão entrou no Cairo como o conquistador do país em 25 de julho de 1798, menos de um mês após aportar em suas praias.

Mas o sucesso de Napoleão durou pouco. Apenas seis dias depois, em 1º de agosto de 1798, o almirante britânico Horatio Nelson, então com apenas um olho e um braço, tendo perdido os outros em batalhas anteriores, navegou até a baía de Abuquir na costa mediterrânea do Egito. Suas ordens eram impedir as tentativas dos franceses de adicionar o Egito a seu império e, em geral, causar-lhes o máximo de danos possível. Ao chegar onde a frota francesa estava atracada, e com a maioria de seu exército a centenas de quilômetros perto do Cairo, Nelson decidiu que a medida mais inteligente não era aportar e tentar encontrar o exército de Napoleão, mas infligir-lhes o máximo de danos à capacidade deles dominarem os mares. Imediatamente conseguiu destruir todos os navios de guerra, com exceção de dois. Em reconhecimento ao surpreendente feito, mais tarde recebeu o título de Lorde e, na verdade, o caixão em que foi enterrado foi feito com a madeira do mastro do navio-almirante francês destruído naquele dia.[10]

Napoleão tinha navios de transporte em número suficiente, mas nenhum navio de guerra para protegê-los. Eles seriam alvos fáceis em mar aberto para a frota britânica. Assim, de repente, ele se viu confinado no Egito — conquistador de uma terra da qual não podia partir em segurança. Igualmente, porém, os britânicos, nesse ponto, não tinham os soldados necessários para lutar contra Napoleão em terra, e tiveram que se contentar com o controle dos mares. Diante desse impasse, sem poder ser desafiado em terra, mas também sem poder partir, Napoleão voltou a atenção para a segunda prioridade da expedição ao Egito: a descoberta.

Ele agiu rápido e criou o Instituto Científico Egípcio como o epicentro intelectual para *les savants* e sua missão de decifrar os mistérios do Egito. Fourier, o líder dos *les savants*, foi nomeado secretário permanente do Instituto e seus quatro ramos de pesquisa: matemática, ciência física, economia política, e artes e letras. A sede foi instalada em um antigo palácio dos mamelucos nos arredores do Cairo, na qual seus membros realizavam as reuniões formais em salas que costumavam abrigar o harém do governador.[11] Foi ali, pouco menos de um ano depois, em 1799, que o primeiro relatório oficial sobre a Pedra de Roseta, enviado por Michel Ange Lancret com a pedra para o Cairo, seria lido e onde muitos outros (agora desacreditados) insights do ambiente, a cultura e a história egípcia seriam entregues.[12]

Napoleão visitou a Grande Pirâmide de Gizé para ver o trabalho inicial do Instituto, que supervisionava a desobstrução das câmaras internas e o labirinto de passagens do interior na pirâmide, seguindo os passos (e, o lixo, sem dúvida) de muitos que conseguiram entrar nela ao longo dos séculos para saquear ou apenas explorar. Engenheiros franceses estimaram que havia pedras suficientes nas Pirâmides de Gizé para construir um muro de meio metro de largura e três de altura ao redor da França.[13] Algumas fontes afirmam que Napoleão pediu para ser deixado sozinho na câmara do rei no coração da Grande Pirâmide, talvez contemplando os grandes triunfos e criações desses antigos governantes, comparando-os com o que ele próprio gostaria de atingir.

Os membros do Instituto ficaram mergulhados no trabalho — porém, não estavam separando tesouros e artefatos antigos, como você pode imaginar. Em vez disso, o trabalho era, em sua maioria, relacionado à compreensão do território egípcio e à melhor forma de utilizá-lo — visto que o exército procurava fortalecer sua posição no caso de os britânicos decidirem empregar forças terrestres — e também à melhora da comunicação e das viagens entre cidades importantes. Em termos de monumentos antigos a serem estudados em Alexandria e no Cairo — exceto as Pirâmides e a Esfinge (que estava sendo desenterrada da areia gradualmente) — havia muito pouco na mesma escala gigantesca para surpreender e empolgar. Isso só mudou quando o exército, acompanhado por um pequeno grupo de *savants*, partiu para explorar o Alto Egito.[14] Essa área do sul do Egito era totalmente inexplorada por viajantes e comerciantes ocidentais, que a consideravam apenas perigosa e longe demais para justificar uma aventura. Todavia, as forças de Napoleão, avançando cada vez mais para o sul no final do outono e inverno de 1798, ficaram boquiabertas diante das gigantescas maravilhas que presenciaram. Admirados diante dos imensos complexos de templos em Dendera, completados com edifícios e esculturas decoradas, diz-se que eles irromperam em aplausos espontâneos quando viram os grandiosos vestígios da antiga cidade de Tebas (hoje, Luxor) pela primeira vez.[15] Freneticamente, o chefe *savant* da expedição ao Alto Egito, Dominique-Vivant Denon, traçou esboços dos prédios que viram: estátuas gigantescas erguendo-se acima da paisagem, templos quase atingindo o céu posicionados diante das dunas móveis; maravilhosos edifícios decorados muitas vezes encontrados cobertos parcialmente pela areia. Mais tarde, ele contou que nenhuma outra obra realizada por mãos humanas podia mostrar a humanidade em tal esplendor. Ao entrar nas ruínas de Dendera, os egípcios lhe pareceram gigantes. Parece que o principal problema para *les savants,* como um todo, foi acabarem-se os lápis com os quais registrar suas observações com entusiasmo, até que seu inventor, Conté, como um dos *les savants* baseados no Egito, recebeu a tarefa de produzir mais. Muitos, inclusive os que, como Denon, trabalhavam à distância, no Cairo, passaram a fundir balas de chumbo para produzir seus próprios lápis.[16]

Enquanto isso, em fevereiro de 1799, Napoleão teve de partir para a Síria a fim de neutralizar uma nova ameaça do Império Otomano, que tentava retomar o Egito. Ao saber que os otomanos planejavam uma invasão dupla — por mar (com ajuda da frota britânica no Mediterrâneo, que adotou a posição de que o inimigo de seus inimigos era seu amigo e, assim, ficou satisfeita em ajudar os otomanos a derrotar os franceses, poupando-lhe o trabalho de fazê-lo) e por terra (chegando ao Egito pela Síria) — Napoleão marchou com suas tropas para a Síria para interceptar o exército otomano. Em parte, foi bem-sucedido em desacelerar seu avanço, mas não conseguiu impedi-lo totalmente. Em julho, ele voltou a Alexandria para liderar suas tropas contra a invasão por mar dos otomanos/britânicos, durante a qual as tropas inimigas desembarcaram na baía de Abuquir, onde anteriormente Nelson havia destruído a frota francesa. Desta vez, Napoleão teve êxito em impedir o avanço otomano — mas sabia que era uma situação provisória e que era uma questão de tempo para que o Egito fosse reconquistado e a França expulsa de vez.

Despachos da França ainda informaram Napoleão que complôs contra o Diretório geraram frutos. De repente, a ação não estava mais no Egito, para Napoleão — se houvesse uma vaga no governo a ser preenchida (de preferência por ele), precisava estar em território francês. Em completo segredo, no final de agosto de 1799, Napoleão, acompanhado pelo *le savant* Dominique-Vivant Denon e alguns outros, embarcou em um navio e passou pela frota britânica de volta à França, deixando o exército francês e a maioria dos *les savants* no Egito. Napoleão os instruíra a prosseguir com o trabalho de realizar um levantamento e uma documentação sistemáticos das antiguidades egípcias e deixou o exército nas mãos do General Kléber (mas não o informou de que estava deixando o Egito). Em outubro, Napoleão estava de volta a Paris, criando histórias sobre seus (limitados) sucessos no Egito (antes que quaisquer notícias reais da posição vulnerável em que deixara o exército se tornassem públicas). Com o *timing* perfeito e apoiado pela glória de suas recentes "vitórias", ele se lançou ao papel principal no *coup d'état* que expulsou o Diretório em 9 de novembro de 1799, e assumiu a posição de primeiro "cônsul" do Triunvirato (os três homens mais importantes) que então governou a França. Ele se tornou imperador em 1804.

*

Foi nesse mês excitante, entre meados de julho e agosto de 1799, quando Napoleão estava tramando sua volta à França, que a Pedra de Roseta foi encontrada e enviada para o Instituto Científico do Egito, no Cairo. Dado tudo o que ocorria na época (a batalha de Abuquir contra os otomanos; a partida apressada e secreta de Napoleão; o abandono do exército francês e dos *les savants*), o fato de atrair tanta atenção imediata é uma prova concreta do quanto essa descoberta foi importante.[17] Entretanto, devido ao momento, até hoje ainda não se sabe ao certo se Napoleão teve oportunidade de ver a pedra antes de deixar o Egito. Não há dúvidas de que foi informado — ele era apaixonado pelo trabalho do Instituto — mas sabendo-se que ele se encontrava em Alexandria nas semanas após a descoberta e envio da pedra para o Cairo, é possível que os dois tenham se cruzado sem se ver. O grande líder da expedição talvez nunca tenha realmente visto o que seria sua maior descoberta.

Na verdade, quando o exército francês e *les savants* aceitaram o fato de terem sido abandonados no Egito, a Pedra de Roseta se tornou seu foco de atenção ainda maior. Enquanto o General Kléber iniciava negociações para a rendição dos britânicos, *les savants* começavam a fazer cópias impressas das inscrições da pedra cobrindo-a com tinta tipográfica, colocando papel sobre ela e então passando um cilindro de borracha indiano até que uma boa impressão fosse passada ao papel.[18] Seu objetivo imediato não era entender o texto em si — eles já conheciam a essência do que dizia, por conseguirem ler facilmente a parte em grego antigo na pedra. E o conteúdo não era arrasador — era um documento datado de 196 AEC relacionado a reduções fiscais concedidas a sacerdotes egípcios durante o reinado de Ptolomeu V.

Não — em vez disso, o que empolgou Lancret e *les savants* foi o que a pedra poderia revelar além daquele texto. A escrita grega na pedra especificava que o mesmo também estava gravado em letras "sagradas" (ou seja, hieróglifos), e no que a pedra chamava de caracteres "nativos" — uma língua da qual ninguém ouvira falar até então. A magia da Pedra de Roseta estava no fato de que ela poderia oferecer a chave para, finalmente, traduzir hieróglifos. E se pudessem realizar esse feito, então *les savants* poderiam ler uma língua que ninguém havia conseguido decifrar por cerca de 1.400 anos (além de, talvez, ler a língua "nativa", seja lá qual fosse ela).

Les savants tinham consciência do quanto seria esclarecedor poder ler hieróglifos egípcios. Suas descobertas iniciais no Egito em 1798–1799 tinham lhes mostrado a riqueza e abundância não só da arte e arquitetura egípcias, mas também de seus escritos. As paredes dos templos eram cobertas por textos hieroglíficos, assim como estátuas e outras pedras como a de Roseta. Se os estudiosos da época — principalmente os franceses — queriam explorar a riqueza do conhecimento místico, as ideias e o "livre pensamento" que o Egito antigo representava, e declarar-se herdeiros de suas realizações culturais, nada era mais importante do que saber ler a língua "sagrada" egípcia oficial dos hieróglifos.

E talvez nada fosse mais desagradável do que saber que a humanidade seria, é claro, capaz de fazê-lo em certa época — mas que a habilidade se perdera no tempo. A capacidade de ler hieróglifos continuou muito além dos anos de construção das Pirâmides (cerca de 2500 AEC) — como a Pedra de Roseta provou, os egípcios ainda escreviam em hieróglifos em 196 AEC. Na verdade, a última inscrição hieroglífica que conhecemos foi feita em 24 de agosto de 394 EC, gravada em pedra na entrada de um templo na ilha de Filae, perto de Assuã, no Alto Egito.[19] Mas com a crescente popularidade do cristianismo no mundo romano durante os primeiros séculos EC, e sua adoção como religião oficial de Roma a partir do final do século IV EC, a escrita em hieróglifos — como expressão do culto divino egípcio a vários deuses — foi rejeitada como símbolo do paganismo. As comunidades deixaram de usá-la e aprendê-la como se fosse vítima de uma praga, temerosas da perseguição terrena e condenação divina. A humanidade, como um todo, escolheu esquecer como ler e escrever a língua de uma de suas principais civilizações antigas. Agora, porém, havia uma chance de recuperar esse conhecimento. E quem o fizesse (além de sua nação), poderia alegar ser o herdeiro da conquista egípcia ancestral por direito. A corrida para decifrar a Pedra de Roseta começara e ocuparia algumas das mentes mais brilhantes da Europa pelos próximos 250 anos.

Contudo, a Pedra de Roseta ainda tinha um futuro turbulento à sua frente. O General Kléber tinha iniciado negociações de rendição com os britânicos imediatamente após saber da partida secreta de Napoleão. Elas prosseguiram com tranquilidade durante o outono e inverno de 1799 e, em 27 de março de 1800, *les savants* e a pedra embarcaram em um navio para Alexandria na esperança de voltar à França. Mas o navio não recebeu a permissão final para partir enquanto o governo britânico, em Londres, refletia sobre os termos de paz elaborados em terreno egípcio. *Les savants* permaneceram a bordo durante um mês com a preciosa Pedra de Roseta, esperando todos os dias pela informação de que poderiam partir.[20] A permissão, no entanto, nunca veio. Em vez disso, o governo britânico rejeitou o tratado e exigiu rendição incondicional. A guerra estava de volta, e *les savants* — com a Pedra Roseta — retornaram ao Instituto Científico do Egito.

A já vacilante causa francesa não se beneficiou quando, em 18 de junho, um nativo egípcio assassinou o General Kléber, que foi substituído pelo General Menou.[21] Os franceses continuaram a luta por meses, com a última reunião registrada do Instituto em 22 de março de 1801.[22] Naquele mês, os britânicos desembarcaram as tropas na baía de Abuquir, e o General Menou se viu obrigado a liderar tropas remanescentes (e *les savants* com sua preciosa Pedra de Roseta) para confrontá-los. Derrotado em batalha, Menou e os restos enfraquecidos do exército retiraram-se para Alexandria, onde foram sitiados pelos britânicos até Menou oficialmente oferecer rendição incondicional em 30 de agosto de 1801.

Porém, os britânicos queriam os despojos de guerra — que incluía a Pedra de Roseta. Mas como a informação dessa pedra em especial chegou à

Grã-Bretanha? Em forte contraste com a feroz rivalidade entre franceses e britânicos no campo de batalha egípcio, *les savants* enviaram as primeiras cópias das inscrições da pedra a Paris logo depois da descoberta. Acadêmicos dessa cidade as circularam pelos colegas em toda a Europa, possibilitando que estudiosos de diferentes nações começassem a trabalhar na tarefa de decifrá-la.[23] O esforço para envolver as mentes mais brilhantes nessa empreitada (e competição) para resolver o maior problema histórico da época significou que, quando os franceses se renderam no Egito em 1801, os britânicos já estavam cientes da descoberta e da importância da Pedra de Roseta. Além disso, os britânicos agora alimentavam o desejo de se estabelecerem amplamente como herdeiros das importantes criações do antigo Egito. Assim, eles exigiram não só rendição incondicional do exército francês, mas também a entrega de *todos* os objetos descobertos durante a expedição. A princípio, Menou recusou, argumentando que esses objetos eram propriedade do Instituto. Os britânicos reagiram, afirmando que não suspenderiam o cerco a Alexandria até que os franceses cedessem. Em uma ameaça que ecoou o hoje famoso incêndio da antiga Biblioteca de Alexandria, que destruiu todo o conhecimento mundial que abrigava na antiguidade, *les savants* disseram preferirem queimar tudo que havia no Instituto a entregá-lo aos britânicos. Foi oferecido um meio-termo pelo qual certos tipos de objetos seriam considerados propriedade pessoal de *les savants* e não parte do acordo de rendição. O General Menou — em cuja casa a Pedra de Roseta era mantida naquele momento (segundo algumas fontes, envolta em tapetes velhos) — agora alegou que a pedra era propriedade pessoal. Mas os britânicos não aceitaram a alegação. Ela foi tirada à força da casa de Menou e levada ao porto em uma carreta de canhão e então colocada em um navio — nada menos que um dos capturados aos franceses — renomeado, com ironia, de HMS** *l'Égyptienne*.[24]

A Pedra de Roseta e outros artefatos egípcios conseguidos no acordo de rendição foram triunfalmente escoltados para a Grã-Bretanha e chegaram a Portsmouth em fevereiro de 1802.[25] E então uma quarta inscrição (e, de fato, uma quarta linguagem) foi adicionada à Pedra de Roseta, menos de

** HMS - His Majesty Ship (Navio de Sua Majestade) [N. da T.]

2 mil anos desde que as inscrições iniciais em grego, hieróglifos "sagrados" e caracteres "nativos" foram gravadas. Do lado da pedra, as palavras pintadas em inglês ainda podem ser vistas: "Apreendida pelo exército britânico em 1801. Presenteada ao Rei George III".[26] A pedra passou a ser propriedade do Rei George III, que sofreu várias crises de doença mental que o incapacitariam como rei de 1810 em diante e faria com que fosse lembrado como o "Rei Louco". Mas no início de 1802, em plena posse de suas faculdades mentais, doou a Pedra de Roseta, entre outros itens trazidos do Egito à Grã-Bretanha, ao Museu Britânico. A *Gentleman's Magazine*, de Londres, uma publicação erudita mensal, lançada em 1731, resumiu o feito britânico em 1802 desta forma: "A conquista do Egito independentemente de suas consequências políticas, enriqueceu nosso país com vários monumentos raros e ancestrais."[27] A pedra foi colocada, após uma breve permanência na biblioteca da Sociedade de Antiquários, em uma estrutura temporária no terreno do Museu Britânico (porque o piso do edifício não era resistente o suficiente para suportar seu peso).[28]

*

A pedra estava agora instalada na Grã-Bretanha, mas como os grandes pensadores da época imaginavam decifrar o código? Enquanto a Pedra de Roseta viajava de um lado a outro, entre o Cairo e Alexandria, escondida em tapetes velhos, transportada pelo Mediterrâneo até a Grã-Bretanha e entre a biblioteca da Sociedade de Antiquários e o Museu Britânico, cópias de suas inscrições eram enviadas ainda para mais longe. O interesse pela pedra era intenso, visto que estudiosos de todo o mundo se deram conta de que ela oferecia a possibilidade de finalmente resolver um problema que muitos achavam impossível solucionar. No período de 1800–1803, estudiosos da Grã-Bretanha, França e Alemanha ofereceram traduções completas (para o inglês, francês e latim) do texto em grego que, embora geralmente compreensível, estava repleto de terminologia técnica pouco conhecida relativa ao sacerdócio egípcio e suas benesses. Faltava ainda um trecho em grego devido a quebra de um canto da pedra, muito antes de os soldados de Bouchard a encontrarem na areia.

Na tentativa de decifrar os hieróglifos "sagrados" e o texto "nativo" escrito na pedra, os estudiosos se concentraram de início nos caracteres "nativos" desconhecidos, e não nos outros. Havia dois motivos para isso. Primeiro, porque a Pedra de Roseta sobreviveu apenas em parte: um pedaço considerável de sua metade superior (que continha a maioria da versão hieroglífica do texto) havia se quebrado (de novo: antes da descoberta de Bouchard). Assim, os estudiosos tinham muito mais texto na linguagem de caracteres "nativos" para ser comparado ao texto em grego do que o hieroglífico. E, segundo, porque eles compreenderam que muitos outros exemplos dessa linguagem "nativa" estavam aparecendo em fragmentos de papiros recém-descobertos do outro lado do Egito, de modo que havia um conjunto ainda maior de material com que trabalhar.

Por onde começar ao tentar usar uma língua conhecida para traduzir outra da qual nada se sabe? É preciso achar uma frase ou palavra que possa identificar com segurança como sendo a mesma nos dois idiomas e usá-la como chave para iniciar a decodificação do significado, ou "valor", na língua que não se conhece. Isso lhe dará uma base segura a partir da qual poderá expandir para outras palavras e outras letras que a formam até ter atribuído um valor a cada letra ou símbolo usado nesse idioma desconhecido. Para os estudiosos que trabalhavam na Pedra de Roseta, essa palavra-chave inicial foi o nome do então rei do Egito: Ptolomeu [um dos reis da dinastia ptolomaica]. Ele era repetido onze vezes no texto grego e, assim, seria identificável como um conjunto repetido de símbolos na outra língua.

Isso pode sugerir que eles já estavam com meio caminho andado na tarefa de decifrar todo o texto. Na verdade, porém, os grandes intelectos da época levaram mais vinte anos para decifrar o código de Roseta. A colaboração entre acadêmicos franceses e suecos em 1801–1802 identificou os nomes de Ptolomeu, de "Alexandre", "Alexandria", "Arsínoe" (esposa de Ptolomeu) e também *Epifânio* (título oficial de Ptolomeu como governante) na língua "nativa". Usando-os como base, eles produziram um alfabeto de 29 caracteres na língua "nativa" com seus correspondentes gregos. Ao mesmo tempo, esse idioma "nativo" agora estava sendo chamado de "cursivo" por se imaginar que era a língua cotidiana dos egípcios (e os hieróglifos "sagrados" como o idioma mais formal).[29] O interesse público internacional, em geral, é enfatizado pelo fato de que a *Gentleman's Magazine*, em Londres, publicou um novo artigo das recentes discussões e ideias linguísticas em quase cada edição nesse período. Não se tratava de um tedioso debate acadêmico desinteressante: era uma busca progressiva de descoberta dominando as salas de leitura e de estar do mundo, equivalente hoje, talvez, ao interesse mostrado no processo científico de experimentação e desenvolvimento da criação da vacina para a Covid-19.[30]

Hoje sabemos que apenas cerca de metade desses 29 caracteres identificados na escrita cursiva em 1802 estavam corretos. Havia um problema adicional: ninguém sabia se os símbolos da escrita cursiva eram "fonéticos" (cada símbolo/letra representando um som — como o espanhol e o alemão hoje em dia), ou "ideográfico" (cada símbolo representando uma ideia/coisa, como no sumério antigo) — ou, talvez, até mesmo uma mistura de ambos (como, por exemplo, no chinês). Sem saber que tipo de língua procuravam, os estudiosos atiravam no escuro.

Os primeiros passos, então, logo deram lugar a um impasse frustrante, no qual os estudiosos em todo o mundo não conseguiam avançar na tarefa de decifrar o texto "nativo". Sua falha em progredir foi ainda mais enfatizada quando o interesse no antigo Egito cresceu rapidamente durante as primeiras décadas do século XIX. Em 1809–1810, foi publicado o primeiro volume impresso da *Description d'Égypte* como o relato autorizado de Napoleão das descobertas intelectuais feitas naquele país durante *sua* expedição. Um total de oito volumes de texto acompanhado de nove volumes de imagens seria publicado como um legado duradouro não só das maravilhas do Egito, mas da alegação da França de ser herdeira desses talentos culturais ancestrais.[31] Ao mesmo tempo, a Grã-Bretanha e a França, em especial, investiram muito dinheiro, diplomacia e tempo para conseguir outras relíquias culturais antigas do Egito para seus respectivos países (e, posteriormente, transportá-las para lá). A egitomania tinha começado oficialmente.[32]

Em 1802, exatamente quando os esforços para traduzir as línguas dos textos da Pedra de Roseta estavam chegando a um beco sem saída, Napoleão, agora Primeiro Cônsul e a apenas dois anos de se proclamar imperador, dera uma palestra em Paris sobre suas aventuras egípcias. Entre o público estava um inglês chamado Thomas Young.[33] Ele era jovem, com apenas vinte e poucos anos e, mesmo assim, extremamente bem-sucedido. Aos 14 anos, lia francês, italiano, latim, grego, hebraico, siríaco, árabe, persa, turco e etíope, entre outros idiomas, e deduziu (antes de qualquer pessoa) que um grande grupo de línguas europeias antigas e modernas era originário da mesma raiz "indo-europeia". Ele era médico e também se dedicaria a descobrir a teoria das ondas da luz, que Einstein alegou estar atrás apenas das descobertas de Newton.[34] Inspirado pela palestra de Napoleão, ele acabou por encontrar uma brecha em sua agenda e, na década de 1810, voltou sua atenção ao mistério da Pedra de Roseta.

O que motivou Young, uma década depois de ouvir Napoleão, a se concentrar em tempo integral na Pedra de Roseta foi uma ideia do estudioso franco-oriental Antoine-Isaac Silvestre de Sacy, que esteve à frente das primeiras tentativas de decifrar a língua "cursiva/nativa". Os eruditos enfrentavam dois problemas: como identificar as palavras-chave em cada texto e, em seguida, como saber se os textos em letra cursiva ou hieróglifos representavam sons (como símbolos fonéticos) ou ideias/palavras (como ideogramas). De Sacy, um orientalista, sabia que os chineses, ao traduzir um nome estrangeiro para sua língua, sempre usavam uma abordagem fonética. Ou seja, eles tomam símbolos da língua chinesa cujo som é bastante parecido com os sons diferentes do nome que estão tentando traduzir para seu idioma e o escrevem dessa forma. A escrita cursiva/nativa e hieroglífica na Pedra de Roseta fazia certamente o mesmo com o nome Ptolomeu: afinal, era um nome grego e não egípcio (o primeiro Ptolomeu que governou o Egito era um general macedônio de Alexandre, o Grande). Assim, De Sacy argumentou, era uma aposta razoável afirmar que os textos cursivos *e* hieroglíficos empregavam uma abordagem fonética na tradução dos sons que formavam o nome de Ptolomeu para texto cursivo/hieroglífico.

Os estudiosos já tinham identificado as palavras do texto cursivo que traduziam o nome de Ptolomeu, mas tiveram dificuldade para fazê-lo no hieroglífico. Nessa época, porém, toda a comunidade de acadêmicos concordava que nomes importantes da realeza — como Ptolomeu — na escrita hieroglífica eram sempre circundados (em algo conhecido como "cartouche" [símbolo semelhante a um pergaminho]).[35] Acontece que no pedaço remanescente do texto hieroglífico na Pedra de Roseta quebrada havia um nome em um "cartouche", exatamente no mesmo lugar no final do texto no qual os estudiosos sabiam (na versão grega) estar o nome de Ptolomeu.

De Sacy — em um gesto de generosidade acadêmica que hoje chamaríamos de "acesso aberto": o livre compartilhamento do conhecimento — deu essas sugestões a Young e lhe disse para experimentá-las. Isso foi realmente extraordinário, ainda mais para a época. De Sacy era um acadêmico francês orgulhoso, e Young, um britânico. A Grã-Bretanha e a França estavam em guerra desde 1803, enquanto os ingleses lutavam para manter seu controle geopolítico diante dos esforços de Napoleão para expandir o seu (e o da França). Nesse contexto de conflito hostil, ainda havia uma camaradagem da investigação erudita que transcendia esses limites — ao menos por ora.

Nos anos seguintes, entre 1814 e 1819, Young publicou vários artigos, por fim resumindo todo seu trabalho em uma inserção anônima sobre o Egito na *Encyclopaedia Britannica*, publicada em 1819.[36] Ele começou por atribuir fonemas aos símbolos usados para representar o nome de Ptolomeu nos textos cursivos e hieroglíficos, em seguida procurou os mesmos símbolos em outros nomes e palavras, atribuindo a eles os mesmos valores fonéticos para então tentar compreender o valor fonético dos símbolos restantes nessas novas palavras. Foi um processo meticuloso no qual Young constantemente comparou valores fonéticos que atribuiu a algum símbolo com outro que aparecia em outra palavra a fim de assegurar que fazia sentido também ali. Dessa forma, em 1819, ele pôde oferecer sua tradução de cerca de 200 palavras em língua "cursiva" (que Young preferiu chamar de "enchoric"***, o que denota a escrita de um país específico) e mais 200 palavras no texto

*** Sem tradução conhecida em português. [N. da T.]

hieroglífico, assim como cerca de 80 correlações sugeridas entre sinais cursivos e hieroglíficos. Embora anteriormente outros tenham imaginado que hieróglifos e o texto cursivo fossem duas línguas não relacionadas, Young argumentou que este último era, de fato, uma forma evoluída dos hieróglifos. De novo: sabemos agora que as traduções de Young em seu artigo de 1819 estavam bastante incorretas. Mas o método em que se baseou a partir da sugestão de De Sacy para se concentrar no valor fonético dos nomes estrangeiros transcritos e trabalhar a partir deles, assim como a ideia de que caracteres cursivos e hieróglifos estavam associados, estava certo.

Young se correspondeu livremente com muitos acadêmicos em toda a Europa nesse período — entretanto, ele tinha sido advertido a não se comunicar com o notório Jean-François Champollion.[37] Champollion era 17 anos mais jovem que Young e nascera em 1790, um ano após a Revolução Francesa. Nos primeiros anos da revolução, o sistema estadual de educação tinha se desfeito e as escolas foram fechadas, deixando as famílias sem outra opção que não o ensino doméstico. Champollion, contudo, teve sorte; seu pai vendia livros e, naturalmente, passou seu amor pela leitura aos filhos. Ensinado pelo pai e pelo irmão mais velho, Jacques Joseph Champollion e, mais tarde, por um professor particular contratado pela família, ele recebeu uma primeira educação brilhante e abrangente, preparando-o para se destacar quando as escolas reabriram após Napoleão tornar-se Primeiro Cônsul no final de 1799.

Champollion viu uma cópia do texto da Pedra de Roseta pela primeira vez em 1803, quando tinha 14 anos, e começou a aprender copta no ano seguinte. Uma linguagem desenvolvida no Egito nos primeiros séculos da Era Comum, o copta empregou uma combinação do alfabeto, gramática e vocabulário grego e egípcio para traduzir os primeiros textos bíblicos cristãos e ainda era falado pelas comunidades "coptas" (cristãos egípcios). Ele acabou extinto como linguagem falada na época da conquista do Egito pelos muçulmanos no século VII EC, e continuou apenas na forma escrita. Aos 15 anos, Champollion redigia artigos para a comunidade acadêmica de Grenoble argumentando que a linguagem cóptica remontava diretamente aos antigos hieróglifos egípcios.[38] Nesse mesmo ano, ele declarou que dedicaria a vida a aprender e compreender o antigo Egito. Essa ambição não se coadunava com a de outros acadêmicos da época, como Young, que se dedicara a trabalhar na tradução da Pedra de Roseta como um entre vários interesses acadêmicos, e não como uma especialidade exclusiva. Em 1818, um ano antes de Young publicar o resumo anônimo de seu trabalho na *Encyclopaedia Britannica*, Champollion estava em Grenoble em um cargo permanente de professor, dedicando cada momento livre aos estudos egípcios.[39]

Porém, assim como a política francesa impediu Champollion de frequentar a escola regular quando menino, agora ela intervinha novamente em sua carreira. Em 1815, Napoleão enfim se rendeu aos britânicos após a Batalha de Waterloo, e foi exilado na ilha de Santa Helena, no sul do Atlântico. A monarquia de Bourbon fora restaurada na França. Adulto, Champollion — compreensivelmente para alguém que sentira os benefícios da volta do sistema educacional francês sob Napoleão — se tornou um engajado republicano. Assim, quando, em 1821, um grupo de bonapartistas ensaiou uma rebelião em Grenoble, Champollion foi acusado de ser seu líder. Graças a seus contatos acadêmicos, acabou sendo absolvido de todas as acusações, mas teve de entregar o cargo e deixar a cidade. No verão de 1821, ele chegou a Paris — desempregado e sem casa — para viver com o irmão mais velho, Jacques Joseph, que era, ao contrário, um acadêmico respeitado que trabalhava na reverenciada Académie Royale des Inscriptions et Belles Lettres, o epicentro da pesquisa acadêmica parisiense. Jean-François se instalou na casa do irmão e se enterrou em sua biblioteca, voltando em tempo integral à questão da Pedra de Roseta.[40]

Mal sabia ele, naquela ocasião, que estavam prestes a surgir novos indícios que ofereceriam a chave para decifrar o texto da Pedra de Roseta. No Egito, criou-se um vácuo de poder após a derrota dos franceses pelos mamelucos, a rendição militar da França em 1801–1802, a incapacidade e hesitação dos britânicos de alocarem os recursos humanos exigidos para governar o Egito e a continuidade do desmoronamento do Império Otomano, que tecnicamente ainda o governava. Esse vácuo foi preenchido por um homem chamado Mehmet Ali. Nascido na Macedônia em uma família albanesa, ele se declarou vice-rei do Egito em 1805 e logo seria reconhecido como o "Pasha" (o título otomano para governante) do Egito pelo sultão otomano em Constantinopla. Foi o início de uma dinastia que dominaria o país nos próximos 150 anos. Mas Mehmet Ali também se deu conta de que precisaria manter boas relações com as potências ocidentais e, assim, tolerou as embaixadas francesa e britânica e redes comerciais associadas que se ocupavam em descobrir e copiar objetos antigos em todo o Egito — além de tentar levá-los para a Europa. Por exemplo, William John Bankes, um diletante rico, idealizou o transporte bem-sucedido de um obelisco completo e uma grande parte quebrada de seu análogo do Templo de Ísis, na ilha de Filae, até sua propriedade em Kingston Lacy, em Dorset. Os obeliscos chegaram a Londres em dezembro de 1821 e foram os primeiros a chegar ao país. Até hoje, o intacto obelisco ainda se encontra em Kingston Lacy.

Contudo, o interesse de Bankes não se voltava ao obelisco em si, mas aos textos inscritos nele. Em 1815, ele tinha notado que o obelisco completo agora em Kingston Lacy exibia um texto em hieróglifos em sua coluna e um texto grego na base — seriam esses, talvez, dois textos paralelos como os da Pedra de Roseta?[41]

Ele fez cópias das inscrições e as distribuiu à ampla comunidade acadêmica. Dessa forma, Thomas Young e Jean-François Champollion tomaram conhecimento desse novo conjunto de indícios. Na época, Young estava em Roma à procura de outras inscrições bilíngues entre os objetos egípcios levados à Itália durante a época do Império Romano. Jean-François Champollion estava no apartamento do irmão em Paris. Iniciou-se uma corrida para decifrar a inscrição no obelisco. Porém, mais tarde, soube-se que Young tinha recebido uma cópia que continha um erro.[42] Champollion teve mais sorte.

A inscrição continha nomes reais essenciais (Ptolomeu e Cleópatra) que foram traduzidos para o texto hieroglífico. Usando o trabalho publicado de Young, Champollion pôde identificar os valores fonéticos dos símbolos hieroglíficos para os nomes de Ptolomeu *e* Cleópatra no obelisco de Bankes. Foi este ponto de referência adicional proporcionado nesse obelisco que, com a Pedra de Roseta, permitiu a Champollion começar a expandir e cruzar referências em suas sugestões de traduções de símbolos hieroglíficos — e a testar seu trabalho para ler nomes de outros governantes estrangeiros traduzidos para hieróglifos. Agora, a questão era: Poderia ele começar a ler palavras originalmente egípcias em vez de importações estrangeiras traduzidas em hieróglifos? Poderia, enfim, desvendar o mistério da Pedra de Roseta?

*

O verão de 1822 em Paris foi escaldante. Champollion sentia calor demais para realizar qualquer trabalho que exigisse concentração na biblioteca do irmão. Mas um alívio no clima em 14 de setembro possibilitou a Jean-François estudar a cópia de uma nova inscrição hieroglífica que acabara de ser encontrada no grande tempo de Abu Simbel, no Nilo, no Alto Egito, perto da fronteira do Sudão. Ao meio-dia, Champollion cobriu os cerca de 200m de distância até o escritório do irmão na Académie Royale des Inscriptions et Belles Lettres, irrompeu na sala e atirou os papéis em sua escrivaninha: "*Je tiens à l'affaire!*" — ele gritou — "Consegui!" No mesmo instante, caiu inconsciente ao chão.[43]

Naquela manhã, Champollion conseguira ligar diferentes partes dos conhecimentos que acumulara ao longo da vida a fim de decifrar o código. Primeiro, buscou seu sistema protótipo de tradução entre grego, cursivo (que ele preferia chamar de "demótico" e que Young ainda chamava de "enchoric") e os hieróglifos, gerado pelo estudo de nomes estrangeiros na Pedra de Roseta e no obelisco de Banke. Em segundo lugar, ele o combinou com seu profundo domínio da linguagem cóptica (que deduziu corretamente estar ligada à escrita cursiva e hieroglífica). Em terceiro, adicionou a isso seu vasto conhecimento da história e cultura egípcias. Como resultado, pôde localizar e ler o título real egípcio "Ramsés" [que designa os faraós da dinastia raméssida] entre os hieróglifos no texto de Abu Simbel. Depois, retomou os hieróglifos da Pedra de Roseta e conseguiu traduzir o título real egípcio dado a Ptolomeu. Foi quando se deu conta de que o decifrara.

Nunca é demais realçar a importância da memorável conquista intelectual de Champollion naquela manhã — um verdadeiro momento "eureca". É claro que, em parte, ele teve a sorte de trabalhar no problema na época em que vários textos bilíngues começavam a circular (e, de fato, receber cópias deles sem erros). Mas ele ainda era a única pessoa com todas as habilidades e conhecimentos necessários em diferentes línguas e história antiga. Talvez, o único com capacidade intelectual suficiente, combinada a uma determinação obstinada para ter sucesso e uma habilidade igualmente elevada para o que hoje chamaríamos de "raciocínio criativo", e fazer a descoberta. O esforço exigido — também para ele — é confirmado pelo fato de que sucumbiu com o choque e o custo de fazer a descoberta. Seu irmão pensou que ele tinha perecido. Jean-François ficou cinco dias de cama para se recuperar.

Logo depois, na sexta-feira de 27 de setembro de 1822, Champollion leu um documento de suas descobertas para os membros da Académie Royale des Inscriptions et Belles Lettres. O relatório, formalmente conhecido como a *Lettre* à *M. Dacier, relative* à *l'alphabet des hieroglyphs phonétiques*, [Carta a M. Dacier, relativa ao alfabeto dos hieróglifos fonéticos] foi publicada mais tarde e — acertadamente — considerada um dos documentos mais importantes da história da egiptologia.[44] Thomas Young estava na plateia quando Champollion apresentou seu relatório naquele dia em Paris. De fato, em reconhecimento aos primeiros progressos de Young na jornada para decifrar os hieróglifos egípcios e a linguagem cursiva, ele foi convidado a sentar-se ao lado de Champollion enquanto ele lia o trabalho. Os dois foram apresentados no final da sessão. Era a primeira vez que os dois maiores responsáveis por decifrar os hieróglifos egípcios realmente se encontraram.[45]

Não consigo imaginar a profusão de emoções — sem dúvida, oculta pela *politesse* obrigatória da sessão da Academia — que passava pela mente de Thomas Young. Ele tinha estado tão perto da descoberta. Ele nunca saberia se — caso tivesse a cópia correta das inscrições do obelisco de Filae — também conseguiria decifrar o código, e antes de Champollion. E, pior ainda, ele fora advertido a não se corresponder com Champollion devido à sua aparente tendência de não reconhecer o trabalho de terceiros que incorporava ao próprio. Com certeza, o relatório de Champollion não se referira à contribuição de Young até o momento. Dois dias após o relatório ter sido lido na Academia, Young escreveu para um colega acadêmico em tom benevolente que:

> O sr. Champollion... recentemente avançou alguns passos na literatura egípcia que de fato parecem *gigantescos*. Pode-se dizer que ele encontrou na Inglaterra a chave que lhe abriu o portão... Mas se ele tomou emprestado uma chave inglesa, a fechadura estava de tal modo enferrujada que nenhuma mão comum teria a força para virá-la.[46]

Mais tarde, porém, ele escreveu com mais franqueza: “Certamente esperei encontrar a cronologia de minhas pesquisas declaradas com um pouco mais de clareza!”[47]

Sua resposta pretendeu fugir ao anonimato e, em 1823, ele publicou seu próprio relatório, intitulado *Um Relato de Algumas Descobertas Recentes na Literatura Hieroglífica e nas Antiguidades Egípcias, Incluindo o Alfabeto Original do Autor, Como Aprofundado pelo Sr. Champollion*. Nele, Young se mostra dividido entre querer manter algum tipo de modéstia acadêmica e querer reconhecimento por sua parte da descoberta. Embora se abstivesse de acusar Champollion de retratar suas descobertas como sendo dele, não conseguiu evitar reafirmar que “embora o Sr. Champollion tenha chegado a essas conclusões, que eu admito, com o maior prazer e gratidão, elas de nenhuma forma superam meu sistema, mas o confirmam totalmente e o ampliam.”[48]

Tiros foram disparados, e nenhum atingiu Champollion. Em uma carta datada de 23 de março de 1823, ele escreveu: “Nunca reconhecerei qualquer outro alfabeto original que não o meu... e a opinião unânime dos estudiosos no assunto será cada vez mais confirmada pelo exame público de qualquer outra alegação”.[49] Young, aparentemente incapaz de reverter os pontos de vista sobre Champollion ser o único herói da Pedra de Roseta, desistiu do tema e passou a estudar outras questões.

Champollion, contudo, estava só começando. No ano de 1822, ele estudou fervorosamente tantos textos hieroglíficos quanto possível para testar, refinar e ampliar seu conhecimento. Ele compreendeu que os símbolos hieroglíficos eram sempre uma combinação de fonética e ideografia e que a linguagem raramente representava vogais. Essa compreensão, além de seu profundo conhecimento da linguagem cóptica, permitiu-lhe ampliar depressa seu vocabulário hieroglífico e, em 1824, publicou *Précis du système hiéroglyphique des anciens Egyptiens*, no qual fez a famosa descrição de hieróglifos egípcios nos seguintes termos (o uso de letras maiúsculas foi escolha dele, mas a tradução é minha):

> A escrita hieroglífica é um sistema complexo, ao mesmo tempo FIGURATIVA, SIMBÓLICA e FONÉTICA, em um único texto, em uma única sentença e, eu diria, quase em uma única palavra.[50]

A decifração do código hieroglífico na década de 1820 só acelerou a egiptomania que tomava a Europa, com diferentes nações ainda mais ávidas para obter um pedaço de uma antiguidade egípcia para si próprias. Ao mesmo tempo, o campo da egiptologia — como matéria acadêmica — floresceu. Os estudiosos agora tinham as ferramentas necessárias para desvendar o rico mundo misterioso da escrita egípcia antiga e, assim, mergulhar na cultura, na história e na religião do país. Nascia uma era de descoberta egípcia que perduraria até a descoberta da tumba de Tutancâmon por Howard Carter, em 1922, exatamente 100 anos depois da descoberta de Champollion. A Pedra de Roseta ficou firme no Museu Britânico durante esse tempo e continuou a ser — de modo geral — sua atração mais popular até mesmo atualmente.[51] Naquele período, ela foi estudada e, à medida que o conhecimento e a compreensão sobre o antigo Egito aumentavam, nossa percepção da criação e o significado da pedra em si era maior. Primeiro, hoje sabemos que a Pedra de Roseta não era única. O texto declara não só que a mesma mensagem deveria ser escrita em grego, em caracteres "sagrados" e "nativos", mas também que cópias da Pedra com o texto trilíngue deveriam ser erigidas em todos os grandes templos do Egito.[52] Achamos que a nossa Pedra de Roseta foi originalmente instalada em um templo egípcio na cidade de Sais, no delta ocidental do Nilo.[53] Outras três cópias fragmentadas do mesmo texto foram depois descobertas em outros sítios do Egito — em essência, essa era uma versão do século II AEC de uma campanha de propaganda moderna em massa. De fato, sabemos que a Pedra de Roseta copiou (quase literalmente) um estilo de anúncio usado várias vezes por antigos governadores ptolomaicos do Egito durante o século III AEC. [54] Assim, de muitas maneiras, uma pedra que começou a vida como única chave para desvendar a antiga escrita egípcia se transformou no exemplo de algo muito mais comum e produzido em massa.

Todavia, ao mesmo tempo, a compreensão mais detalhada da história egípcia nos possibilitou identificar algumas das nuances de nossa Pedra de Roseta e as circunstâncias especiais às quais estava respondendo. O governante em cuja honra foi erigida, Ptolomeu V *Epifânio*, subiu ao trono do Egito, em 205 EC, à tenra idade de cinco anos. Naquela oportunidade, governantes ptolomaicos reinavam no Egito há mais de cem anos, desde que o primeiro Ptolomeu, um general grego de Alexandre, o Grande, estabeleceu domínio próprio sobre o território após a morte de Alexandre. A partir desse ponto, o Egito teve governantes gregos e uma crescente classe dominante grega em meio à população nativa egípcia. Portanto, os governantes ptolomaicos tiveram praticamente que fazer jogo duplo — e tinham de fazê-lo — visto que pretendiam projetar seu poder real sobre dois grupos culturais muito diferentes. Uma forma pela qual eles conseguiram fazer isso foi adotar dois tipos totalmente diferentes de estátuas reais: uma esculpida em estilo grego com um rosto jovem e vivaz e uma vasta cabeleira (i.e., parecida com Alexandre, o Grande) e outra esculpida em estilo tradicional egípcio dos faraós com um rosto oblíquo mais estilizado portando o toucado oficial dos faraós (i.e., como se vê na máscara mortuária de Tutancâmon). Uma segunda forma pela qual os governantes ptolomaicos atendiam seus diferentes súditos era, como no exemplo da Pedra de Roseta, garantir que os decretos oficiais fossem inscritos em diferentes línguas para que as distintas partes integrantes do reinado pudessem lê-los.

No entanto, as coisas se complicam quando se considera outro grupo poderoso importante na política egípcia: o sacerdotal. Os sacerdotes detinham muito poder no país porque o modelo do governante egípcio desde o tempo das pirâmides — o faraó — sempre foi, ele próprio, um ser divino. Mas um novo faraó só poderia ter a divindade reconhecida pelo sacerdócio egípcio. E, assim, um faraó sempre precisava manter os sacerdotes a seu lado para garantir que o endossariam como deus e governante legítimo. Isso se aplicava tanto — se não mais — aos ptolomeus, que buscavam ser retratados (ao menos diante da população egípcia) como faraós e, portanto, precisavam do apoio deles. Isso era particularmente importante em épocas de instabilidade dinástica, revoluções nacionais e governantes fracos — ou jovens subindo ao trono.

O problema para Ptolomeu V *Epifânio***** era que ele tinha de lidar com todos os três. Seu pai, Ptolomeu IV, foi um governante preguiçoso, mais interessado na vida luxuosa do que em governar o Egito, e até perdeu parte do Alto Egito para uma revolução um ano antes que ele e a mulher fossem assassinados. O garoto de cinco anos, Ptolomeu V, foi declarado rei, mas, na verdade, o poder estava na mão de regentes, possivelmente envolvidos no assassinato de seus pais. Entre 205 e 196 AEC, conforme Ptolomeu crescia, não só houve revoltas que causaram a morte desses regentes, mas seus substitutos não conseguiram manter os inimigos estrangeiros do Egito à distância. O único fato positivo foi a reconquista da parte do Alto Egito que tinha sido perdida para os rebeldes pelo pai dele.

Em 197 AEC, após o fracasso de tantos regentes, acreditava-se que Ptolomeu V — então com apenas 13 anos — precisava assumir pessoalmente o controle a fim de fortalecer a imagem e a reputação do governo ptolomaico egípcio.[55] Para tanto, primeiro ele devia ser reconhecido como adulto (por meio de uma cerimônia religiosa) e então como faraó divino por outra série de cerimônias religiosas. Ambas necessitavam da cooperação dos sacerdotes

---

**** Epifânio era patente de alto escalão (comandante/governante grego), usada por Alexandre. [N. da T.]

egípcios. E, para isso, favores tinham de ser concedidos. É aqui que entra a Pedra de Roseta. Essa propaganda e seus parceiros foram emitidos pelo conselho de sacerdotes egípcios, em 196 AEC, para comemorar o primeiro aniversário da coroação do garoto — e define isenções fiscais e outros favores concedidos aos sacerdotes egípcios como parte do reconhecimento de Ptolomeu V como o legítimo e divino faraó e pelo fato de lhe terem proporcionado uma coroação faraônica completa no ano anterior. Um sinal de até onde Ptolomeu V precisou ir para garantir sua cooperação é que, embora grande parte da Pedra de Roseta tenha sido copiada de acordos anteriores com o sacerdócio egípcio, uma nova concessão feita pelo rei e não vista antes é que os sacerdotes não precisavam mais se reunir todos os anos em Alexandria (a base tradicional do poder ptolomaico), mas em Mênfis (a base tradicional da autoridade sacerdotal egípcia).[56]

Todavia, mais do que ganhar pontos individuais com o texto contido na Pedra de Roseta, minha percepção preferida, que somente se tornou importante com o aperfeiçoamento do conhecimento e da compreensão da linguagem hieroglífica e cursiva (agora comumente chamada de demótica, o nome preferido por Champollion), é que os textos não são traduções exatas uns dos outros. Os hieróglifos eram, no final daquela época, a língua dos deuses — e dos sacerdotes. No século II AEC, já era uma linguagem rarefeita e especializada que podia ser lida só por aqueles com educação e instrução adequadas (um pouco como o uso continuado do latim na Igreja Católica). Saber lê-la já era um símbolo de poder — que o sacerdócio egípcio gostava de reservar para si. Assim, é digno de nota que naquilo em que as palavras em linguagem cursiva são próximas de seu equivalente em hieróglifos, o texto escolhe um sinônimo hieroglífico para garantir que só se possa lê-lo se conhecer bem os hieróglifos. Por exemplo, as palavras para "decreto" em linguagem hieroglífica e cursiva são muito semelhantes, de modo que a Pedra de Roseta usa diretamente a palavra "memorandum" em hieróglifo.[57] Aprecio a ironia de que, embora os criadores originais do texto pretendessem dificultar a seus contemporâneos a leitura em hieróglifos, a Pedra de Roseta acabou se tornando, 2 mil anos depois, a chave para decifrar o código hieroglífico mais uma vez...

*

Há muitas coincidências entre a criação antiga e a descoberta moderna da Pedra de Roseta. Ela foi criada em um momento de instabilidade na história do antigo Egito, quando rebeliões, revoltas e intrigas políticas abalaram o trono ptolomaico. Fala ainda da desesperada disputa pelo poder político que ocorria entre o governante e o sacerdócio, quando Ptolomeu V procurou garantir a posse do território e o sacerdócio egípcio procurava evidenciar a própria autoridade e superioridade sobre o resto da população. Em tempos modernos, é claro, a Pedra de Roseta foi descoberta em outro momento de instabilidade na história do Egito. Naquela ocasião, Napoleão tentou tirar o país dos governantes mamelucos indicados pelos otomanos, seu exército depois se rendeu aos britânicos e o vácuo de poder foi preenchido por um novo governante, que agiu como as antigas autoridades absolutas egípcias antigas. Ao mesmo tempo, a subsequente corrida pela propriedade da pedra — e para traduzir os hieróglifos — reflete jogos de poder mais amplos que se desenrolavam entre potências ocidentais enquanto tentavam se esconder na autoridade e sabedoria da antiga cultura e linguagem egípcia, imitando a mediação do poder político entre o governante ptolomaico, sua corte e o sacerdócio egípcio no século II AEC.

Ptolomeu V manteve-se no poder por mais 15 anos depois da criação da Pedra de Roseta, até 180 AEC, quando, segundo consta, foi envenenado por seus cortesãos. O governo ptolomaico continuou uma jornada tortuosa por outros 150 anos em um contínuo ciclo de disputas políticas pelo poder entre o governante, sua corte e os sacerdotes, até que a última rainha ptolomaica — Cleópatra — foi esmagada pelo poder do homem que se tornaria o primeiro imperador romano: Augusto. Em algum momento — nunca saberemos exatamente quando — a Pedra de Roseta foi levada de seu local original no templo em Sais e usada como material de construção na cidade próxima de Rashid, sendo desenterrada novamente como parte das obras de construção de Napoleão em 1799.

Como seus antigos protagonistas, os modernos descobridores e decifradores da pedra enfrentaram seu quinhão de dificuldades. Napoleão — que teria adorado receber o tipo de confirmação divina como a que Ptolomeu V comprou com a redução dos impostos para os sacerdotes — faleceu em 1821, um ano antes de Champollion ter decifrado o código hieroglífico. Não só parece que Napoleão nunca viu a pedra de Roseta; ele certamente nunca foi testemunha de sua bem-sucedida decodificação. Além disso, sua reputação atual, mesmo na França, é complicada. O presidente Macron comemorou o 200° ano da morte de Napoleão em 2021, dizendo que ele "poderia ter sido a alma do mundo e o demônio da Europa". Mas acrescentou: "amamos Napoleão porque sua vida nos mostra o que é possível se aceitarmos o convite a assumir riscos."

Quanto aos outros protagonistas da história, nenhum se saiu muito melhor. O Tenente Bouchard, que originalmente descobriu a pedra, foi capturado e aprisionado várias vezes, enquanto lutava para Napoleão no Egito e no Caribe e depois pereceu devido a uma longa e dolorosa doença em 1822, o mesmo ano em que Champollion decifrou o código hieroglífico. Thomas Young, que se inspirou em retomar a tarefa de traduzir a amada linguagem cursiva na Pedra de Rosetta em 1827, depois de derrotado por Champollion, faleceu com a pena na mão, em 1829, enquanto corrigia provas de seu livro sobre o tema. Enquanto isso, Champollion, seguindo o triunfo da tradução, foi coroado como curador do Louvre e viajou para o Egito para copiar e traduzir muitos textos hieroglíficos não lidos há séculos. Mas duas condições da jornada arruinaram sua saúde e ele faleceu de múltiplos derrames com apenas 41 anos. Diz-se que suas últimas palavras foram: "e agora para a vida após a morte, para o Egito, para Tebas!"[58] E Bankes, que havia garantido a volta do obelisco de Filae e circulado sua inscrição como a segunda chave para desvendar hieróglifos, enfrentou a ameaça de execução após ter sido flagrado fazendo sexo com um soldado no Green Park, em Londres. Obrigado a fugir da Grã-Bretanha em 1841, pereceu em Veneza em 1855.[59]

E quanto ao Egito? A invasão de Napoleão deu a arrancada à egiptomania na Europa e sua irmã acadêmica mais respeitável, a disciplina da Egiptologia. Elas se alimentaram mutuamente, levando não só a uma maior compreensão da cultura e história do Egito antigo, mas também a um contínuo despojamento de seus tesouros ancestrais, que foram (em sua maioria) comprados e oficialmente exportados para museus em toda a Europa. É um triste legado da abordagem colonial às descobertas desse período que nunca se tenha perguntado se o Egito era o melhor local para a Pedra de Roseta — ou, de fato, para quaisquer outros objetos embarcados para a Europa nos anos seguintes à descoberta da pedra que se tornaram peças essenciais na atualidade em museus e coleções em todo o mundo. Sem dúvida, elas inspiram — como aconteceu comigo, aos 8 anos — novas gerações de visitantes em todos esses locais globais a aprender mais sobre o Antigo Egito. Porém, na moderna cidade egípcia de Rashid onde a Pedra de Roseta foi desenterrada, apesar de vários pedidos para a devolução, há somente uma réplica de fibra de vidro em tamanho real instalada em uma movimentada praça pública. Será que algum garoto de 8 anos olhou para ela com a mesma admiração que eu tive a felicidade de vivenciar?

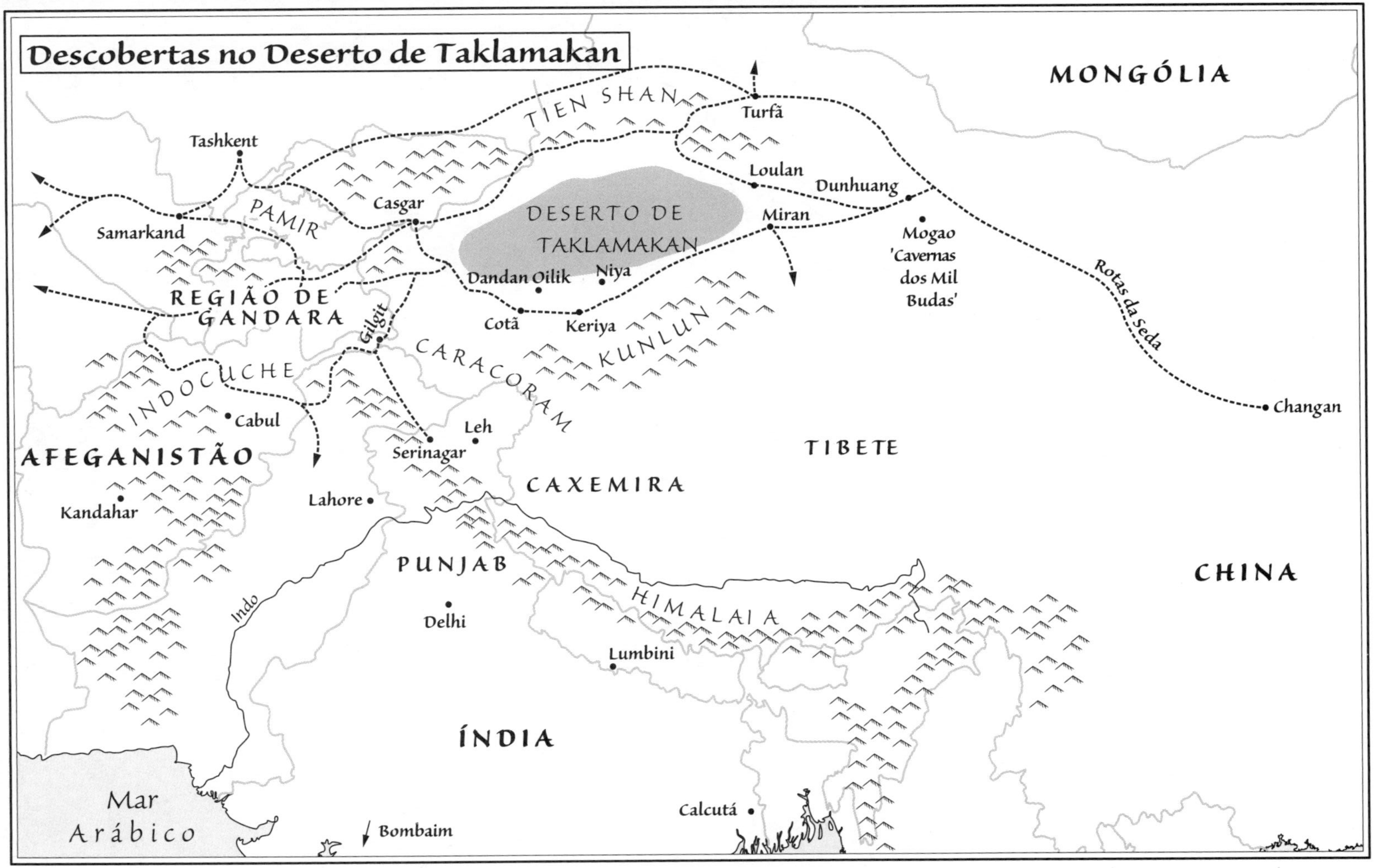

Descobertas no Deserto de Taklamakan
MONGÓLIA
TIEN SHAN
Turfã
Tashkent
Loulan
Dunhuang
Casgar
PAMIR
DESERTO DE TAKLAMAKAN
Miran
Samarkand
Mogao 'Cavernas dos Mil Budas'
Dandan Oilik
Niya
Rotas da Seda
REGIÃO DE GANDARA
Gilgit
Cotã
Keriya
KUNLUN
CARACORAM
INDOCUCHE
Cabul
Changan
Leh
Serinagar
TIBETE
AFEGANISTÃO
CAXEMIRA
Lahore
Kandahar
PUNJAB
CHINA
HIMALAIA
Indo
Delhi
Lumbini
ÍNDIA
Mar Arábico
Calcutá
Bombaim

2

Areia, Papel e as Rotas da Seda

Com apenas 10 anos, o garoto foi enviado à escola em Dresden, na Alemanha, longe de sua cidade natal, Budapeste, na Hungria, para aperfeiçoar o alemão. Porém, em vez de sentir falta de casa — ou, mesmo, dar plena atenção ao aprendizado do alemão — esse garoto gostava mais de ler os relatos do autor antigo grego Arriano das campanhas de Alexandre, o Grande, em suas conquistas em direção ao leste até os confins do mundo conhecido. Enquanto os dias passavam na escola em Dresden em 1873 (só 15 anos depois da decodificação dos hieróglifos egípcios realizada por Champollion), esse menino de 10 anos só sonhava em seguir os passos de Alexandre para o leste, nas profundezas da Ásia, a milhares de quilômetros de distância.[1]

Ele se chamava Marc Aurel Stein e, no futuro, faria uma série de descobertas surpreendentes conectadas a culturas ancestrais até nas regiões mais remotas e áridas do mundo. Sua educação foi supervisionada por seu bem relacionado e inteligente tio, Ignaz, e seu irmão muito mais velho, Ernst, que mantiveram uma correspondência sobre a educação, carreira e o sucesso de Stein durante toda a vida.[2] Depois de aprender alemão, além de grego antigo, latim, francês e inglês (para complementar o húngaro, seu idioma nativo) em Dresden e, depois, em Leipzig, Stein voltou a Budapeste aos 15 anos. Seu tio o encorajou a se tornar um visitante regular da recém-construída Academia de Ciências na cidade, muito perto do apartamento em que havia nascido.[3] Ali, entre os volumes acadêmicos, esse adolescente, com sua longa fascinação por Alexandre, o Grande e suas conquistas ao leste, viu-se alinhado com a fascinação acadêmica húngara, muito mais ampla, pelo Ocidente. Esse grande interesse originou-se da crença, na época, de que os húngaros haviam migrado inicialmente para o Danúbio de alguma parte da Ásia Central nove séculos antes. Como nova nação, que conquistou a independência da Áustria apenas em 1873, o ano em que Stein foi enviado a Dresden, a Hungria dedicou tempo e energia à compreensão de suas raízes, cultura e linguagem a fim de orientar sua florescente identidade nacional.[4] Cativado por essa grande fascinação pelo Ocidente, o interesse de Stein se voltou, além das campanhas de Alexandre, o Grande, para as diferentes culturas, linguagens e histórias antigas das regiões que o conquistador percorrera. Em resposta a esse maior interesse pelo Ocidente ele iniciou estudos universitários em Viena. Em seguida, em breves passagens pelas universidades de Leipzig e Tübingen, em que Stein se concentrou nas linguagens do Oriente, especialmente o sânscrito e o persa antigo, mais o estudo de línguas comparativas, além da cultura e história do Irã e da Índia. Aos 21 anos, ele obteve seu doutorado e se mudou — não para o Oriente — mas para Londres.

Nos anos 1880, se alguém não pudesse estar na Índia ou Ásia Central, Londres era o melhor lugar para mergulhar na cultura dessa parte do mundo. O interesse e o conhecimento da Inglaterra vinha, naturalmente, de sua longa presença na Índia, primeiro sob os auspícios da Companhia das Índias Orientais e, desde 1858, por meio de seu controle direto de amplas extensões de terra do subcontinente indiano em nome da Coroa. Em Londres, havia um sem-número de pessoas que passsaram longos períodos na Índia, e as bibliotecas e institutos da cidade — como as de Oxford e Cambridge — estavam repletas de material dessa região.

Stein aprendeu punjabi no Instituto Oriental em Londres e logo se inseriu em um grupo de intelectuais e funcionários experientes tão loucos pela região da Índia e Ásia Central quanto ele. Um deles era Theodore Duka, um húngaro que servira no Serviço Médico Indiano e estava escrevendo uma biografia de um explorador húngaro que tinha, várias décadas antes, partido para o Oriente a fim de identificar as origens do povo húngaro. Outro era Henry Yule, que recentemente traduzira os relatos de Marco Polo em sua jornada para a China.[5]

A pergunta era onde Stein se estabeleceria em seguida. Ele queria muito um cargo acadêmico em uma universidade europeia, um local no qual poderia se entregar à fascinação pelos indivíduos, povos, línguas, ideias e culturas que percorreram o oriente e o ocidente pela Ásia Central desde os tempos antigos, deixando uma arrebatadora combinação de influências sobrepostas disseminadas pela área. Em vez disso, graças a uma recomendação de Henry Yule, foi-lhe oferecido um cargo na própria Índia: atuar simultaneamente como Diretor da Faculdade Oriental e Escrivão da Universidade de Punjab, em Lahore (atual Paquistão). Em 16 de novembro de 1887, Stein partiu para a Índia.[6]

Lahore, na década de 1880, era uma cidade linda e dinâmica, com museu, biblioteca pública, faculdade de artes e ampla atividade do Raj Britânico — como era chamado o período do império colonial britânico na Índia — em eventos sociais que incluíam ciclos recorrentes de festas ao ar livre, piqueniques e partidas de tênis. A correspondência do tio de Stein, Ignaz, e seu irmão mais velho, Ernst, revela que não estavam especialmente satisfeitos com a decisão de Stein aceitar o emprego na Índia. Eles comentaram entre si que — aos 26 anos — ele não deveria ficar viajando, mas se estabelecer em uma profissão. Eles também não se contentavam com a natureza insuficientemente refinada e cultivada de seu alemão escrito.[7]

Stein trabalhou assiduamente de dia em seu emprego de diretor e escrivão, mas nunca perdia a oportunidade de exigir condições especiais de emprego, pensão, salário e, mais importante, férias anuais. Em 1898, depois de uma década na Índia, ele insistiu, convencendo e manipulando de tal forma, que seu cargo oficial ocupava menos da metade do ano, deixando-o com tempo suficiente para explorar regiões mais afastadas. Com isso, ele viajou para o norte de Lahore, subindo a região mais montanhosa da Caxemira, aperfeiçoando suas habilidades de campismo, alpinismo e agrimensura. Dessa forma, realizou o sonho de juventude de explorar os mesmos limites que

Alexandre, o Grande, conseguira alcançar. Agora, sua atenção foi atraída pelo relato de outros viajantes da região, desta vez não vindo do Ocidente, mas do Extremo Oriente. Usando um relato de viagens do século VII para a Índia, do monge budista chinês Xuanzang, Stein teve êxito em localizar um esquecido templo jainista nas montanhas a noroeste de Lahore.[8] Ele também adquiriu um cão da raça fox terrier chamado Dash, que o acompanhava em todos os lugares que ia. Marc Aurel Stein estava rapidamente se transformando de um estudante acadêmico de livros e de línguas em bibliotecas empoeiradas a um explorador e aventureiro (com um confiável aliado canino) — e não tinha planos de voltar. Em 1898, escreveu para o irmão Ernst: "Admito que meu último ano na Índia tem sido tão bom que mal consigo pensar em me despedir."[9]

A questão agora não era mais onde Stein iria se estabelecer em seguida — ele nunca mais se fixaria em nenhum lugar por muito tempo pelo resto da vida. A questão era onde *explorar* em seguida.

*

Na mesma década em que Stein descobriu seu templo Jain, outros estudiosos usaram o mesmo texto — do monge budista chinês Xuanzang — para descobrir os remanescentes físicos do último local chave não identificado da vida de Buda (Sidarta Gautama): onde ele nasceu, em Lumbini (hoje, Nepal).[10] Outros ainda se ocuparam de preencher as lacunas na então atual compreensão de como o budismo se disseminou da Índia para a China e se tornou a religião oficial desse país nos primeiros séculos EC. E, ao mesmo tempo, estudiosos ficaram ainda fascinados pelas crescentes evidências da interação no norte da Índia entre tradições culturais e artísticas indianas e gregas. Como Stein soube, aos 10 anos, depois de ler as obras de Arriano, Alexandre, o Grande estendera suas conquistas às margens do rio Indus, no noroeste da Índia (atualmente, Paquistão). Essa conquista no final do século IV AEC iniciou séculos de interação grega com comunidades residentes na região, deixando vestígios da combinação de ideias culturais, técnicas artísticas e monumentos físicos em todos os lugares. No museu de Lahore, cujo curador era Lockwood Kipling, pai de Rudyard, Stein viu uma antiga escultura de Buda vinda da região de Gandara (no atual Paquistão e Afeganistão) que refletia estilos grego e indiano.[11]

Ideias artísticas fluindo para o oriente, budismo viajando para o oriente e monges budistas chineses, séculos depois, viajando para o ocidente. O mundo despertava para o fato de que certa vez houve um conjunto de artérias de superestradas conectando culturas, impérios e mundos do Mediterrâneo no ocidente para a China no oriente. Em 1877, o Barão Ferdinand von Richthofen, geógrafo e explorador alemão (e tio do primeiro ás da aviação da Primeira Guerra Mundial, o Barão von Richthofen, conhecido como "Barão Vermelho"), denominara essa série de superestradas ao longo das quais ideias, mercadorias e pessoas viajaram para o oriente e ocidente na antiguidade de "*Seidenstraße*": as "Rotas da Seda", devido aos primeiros produtos levados ao ocidente para fora da China em suas rotas.[12]

Por muitos motivos, Stein já estava no lugar perfeito — no coração dessa rede de conexões na Índia — para desempenhar um papel no desenvolvimento da compreensão global das antigas Rotas da Seda. No entanto, a exploração e o estudo de interações culturais e religiosas no norte da Índia já eram, nos anos 1890, bastante avançados. Ele precisava de uma região mais remota e desconhecida das Rotas da Seda que pudesse chamar de sua. E ela estava no nordeste.

Se você olhar para o mapa mundial, correndo acima do atual Paquistão, da Índia, do Nepal, do Butão e de Bangladesh, como uma densa e grossa sobrancelha, estão as montanhas do Himalaia, separando o subcontinente indiano do planalto tibetano. Essa cadeia de montanhas, em grande parte impenetrável, termina no ocidente na Ásia Central em um imenso maciço de cordilheiras centradas no ponto de encontro do atual Afeganistão, Paquistão, Caxemira e Índia. Esse maciço, composto de cordilheiras como Hindu Kush, Caracórum e Pamir, estende-se ao norte, aproximadamente ao longo das fronteiras do atual Afeganistão e então vira para o leste de novo como outro conjunto de cadeias de montanhas nos modernos territórios do Tajiquistão, Quirguistão e China. Juntas, essas imensas cadeias de montanhas constituem uma barreira sólida para os que tentam ir para o leste ou oeste por meio da Ásia Central.

Estudos antigos das Rotas da Seda mostram que trajetos que atravessavam o Afeganistão vindos do ocidente e seguiam a partir do norte da Índia encontravam passagens na cordilheira Pamir pelas quais ultrapassavam a barreira de montanhas descendo até Casgar, limite oeste da atual região autônoma de Xinjiang, na China. Dali, antigos comerciantes enfrentavam um ambiente às vezes muito mais perigoso do que as montanhas: o deserto de Taklamakan. A etimologia do nome, no dialeto uigur local, ressalta sua natureza: "o local do nada" e "o local sem retorno". Com o tamanho aproximado da Alemanha, o deserto do Taklamakan é composto por 85% de dunas móveis [ou migratórias]; é o segundo maior deserto de dunas móveis do mundo, e sua proximidade com a Sibéria e com o Himalaia significa temperaturas que variam de -20°C no inverno a 40°C ou mais no verão. Trata-se de um dos lugares mais inóspitos da terra.

Os únicos locais em que se pode sobreviver no Taklamakan são as comunidades formadas ao redor das fontes de água, nos pequenos oásis que descem das montanhas circundando o deserto nas fronteiras norte, oeste e sul. As antigas Rotas da Seda, serpenteando pelas montanhas e chegando a Casgar no lado ocidental do deserto, moviam-se entre as comunidades dos oásis até se encontrar de novo no lado leste do Taklamakan, em Dunhuang, onde a famosa Porta de Jade [Passo de Yumen] simbolizava a entrada no império da antiga China. Dali, as Rotas da Seda então se espalhavam com mais facilidade para o leste até os grandes mercados na capital chinesa de Changan.

Essa importuna combinação de montanhas e deserto na Ásia Central era um entrave na interação Oriente/Ocidente na antiguidade e, na época de Stein, a região ainda era uma das mais inacessíveis e menos conhecidas do planeta. Mas os remanescentes arqueológicos espalhados em sua extensão também guardavam potenciais recompensas incalculáveis para os determinados, corajosos (e insensatos) o bastante para chegar até lá.

Para Stein, essa era uma área de investigação e descoberta acadêmica na qual poderia conquistar reconhecimento. Ela ainda remetia a suas raízes húngaras: o explorador húngaro Csoma de Koros, que foi um dos principais defensores da ideia de que seu povo havia migrado dessa parte da Ásia Central, faleceu em 1842 explorando a região. Mais importante, os exploradores mais recentes da área voltaram com exemplos promissores dos tipos de indícios arqueológicos que poderiam ser encontrados ali. Embora inóspito ao extremo, a secura do deserto arenoso era perfeita para preservar papel e madeira, materiais que, desde há muito, se deterioravam, em grande parte, nas Rotas da Seda. Em 1890, por exemplo, o então Capitão Hamilton Bower voltara da região com o mais antigo exemplo remanescente de um texto escrito na casca de uma bétula.[13] Outros achados descobertos por expedições francesas e suecas em meados dos anos 1890, agora sob exame de estudiosos, indicaram não apenas textos sobreviventes, mas também linguagens inteiramente novas, embora desconhecidas e indecifradas.[14] Marc Aurel Stein era especialista nas línguas da Índia e da Ásia Central. Ele era alpinista habilidoso e ansioso por escalar explorações ousadas. Em 1898, um dia antes de escrever ao irmão contando o quanto amava a vida na Índia, ele propôs às autoridades da província de Punjab, sob cujas ordens servia nos cargos de Escrivão e Diretor em Lahore, uma expedição importante ao Cotã, uma das antigas comunidades em oásis no sul do deserto de Taklamakan.

Uma das coisas citadas por Stein em sua solicitação foi a necessidade de rapidez a fim de vencer as expedições concorrentes planejadas por suecos e russos. Sua solicitação também deixou claro que aquela seria uma expedição britânica — financiada pelo governo britânico e com os achados indo para o Museu Britânico e o tendo como explorador-chefe atualmente no processo de requisitar a cidadania britânica. A apresentação da expedição como um esforço britânico para vencer os demais, especialmente os russos, para novas descobertas na Ásia Central foi oportuna porque, na maior parte do século, a Grã-Bretanha estivera envolvida no que ficou conhecido como o "Grande Jogo" — a luta entre este país e a Rússia por influência militar e política na Ásia Central.

O interesse britânico na região originou-se do desejo de defender seu controle da Índia. Em 1865, os russos haviam tomado Tashkent e, em 1868, Samarkand (ambas no atual Uzbequistão). Portanto, as linhas de frente da Rússia Central asiática e a Índia britânica estavam se aproximando ainda mais, separadas apenas pelo Afeganistão e pelo maciço montanhoso formado pelas cordilheiras de Hindu Kush, Pamir e Caracórum que serpenteavam ao redor do deserto de Taklamakan (na época, o deserto era parte do Turquestão Oriental).[15] Os britânicos conheciam bem as passagens específicas pelas montanhas entre o Afeganistão e a Índia no flanco noroeste — entre eles os famosos passos Khyber e Boln — mas nessa época não conheciam muito sobre as cordilheiras de Pamir e Caracórum no flanco norte da Índia. Eles não sabiam, por exemplo, onde realmente ficava a fronteira leste do Afeganistão nas montanhas Pamir, e tampouco se um exército russo poderia, de fato, atravessar essas cordilheiras a fim de atacá-los.[16] O mesmo ocorria com os russos. Os mapas mundiais de ambos os lados mostravam um vasto vazio em branco nessas cordilheiras e na região do Taklamakan, com a localização de cidades como Casgar nos oásis apenas indicada em uma área aproximada.[17]

Em 1868, Robert Shaw, um viajante britânico, foi o primeiro inglês a chegar a Casgar através da cordilheira de Pamir. Ele foi seguido por George Hayward, que foi financiado pela Real Sociedade Geográfica para começar a mapear os diferentes passos transponíveis nas montanhas. Na década seguinte, a Grã-Bretanha treinou vários indianos para serem espiões conhecidos simplesmente como "Pundits", que viajavam com frequência, disfarçados de Homens Santos pelas montanhas de Pamir, fazendo esboços aproximados da cordilheira e, em especial, tentavam fixar onde exatamente ficava a fronteira com o Afeganistão.[18]

No final dos anos 1880, a situação geopolítica tornou-se ainda mais crítica: a China reafirmou sua autoridade no deserto de Taklamakan e derrubou vários governantes locais com que os britânicos e russos vinham negociando para permitir que suas tropas passassem para a Índia ou agissem como uma barreira contra o avanço russo.[19] Agora, Rússia, Grã-Bretanha e

China exploravam secretamente rotas pelas montanhas Pamir e o potencial para expansão e defesa de suas esferas de influência. Para os britânicos, a situação se tornou mais urgente quando suas equipes de mapeamento e redes de espiões compreenderam um problema sério. A fronteira acordada do Afeganistão deixava um estreito corredor não reclamado de terra no alto das montanhas entre o Afeganistão e o chinês. Se os russos descobrissem passos transponíveis, poderiam mover-se sem oposição até a Índia britânica. Em 1891, as tropas britânicas ficaram frente a frente com uma pequena força russa que tentava fazer exatamente isso e só um intenso protesto internacional encorajou os russos a se retirarem desse "terreno neutro".[20] Finalmente, em 1895, a Grã-Bretanha e a Rússia concordaram com o Afeganistão que ele deveria estender suas fronteiras e cobrir o corredor não reinvidicado. A Grã-Bretanha tinha sua proteção — mas isso não seria impedimento para a Rússia, caso decidisse partir para uma ofensiva.[21]

Quando Stein apresentou a solicitação para montar uma expedição até a cordilheira de Pamir e o Turquestão Oriental, e para o assentamento no oásis de Cotã, em 1898, ele sabia que estava se aventurando em um arriscado terreno político e militar no qual os interesses russos, chineses e britânicos convergiam. Adiantar-se a uma expedição russa provaria ser um incentivo à moral britânica. Ele recebeu a aprovação no dia de Ano Novo de 1899.

Stein se viu com um pequeno problema: no mês anterior, havia recebido a oferta de um novo emprego: diretor da Calcutta Madrasah (hoje, Aliah University) no flanco leste da Índia. Logo, porém, ele convenceu seus novos empregadores a lhe conceder uma licença no verão de 1900 para assumir a expedição financiada pelo governo de Punjab. Ele foi infatigável em seus preparativos, encomendando trajes e suprimentos especiais a Londres e da região próxima a Lahore. Da Cadbury's, na Inglaterra, ele encomendou um grande suprimento de chocolate e da Burberry, em Londres, um conjunto de roupas da famosa gabardine extradurável patenteada, um tecido quente e à prova d'água. Da Jaeger, em Londres, roupas de baixo de lã, grossos cobertores, e de seu alfaiate, na Índia, encomendou vários trajes diferentes, incluindo um casaco forrado com pele e outro sem pele para vestir seu cão

Dash. Em 30 de maio de 1900, Stein partiu de Serinagar nas encostas das vastas cordilheiras de Pamir e Caracórum, para primeiro percorrer os passos transponíveis das montanhas via Casgar e, dali, para o deserto de Taklamakan e Cotã.[22]

*

São apenas pouco mais de 600km de Serinagar a Casgar e hoje pode-se fazer o trajeto facilmente pela rodovia que atravessa as montanhas. Entretanto, em 1900, não havia estradas nessa parte do mundo. Stein cobriu a distância a pé e de pônei em terreno acidentado coberto de pedras, subindo a altitudes entre 4 mil e 6 mil metros a fim de passar entre as gigantescas montanhas que o rodeavam. Com ele estavam seu fiel cão, Dash, em seus elegantes casacos com e sem pele; um criado; um cozinheiro; um agrimensor indiano chamado Ram Singh; e o criado e cozinheiro de Ram. Ao todo, levaram dois meses para cobrir essa distância para chegar a Casgar, onde Stein pretendia descansar, reagrupar, reparar seu equipamento e recrutar homens, camelos e suprimentos necessários para a expedição através do deserto de Taklamakan até Cotã. Ele também precisou de muita diplomacia com as autoridades chinesas. E, para isso, precisava do homem da Grã-Bretanha em Casgar: um "tradutor transformado em diplomata", meio escocês, meio chinês, chamado George Macartney.

Macartney chegara a Casgar em 1890 como parte da equipe britânica enviada para negociar com os chineses a criação de um consulado na cidade. Os chineses — aborrecidos com a forma excessivamente amigável e solidária com que nas últimas décadas os britânicos trataram os rebeldes governantes locais (tentando conquistar apoio deles para que agissem como proteção à expansão russa na região) — recusaram o pedido, mas permitiram que Macartney vivesse em Casgar como representante não oficial britânico.[23]

O crepúsculo se anunciava quando Stein chegou aos arredores de Casgar em 29 de julho de 1900. Mais tarde, em suas narrativas da expedição, descreveria como os muros de taipa da cidade se agigantavam diante dele, guarnecidos de ameias e baluartes como uma espécie de fortaleza medieval. Pairava um silêncio sepulcral sobre a cidade, já que os portões estavam fechados. No entanto, uma única lanterna pendia na avenida ladeada de álamos do lado de fora do muro, marcando o portão exterior da casa de Macartney.[24] Convidado a jantar, Stein acabou passando a noite acampado no pomar dele.

Durante cinco semanas, Stein descansou e fez os preparativos, que incluíram várias visitas às autoridades chinesas e um curso intensivo de etiqueta diplomática chinesa ministrado por Macartney. Ele mencionou também inúmeras menções sobre seu apreço pelo "patrono", o monge budista chinês Xuanzang, que fizera a jornada para o ocidente no século VII e cujos passos ele seguiu ao viajar pelo norte da Índia, e agora tentava repetir no Turquestão Oriental.[25] Em 4 de setembro de 1900, com as permissões necessárias das autoridades chinesas em mãos, Stein estava pronto para partir para Cotã.[26] Os camelos que havia conseguido pareciam ainda mais ansiosos em partir do que ele: escaparam antes do café da manhã e tiveram que ser encontrados e trazidos de volta a fim de participar da foto do grupo da expedição.[27]

Stein logo se viu sob o calor e a fadiga do deserto quando seu grupo atravessou as dunas móveis na extremidade sul do Taklamakan. Os morros de areia chegavam a 10 ou 12 metros de altura, e cada passo na subida era dificultado pelos pés que se enterravam na areia fofa. Mesmo quando chegaram aos "langars", abrigos para viajantes construídos em pontos intermitentes ao longo do caminho, tudo era "monotonamente cáqui". Ele, ao menos, se consolou com o fato de que a cor de suas roupas combinava com os arredores.[28] A caminhada para Cotã levou um mês, escalando intermináveis dunas e seguindo trilhas planas ao redor do deserto. Mas mesmo essas trilhas mostravam indícios dos perigos do ambiente em que Stein avançava: elas eram, em geral, marcadas simplesmente por carcaças ressequidas e ossos descorados de animais mortos.[29]

Ao chegar à pequena comunidade no oásis de Cotã, a cerca de 500km de Casgar pela extremidade do deserto de Taklamakan, e depois de apresentar suas autorizações ao governador chinês local, o "Amban" da cidade, Stein partiu para os sítios locais de interesse para escavar. Em dezembro de 1900, ele estava escavando no sítio de Dandan Oilik, a cinco dias de caminhada ao norte de Cotã. Stein passou o dia de Natal com seu cão Dash em uma barraca fria entre as dunas e vestígios sobreviventes do sítio. Mas as dificuldades foram compensadoras. No sítio, sua equipe não só desenterrou e mapeou mais de 14 diferentes edifícios anteriormente desconhecidos, como, mais importante, provou sem sombra de dúvida o que escavações naquela parte inóspita do mundo poderiam revelar: antiguidades que não sobreviveriam em nenhum outro lugar. A equipe descobriu murais pintados nas paredes de um templo e um mosteiro budista; tigelas de madeira laqueada de design chinês; painéis de madeira pintados; e, mais significativamente, pequenos painéis de madeira e papel com inscrições. Um pedaço de papel guardado no formato de um pergaminho — quando recuperado, desenrolado e lido — revelou ser uma petição em chinês para a recuperação de um burro que havia sido emprestado a dois indivíduos que, passados dez meses, não devolveram o animal. Ela era datada do sexto dia do segundo mês de 781 AEC.[30] Outros pedaços de papel revelaram uma escrita não em chinês, mas em uma estranha forma cursiva bramanesa — um dialeto indo-iraniano — que mais tarde seria denominado cotanês após o assentamento no oásis em Cotã.

Em 4 de janeiro de 1901, com os achados de Dandan Oilik guardados em caixotes, prontos para uma futura volta a Casgar e, em seguida, para o Museu Britânico, conforme prometido em sua solicitação de financiamento para a expedição, Stein se pôs a caminho novamente. Desta vez, para o leste de Cotã, onde, após percorrer as ondulantes dunas, agora chegando a 15m de altura e temperaturas abaixo de zero à noite, ele finalmente chegou ao próximo oásis da comunidade de Nyia. Este era também um local que Xuanzang, o "santo patrono" de Stein, havia visitado e chamado de "fronteira oriental" do Rei de Cotã. Com apenas algumas horas na cidade, o homem encarregado dos camelos apresentou-lhe um habitante local que tinha duas tábuas de madeira gravadas encontradas em ruínas antigas no deserto nos arredores de Cotã. O texto era escrito na antiga língua Caroste do extremo noroeste da Índia.[31] Stein logo voltou ao deserto na trilha que levava ao sítio, montando acampamento ali no final de janeiro de 1901 para iniciar uma série de escavações. Tabuletas de madeira, todas gravadas na mesma linguagem das duas primeiras, começaram a brotar da areia. Muitas tinham o formato de cunha com a escrita em seu interior e arranjadas em pares, que então eram unidas por uma corda presa por um selo de argila. A abertura dessas tabuletas em forma de cunha revelou uma tinta "tão fresca como se usada no dia anterior".[32] Sua linguagem, a escrita caroste, era usada pelos reis indo-citas que governaram a região do noroeste da Índia e o rio Indus nos primeiros três séculos EC.

Muitos outros documentos em escrita caroste surgiram durante as escavações em uma série de residências antigas no deserto fora de Nyia. Alguns até foram descobertos em um antigo monte de lixo, cujo cheiro ainda era "tão pungente após tantos séculos", fazendo Stein e a equipe "engolir doses generosas de micróbios antigos, agora felizmente mortos".[33] Mas valeu a pena suportar o cheiro. A equipe encontrou documentos completos com textos não só em tabuletas de madeira, mas em couro em caroste, formando pequenos rolos caprichados e ainda flexíveis e legíveis após séculos na extremidade do deserto.

As línguas do noroeste da Índia escritas em tabuletas de madeira e pergaminhos de couro no deserto de Taklamakan são provas das formas como as culturas, os idiomas, os povos e as ideias se deslocaram para o oriente e o ocidente por grandes extensões do globo na antiguidade. Mas talvez a maior surpresa para Stein e sua equipe foram os selos de argila colocados sobre cordas que prendiam duas peças de madeira em forma de cunha com inscrições gravadas. Vários exibiam imagens de deuses gregos, incluindo Atena e Eros, e heróis como Hércules. E em um conjunto específico de tabuletas de madeira em forma de cunha, havia um selo de argila duplo: um com caracteres chineses e outro com a imagem de Atena.[34] Aqui, nas inóspitas areias do deserto, Stein segurou nas mãos a prova de que, nos primeiros séculos EC, os mundos do extremo oriente e ocidente se encontraram.

Com a aproximação do calor do verão, impossibilitando o trabalho no deserto, Stein levou todos os achados que os camelos podiam carregar de volta a Casgar. Dali, ele — e os achados — não foram para a Índia, mas para Samarkand e depois para Osh, onde embarcaram em um trem da ferrovia transcaspiana em direção ao ocidente. Seu destino final era Londres e o Museu Britânico, onde os achados foram depositados e então começou a longa tarefa de catalogá-los e estudá-los. Mas Dash — o fiel fox-terrier de Stein não o acompanhou. Dash voltou diretamente para a Índia com o grupo restante da expedição para evitar a quarentena obrigatória de quatro meses que teria de suportar se descesse em solo britânico!

Stein voltou à Índia em outubro de 1901 — para começar em um novo emprego. Ele detestava a umidade opressiva de Calcutá, na qual tinha trabalhado brevemente como diretor da Calcutta Madrasah na primeira parte de 1900 antes de partir em sua expedição e, assim, enquanto viajava, candidatou-se a um novo emprego em Punjab como Inspetor de Escolas. De fato, quantas ele inspecionou não está claro, pois parece que pediu imediatamente uma licença para escrever e publicar o relato da expedição. Em maio de 1902, ele estava de volta à Europa, palestrando sobre a expedição e os achados em conferências internacionais, e ficou situado na Inglaterra a maior parte do ano seguinte, escrevendo furiosamente um relato popular completo da exploração. No verão de 1903, *Sand Buried Ruins of Khotan* foi publicado e se tornou um best-seller de imediato, tendo sua segunda edição impressa em 1904.[35] O público ficou fascinado pelas evidências de ideias, crenças, artes e línguas se misturarem ao longo das Rotas da Seda, na parte mais inóspita e remota do mundo, e Stein apreciava a aclamação recebida pelas ousadas explorações. Essa foi uma era agitada de explorações de partes menos conhecidas do mundo. Entre 1901–1905, cinco equipes europeias diferentes partiram a fim de explorar a Antártica e um número semelhante de equipes de todo o mundo partiram nessa década para explorar mais o deserto de Taklamakan. Esses dois locais — completamente opostos em termos de território e temperatura — eram grandes desconhecidos. E os que ousaram investigá-los se tornaram celebridades.

De volta à Índia entre 1904–1905, com emprego novo em Punjab para ser Inspetor Geral de Educação e Superintendente de Arqueologia (ao menos um pouco mais de acordo com suas habilidades), Stein se ocupou em escrever o relatório acadêmico formal de sua primeira expedição.[36] Porém, ao mesmo tempo, procurava financiamento para outra viagem — esta mais ousada que a primeira. Com certeza, seus superiores na Índia resmungaram diante de sua evidente incapacidade de permanecer em um local e realizar seu trabalho, mas foram finalmente convencidos, assim como o Museu Britânico e a Real Sociedade Geográfica, que cofinanciaram a segunda expedição com o Governo Britânico da Índia. Em 20 de abril de 1906, com 43 anos, Stein partiu da Índia novamente a fim de atravessar as montanhas Pamir até Casgar na extremidade oeste do deserto de Taklamakan. Com ele estava Dash, o fox-terrier. Bem, na verdade, era Dash II (o primeiro faleceu enquanto o dono estava na Inglaterra). Este companheiro canino era ainda mais sagaz que o antecessor. Ele aprendeu logo a proteger as patas ao andar pelos passos montanhosos, saltando para o estribo de um dos cavalos de carga, e dali para a sela, de onde podia observar o mundo passar, satisfeito, enquanto o cavalo assumia a carga, escolhendo o caminho na trilha rochosa. Não foi sem motivo que Dash II se tornou "Dash, o Grande".

Os cavalos carregavam também os valiosos suprimentos que Stein trouxera de Londres: dois anos de chocolate Cadbury's; potes da recém-inventada Marmite*, da qual ele se tornou fã de imediato; e latas de repolho em conserva, cenouras, chá, café e sopa de ervilhas. Esse conjunto de produtos necessários chegou — com Dash, o Grande, Stein e a pequena comitiva — a Casgar e à acolhedora hospitalidade dos Macartneys novamente. Depois de recrutar os camelos e trabalhadores necessários, além de um homem chamado Jiang Xiaoyuan, que seria secretário, tradutor e professor de chinês, e de ter dedicado o tempo diplomático necessário para obter as permissões das autoridades chinesas, Stein partiu em 23 de junho de 1906 pela extremidade sul do deserto de Taklamakan. Desta vez, porém, ele planejava atravessar para o outro lado.[37]

A partida de Stein da Índia para Casgar foi publicada no jornal *The Times* em 29 de maio de 1906. Na época, a circulação era três vezes maior que a de seus cinco concorrentes mais próximos combinados, e a inclusão da partida

* Pasta popular para passar em torradas. [N. da T.]

dele demonstra, além do interesse nacional e internacional na expedição para essa ainda desconhecida parte do mundo, mas também a crescente influência que exercia na época.[38] Inclusive, este não foi um anúncio único: *The Times* publicou constantes atualizações do progresso de Stein durante toda essa segunda expedição, imprimindo um texto maior a cada atualização, à medida que o entusiasmo e interesse sobre o que ele descobria continuavam a aumentar. Essa crescente atenção não tinha a ver só com a natureza dos achados. Ela também envolvia um forte sentimento de orgulho nacional, sobretudo quando Stein se tornou cidadão britânico, em 1904. Embora o "Grande Jogo" do confronto britânico/russo na região tivesse se abrandado com a deflagração da guerra entre Rússia e Japão, em 1904, e, subsequentemente, graças às preocupações britânicas sobre as progressivas ambições da Alemanha na Europa e seu recém-descoberto desejo de deixar a Rússia de lado, ainda havia muita concorrência nacional no ar nessa parte remota do mundo.[39] O anúncio do *Times* sobre a partida de Stein terminou com uma lista de outras nações formando expedições para a região ao mesmo tempo — norte-americanos, russos, alemães e franceses — todos ansiosos por fazer novas descobertas no deserto.[40] A questão era quem chegaria lá primeiro.

Stein se deslocou depressa, passando por Cotã e seguindo para Kariya na extremidade sul do deserto de Taklamakan em outubro de 1906. Ele continuou a escavar à medida que se movia para o leste, descobrindo cada vez mais manuscritos em sânscrito, chinês e "cotanês" — a língua desconhecida e indecifrada da qual tinha descoberto exemplos durante a primeira expedição.[41] Em fevereiro de 1907, havia avançado mais 1900km para o leste, passando e escavando nos assentamentos em Niya e seus arredores, Miran e Loulan na parte leste do deserto. A reportagem do *Times*, publicada em 25 de maio de 1907, descreve como Stein encontrava imensas quantidades de manuscritos em chinês e caroste — o que indica que o uso dessa linguagem do norte da Índia tinha se disseminado por todo o Taklamakan na antiguidade. E em Miran, ele comentou que a arte e as esculturas que decoravam os templos budistas que descobriu "são tão absolutamente ocidentais na concepção e tratamento que se pode imaginá-los nas paredes de alguma *villa* romana e não em santuários budistas nos confins da China".[42]

Nenhuma dessas reportagens impressas no *Times* eram enviadas por rádio ou telegrama. Isso não era possível no deserto. O próprio Stein as escrevia e enviava à Real Sociedade Geográfica, em Londres. Após longos dias de viagem e escavações, ele se ocupava em examinar os achados do dia, escrevendo cartas a amigos e colegas e especialmente ao secretário da Real Sociedade Geográfica. Essas cartas eram confiadas a membros específicos da equipe, que então viajavam de volta pelo deserto de Taklamakan até Casgar, onde então seriam entregues a um sistema de "*daks*" — carteiros — que atravessavam as cordilheiras de Pamir e Caracórum até Gilgit, onde a correspondência poderia ser enviada à Índia Britânica e então a Londres, de navio. O secretário da Real Sociedade Geográfica, ao receber as atualizações, criava uma versão reduzida para ser publicada no *Times*. Mas o sistema postal também funcionava nos dois sentidos. As cartas para Stein eram confiadas aos *daks* para serem levadas a Casgar, na qual o enviado as levaria de volta ao redor do Taklamakan e o procurava onde quer que estivesse no deserto para entregá-las. Em 24 de dezembro de 1906, o afortunado membro da equipe finalmente alcançou Stein com quatro meses de correspondência — mais de 150 cartas — para ele ler.[43]

Em 15 de outubro de 1907, *The Times* publicou a próxima atualização da expedição de Stein, que ele havia escrito em 18 de junho e que, desde então, percorreu lentamente o caminho da extremidade ocidental do deserto de Taklamakan até Londres. Ele estivera ocupado, dirigindo-se ao famoso assentamento de Dunhuang na fronteira do extremo leste do deserto, um local chamado de "*limes*" ("limites") do antigo Império Chinês Han. Chegar a Dunhuang era como entrar em uma versão oriental de Casgar: mais uma vez, as areias infinitas deram lugar a ruas ladeadas de álamos, fazendas, pomares e campos. E como em Casgar, Stein, recorrendo às normas locais de hospitalidade a estrangeiros, simplesmente mudou-se para o jardim de uma das casas, armou a barraca e a banheira circular de lona durante o período de estadia. Mas ele não perdeu tempo relaxando. Em vez disso, ele e a equipe, no início de março de 1907, começaram a pesquisar os remanescentes dos muros fortificados da Dinastia Han que percorriam quase 90km ao norte de Dunhuang, a exemplo da Grande Muralha na fronteira norte da China. Nas atalaias e fortes instalados nos muros, ele descobriu centenas de textos chineses escritos em tiras de madeira ao lado de inúmeros exemplos da vida cotidiana: pentes, ratoeiras, bolsas e marretas para barracas, assim como os primeiros exemplos sobreviventes de outra escrita antiga aramaica: a linguagem da antiga civilização sogdiana, uma das maiores comunidades de comerciantes da antiguidade, que se estendia em uma grande área ao longo das Rotas da Seda a partir de sua base no atual Irã. Em maio de 1907, porém, o calor era tão intenso (sem mencionar a abundância de mosquitos e escorpiões) que ele e a equipe voltaram a Dunhuang. Foi então que Stein voltou toda a atenção a outros objetivos importantes da expedição (e que ele sabia que os concorrentes alemães, franceses, norte-americanos e russos também estavam ansiosos por explorar): as "Grutas de Mogao", ou "As Cavernas dos Mil Budas".

*

Stein soubera da existência das Cavernas dos Mil Budas por um colega explorador húngaro, que as visitara em 1897, e que descrevera as pinturas e esculturas como semelhantes à arte budista indiana.[44] Habitadas por monges eremitas desde o século IV EC, as cavernas — parte naturais, e parte esculpidas, formam uma estrutura alveolar que se estende por cerca de 2km na rocha — eram um sítio venerado de culto budista. Ao longo do tempo, templos budistas foram construídos no interior das grutas para atender ao crescente número de monges. Por sua vez, doadores ricos, seguindo a prática budista, deram dinheiro aos monges para construir e decorar ricamente, em seus nomes, santuários individuais nas cavernas, e imperadores chineses até pagaram pela construção de estátuas gigantescas de Buda nas rochas naturais em volta das entradas. No milênio que se estendeu do século IV ao XIV EC, o complexo cresceu rapidamente para uma extensa coleção de mil grutas com templos budistas, santuários e quartos anexos, decorados com 45 mil m2 de pinturas murais. Ansioso por revelar a longa extensão de ideias, estilos artísticos e línguas que se espalharam para o oriente ao longo das Rotas da Seda, Stein fez das grutas uma das primeiras metas da segunda expedição.

A reportagem do *Times* de 15 de outubro de 1907 não detalhou o ocorrido, apenas observou — em relação ao tempo passado nas grutas — que "os materiais encontrados são tantos e variados que exigirão um trabalho prolongado por parte de vários especialistas".[45] Na verdade, o próprio Stein contaria na narrativa pública dessa segunda expedição, ao chegar a Dunhuang em março de 1907, que ouviu rumores sobre uma imensa coleção de manuscritos descobertos naquele sítio dois anos antes, e que agora estava sendo cuidada por um dos monges budistas residente nas grutas.[46] "Era inútil disfarçar", ele admitiu nesse relato, que "o que agora estava me atraindo para lá com a força de um ímã oculto... era o imenso depósito de manuscritos antigos".[47] Jiang Xiaoyuan, secretário de Stein que falava chinês, havia garantido que esses manuscritos estavam guardados em uma caverna murada lateral e a única pessoa com autorização para permitir seu acesso era o monge budista residente Wang Yuanlu. Stein depois escreveu, em relação ao guardião do manuscrito, que "estava claro desde o início que ele seria uma pessoa de difícil trato".[48]

O primeiro objetivo de Stein era ter permissão para ver toda a coleção de manuscritos no lugar original a fim de "comprovar a natureza genuína e a data aproximada da coleção". Seu secretário foi enviado para negociar com Wang, sua "diplomacia tática" apoiada pela promessa de uma doação generosa para o santuário principal.[49] Mas, inicialmente, Wang só permitiu a Stein ver um ou dois manuscritos. A sugestão do secretário de que Stein poderia querer levar alguns consigo, por outro lado, foi encarada com "grande perturbação, igualmente motivada, parece, pelos escrúpulos de alguma espécie religiosa e medo do ressentimento popular".[50]

Porém, está claro que este sempre foi o principal objetivo de Stein. Ele ficou satisfeito por descobrir que, embora Wang tivesse relatado a descoberta do manuscrito às autoridades chinesas, elas ficaram felizes com a declaração de Wang de que toda a coleção chegava a "sete carroças carregadas", em vez de fazer um inventário oficial, que teria tornado as coisas "do nosso ponto de vista... muito mais complicadas".[51] Stein passou a usar uma tática de sedução dando-se conta de "que depender apenas da tentação do dinheiro como meio de vencer aqueles escrúpulos era evidentemente inútil".[52] Ele pediu para ver a caverna-templo que Wang restaurara com devoção nos anos anteriores, e de imediato demonstrou entusiasmo pelo empenho de Wang. Contudo, ele estava claramente impressionado pela determinação do monge. Aquele era um homem, ele contou, com uma "curiosa combinação de zelo piedoso, ignorância ingênua e astuta persistência".[53] Stein dispunha somente de um trunfo: seu "santo patrono chinês", Xuanzang, o monge budista do século VII que se tornou explorador. Ele contou a Wang — em seu chinês titubeante — sobre a devoção a Xuanzang e como havia seguido seus passos da Índia até a China. Wang ficou encantado porque compartilhava o mesmo amor pelo monge e, de pronto, mostrou-lhe uma série de afrescos encomendados a artistas locais das viagens do monge explorador. Um deles mostrava Xuanzang na tentativa de atravessar em segurança um rio com pacotes de manuscritos antigos que esperava levar de volta da Índia para a China. Uma grande tartaruga nadava em sua direção para ajudá-los na travessia. Como Stein observou em seu relato, poderia ele usar essa analogia para convencer o monge a permitir que levasse os manuscritos de volta ao lar espiritual do Budismo, na Índia?[54]

Tarde da noite, dias depois, o tradutor chinês de Stein apareceu na barraca com um maço de manuscritos que Wang tinha lhe trazido em segredo. Eles pareciam cópias de sutras budistas (textos religiosos) trazidos da Índia e traduzidos pelo próprio Xuanzang. Que os textos tivessem sido traduzidos pelo monge explorador chinês preferido de Stein deve ter sido uma total coincidência — Wang não poderia conhecer a autoria ao selecioná-los e entregá-los. Mas agora essa feliz coincidência era — nas mãos de Stein e seu tradutor — nada menos que um sinal da aprovação divina para o desenvolvimento da relação entre Stein e Wang. E tal caracterização teve efeito imediato. Em poucas horas, a porta da caverna que abrigava os manuscritos foi desbloqueada. O sacerdote, "ainda combatendo os escrúpulos e apreensões", "sob a influência do sinal quase divino agora reuniu coragem" para permitir a entrada de Stein.[55] Como o explorador contou depois "a visão do pequeno aposento... deixou-me perplexo. Empilhados em camadas... eles pareciam, na luz fraca da pequena lamparina do sacerdote, uma massa sólida de maços de manuscritos que se erguiam a quase 3 metros e preenchiam... cerca de 14 m^3".[56]

Wang estava nervoso sobre perder sua posição — e patronos locais — se a notícia da permissão a Stein de agir livremente com os manuscritos se espalhasse no oásis. Em vez disso, o monge trouxe alguns pergaminhos por vez para Stein analisar em um aposento próximo. Ele se preocupou de que o "temeroso sacerdote, persuadido por seus receios terrenos e possíveis escrúpulos espirituais, fosse impelido a fechar a sua concha antes de eu ter retirado algumas pérolas".[57] Porém, durante aquele dia, mais e mais "pérolas" se revelaram: uma ampla variedade de sutras budistas em chinês, além de vários textos tibetanos e até em escrita brami indiana, com a qual Stein estava familiarizado. E não havia apenas escritos. Stein recebeu pinturas em linho e seda, finas como gaze, faixas de seda com pinturas de budas e bodisatvas, e pinturas em seda de até 1,80m.

Stein imaginou que Wang estava lhe mostrando as pinturas para distraí-lo de se interessar pelo que considerava serem os documentos mais importantes: os textos canônicos budistas em chinês. Ele ficou satisfeito em aceitar o que o sacerdote oferecia — principalmente considerando que esses textos, em geral, acabavam sendo incluídos por acidente nas pilhas de pinturas levadas para fora do aposento em que estavam guardados.[58]

No final do dia, Stein havia acumulado uma bela pilha de manuscritos e pinturas no canto de seu "quarto de leitura" a qual, conforme fora sugerido a Wang, deveria ser levada para "o que nossa convenção diplomática chamava de 'exame mais atento'":

> A grande questão era se Wang se disporia a enfrentar os riscos de sua destituição e, depois, concordar com a real interpretação de nosso procedimento. Seria inútil sugerir a ele palavras profanas como venda

> ou compra; estava igualmente claro que qualquer remoção teria de ser realizada em absoluto segredo.[59]

O jogo de persuasão continuou noite adentro — e focou novamente Xuanzang. Não seria, argumentou o tradutor de Stein, um "ato de mérito religioso tornar acessível a estudantes ocidentais a literatura e as outras relíquias (guardadas por Wang)?"[60] Protegido pela escuridão daquela noite, o tradutor chinês teve permissão de levar para Stein tudo que tinham separado naquele dia, "com a solene condição de que ninguém além deles teria a menor ideia do que fora negociado e que enquanto (Stein) estivesse em solo chinês, a origem desses 'achados' não seria revelada a nenhum ser vivo".[61] Stein estudou os manuscritos entregues a ele por Wang durante sete dias e durante sete noites seu tradutor levou a aquisição do dia para a barraca do explorador em segredo, "com a administração criteriosa de doses de prata... neutralizando as recaídas da receosa contradição (de Wang)".[62]

Por fim, o trio chegou aos grandes pergaminhos de textos chineses — aos quais Wang parecia conferir maior valor. E foi ali que o sacerdote "falou de negócios", pedindo uma soma generosa para o templo antes que Stein pudesse vê-los e afirmando que seria impossível levar qualquer um deles embora.[63] Stein admitiu não ficar ressentido diante dos "escrúpulos" de Wang, pois caso seus patronos locais que já tinham dado dinheiro ao templo notassem a ausência dos manuscritos, sua reputação estaria arruinada e o "trabalho de toda sua vida, destruído". As conversas prosseguiram nos próximos dois dias e, em dado momento, Wang inclusive devolveu os manuscritos que havia trazido para análise à gruta, mesmo durante a noite. No entanto, ele também precisava de dinheiro para seu templo. Finalmente, chegaram a um acordo: 50 maços de pergaminho de textos chineses e 5 tibetanos bem preservados, além de tudo já de posse de Stein, por "quatro ferraduras de prata**".[64] Wang foi visitar os patronos locais e voltou com a garantia de que ninguém sabia de seu acordo e de que sua reputação não havia sido arranhada. Ele permitiu que Stein levasse mais 20 maços de manuscritos em troca de mais uma doação ao templo. No total, a equipe carregou 12 caixas de documentos. E antes de o explorador deixar a região, Wang deixou-o le-

** Antiga moeda chinesa, neste caso com valor equivalente a £ 130. [N. da T.]

var mais 230 maços de documentos "para aquele 'templo de aprendizado' no distante Ocidente". Stein deixou a Caverna dos Mil Budas e foi para o Ocidente com 24 caixas de documentos e mais outras 5 cheias de pinturas e outras relíquias.[65]

Stein fez o que pretendia fazer: descobrir e obter material para levar ao Museu Britânico para mais estudos e exemplificar a profundidade e complexidade das conexões culturais e linguísticas nas Rotas da Seda na antiguidade. Contudo, embora nas escavações em diferentes sítios ele tenha conseguido as permissões necessárias e então deixado para trabalhar e guardar o que achasse interessante, nas Cavernas dos Mil Budas ele não escavou, mas persuadiu — de todas as maneiras — o guardião local a entregar inúmeros manuscritos de um sítio "vivo" de devoção religiosa. Foi um ato que o guardião sabia — caso a troca se tornasse pública — causaria intensa controvérsia e que, em razão disso, foi realizada na época no maior segredo. E embora Stein tivesse pagado a soma acordada (4 ferraduras de prata/500 rúpias), ela foi, na realidade, uma ninharia (cerca de £130) — muito menos do que tinha condições de pagar.[66] Naturalmente, Stein não foi o único explorador a agir dessa forma. A equipe francesa, não muito depois do inglês, liderada por Paul Pelliot, obteve uma quantidade maior de manuscritos de Wang da mesma forma (que foram levados à Biblioteca Nacional de Paris), mas as autoridades centrais chinesas souberam da transação e insistiram em que os manuscritos restantes fossem retirados da caverna e transportados para Pequim.[67] O fato continuou a ser uma pedra no sapato da China, que citou Stein e Pelliot como dois principais exemplos de muitos estrangeiros que, especialmente naquele período, roubaram à China a essência de sua história. Em 1930, A Comissão Nacional Chinesa declarou:

> Ao tirar partido da ignorância e cobiça do monge encarregado, (Stein) o convenceu a lhe vender por uma ninharia o que considerava o melhor da coleção que, é desnecessário dizer, não pertencia, de forma alguma, ao vendedor. O mesmo se aplicaria a qualquer viajante chinês que, fingindo ser apenas um estudante de história da religião, fosse à Cantuária e comprasse relíquias valiosas do zelador da catedral.[68]

A defesa de Stein, em suas próprias palavras, afirmou que "era meu dever para com a pesquisa e tentar de tudo para resgatar, se possível, toda essa coleção da ameaça do risco da lenta dispersão e perda que sua condição a colocava".[69] Claro que esse argumento é improvável: o material permaneceu em segurança (embora não junto) como resultado da intervenção de Stein — mas quem pode afirmar que ficaria igualmente seguro se permanecesse intocado na gruta? Stein omite o ganho pessoal à sua reputação oriundo de levar esse achado inesperado a público. Esse ganho pessoal é evidente na forma como *The Times* concedeu crescente espaço às conquistas como explorador nas fases finais da expedição. Ele reconta a exploração de inúmeros sítios a nordeste do Taklamakan, antes de atravessar o deserto em direção ao ocidente explorando sítios e cursos de rios à medida que avançava (e quase perecia de desidratação nesse processo), voltando a Cotã e fazendo preparativos para 50 camelos carregados com materiais que reunira para a jornada à Índia.[70] O jornal relata que Stein partiu para pesquisar outro conjunto de passos ainda não mapeados nas Montanhas Caracórum, onde sofreu grave queimadura de frio nos pés. Ele foi levado de volta no lombo de um iaque, depois em um pônei, através dos passos dessas montanhas até Leh, na Caxemira, onde os dedos do pé direito, agora infeccionados, foram amputados. Após a recuperação, *The Times* anunciou sua chegada em Londres em 29 de janeiro de 1909.[71] O cão, Dash II/Dash, o Grande, totalmente ileso apesar de acompanhar o dono em todas as viagens nos dois anos anteriores, chegou a Londres depois da quarentena em maio (tendo sido manchete no *Daily Mail*).[72]

Marc Aurel Stein era agora, oficialmente, uma celebridade. As entrevistas dadas por ele foram publicadas em todo o mundo. Em 30 de janeiro de 1909, o *Illustrated London News* divulgou fotografias de 15 exploradores "atraídos pelo Desconhecido, Homens que Ocupam os Espaços em Branco: Os Grandes Exploradores do Momento". Stein era o número um, à frente de pessoas como Shackleton, explorador da Antártica, Mikkelsen, do Ártico e Sven Hedin, seu concorrente sueco, explorador do Tibete.[73] Nos meses seguintes, ele foi coberto de honrarias e prêmios e, em 1912, quando da publicação completa de suas aventuras, tornou-se Cavaleiro Comandante do Império da Índia. Segundo Lorde Cruzon, "apesar de ter deixado alguns dedos do pé para trás, ele trouxe uma reputação grandemente reforçada e, nas caixas que está desempacotando em Londres, um tesouro para nossos museus que... aumentarão em muito o conhecimento da humanidade".[74]

A imensa quantidade de material que Stein levou para o Museu Britânico levaria décadas para ser catalogado e estudado (o trabalho ainda continua). Ele provou, sem dúvida, a incrível combinação de culturas, influências artísticas e esculturais, línguas e povos ao longo das Rotas da Seda na antiguidade até as fronteiras da China, além de "descobrir" vários documentos raros e antigos, que revelaram a existência de mecanismos de impressão muito antes do que foram aceitos. Um dos documentos de que se apoderou nas Cavernas dos Mil Budas provou ser uma cópia do Sutra do Diamante Budista, um dos textos mais reverenciados do Budismo. Embora o texto fosse bem conhecido antes de Stein obter essa cópia em particular, o fato de estar datado o torna especial. Ele foi produzido em 11 de maio de 868 EC e impresso por meio de uma série de blocos de madeira, cada um cortado para "imprimir" uma seção do texto em especial, e com cada "página" então colada em outra a fim de formar um rolo de mais de 14m de comprimento. Isso o torna o livro impresso mais antigo do mundo, ganhando da Bíblia, de Gutenberg (e da invenção da prensa móvel) por cerca de 700 anos.[75] Também é — segundo muitos — o primeiro exemplo de direitos autorais. Ao lado da data há uma inscrição do nome da pessoa que a encomendou: "Reverentemente feito para distribuição universal gratuita por Wang Jie em nome de seus pais."[76]

Stein voltou à Índia em 1912, quando foi publicado o popular relato da segunda expedição. O *Times Literary Supplement* publicou uma crítica que, embora elogiando os dois volumes e as descobertas, questionou se o explorador havia dificultado a vida do monge budista Wang Yuanlu na Caverna dos Mil Budas ao ser tão aberto e explícito no livro sobre suas negociações.[77] De fato, muita coisa mudara na China desde a partida de Stein. A dinastia imperial fora derrubada pela Revolução Chinesa de 1911 e, em 1º de janeiro de 1912, foi proclamada a República da China. Essa república era ainda mais sensível à intervenção e exploração estrangeira do que seus predecessores imperiais.

Em 1913, Stein partiu novamente para o deserto de Taklamakan na terceira expedição (acompanhado por Dash III, que ele adquirira quando de sua volta à Índia). Ele foi direto para o extremo oriental do deserto, realizando escavações em cidades de oásis como Miran e Loulan, além de visitar Dunhuang e o velho amigo Wang Yuanlu, o monge budista. Wang conseguira manter a posição e gastara as "doações" — que mostrou a Stein com orgulho — na construção de novas instalações para convidados e santuários no sítio. Mas ele também estava aborrecido pelo fato de os manuscritos remanescentes terem sido levados para Pequim, principalmente devido à remuneração, que nunca se concretizou, prometida pelo governo central.[78]

Stein passou quase três anos na região leste do Taklamakan — a expedição mais longa até aquela data — e voltou à Índia em 1916. Porém, as conquistas na continuação das escavações sob o novo regime da República da China foram ofuscadas pela deflagração da Primeira Guerra Mundial e todos seus achados permaneceram na Índia em vez de serem enviados à Grã-Bretanha. De volta à Índia, instalou-se para escrever um relatório acadêmico completo sobre a segunda expedição, finalmente publicado em 1921, ocasião em que perdera Dash III em uma briga com outros cães e adquiriu Dash IV.[79] Este último veio a falecer em 1925, e Dash V (um Airedale em vez de um fox-terrier) pereceu no início da quarta expedição ao deserto, em 1930. Stein estava com 68 anos e estava oficialmente aposentado. Sua sorte junto às autoridades chinesas também acabara. Abalado por uma turnê de palestras para arrecadação de fundos nos Estados Unidos, em 1929, e particularmente pela associação com o Museu de Arte de Harvard, cujo diretor não só havia visitado Dunhuang, mas retirado estátuas religiosas e afrescos das grutas, Stein chegou a Casgar e descobriu que suas autorizações oficiais foram canceladas e a exposição terminada antes mesmo de começar. Ele nunca mais voltou à China.

Isso, entretanto, não o impediu de explorar. Equipado com outro fox-terrier — Dash VI — no retorno à Índia, a atenção de Stein voltou-se ao fascínio da infância por Alexandre, o Grande, e o impacto de suas conquistas do Império Persa. Entre 1932 e 1936 — agora com setenta e poucos anos — ele realizou quatro expedições no Irã para estudar a influência grega na cultura persa. Em 1938, aos 76 anos, mudou de rumo novamente e começou a realizar levantamentos aéreos das muralhas de defesa de Roma nos desertos da Síria e do Iraque. E, em 1939, com a deflagração da Segunda Guerra Mundial, ele preencheu uma ficha junto ao Registro Central do Serviço Nacional, se declarando pronto para o serviço militar.[80] Ele não foi convocado (o que era esperado por todos, menos por ele) e voltou à Índia onde Dash VI, infelizmente, foi devorado por leopardos no outono de 1941, e substituído por Dash VII em agosto de 1943. Mas uma última jornada o aguardava. Em 31 de março desse ano, Stein foi convidado — pela primeira vez na vida — a visitar o Afeganistão, lar de tantos marcos importantes de Alexandre, o Grande (incluindo Alexandria, cidade que recebeu seu nome, e hoje chama-se Candaar). Stein chegou a Cabul em 19 de outubro de 1943, aos 81 anos, cheio de planos de trabalhos em campo, só para perecer devido a um derrame na semana seguinte. Ele foi enterrado no cemitério cristão de Gora Kabur, em Cabul, finalmente separado para sempre de seu(s) amado(s) Dash(es).

Marc Aurel Stein é um personagem complexo na história da arqueologia. Ele era dono de um intelecto extraordinário, explorador decidido e extremamente perseverante em tudo o que fazia. Comprometido em provar a interligação de culturas ao longo das antigas Rotas da Seda, o que o atraía vasculhar os ambientes mais inóspitos e desconhecidos do mundo. Ele escavou e se apropriou de milhares de pequenos objetos frágeis e documentos que, em muitos casos, revolucionaram nossa compreensão sobre o passado.[81] Devido ao grande volume e extrema complexidade, eles ainda hoje estão sendo processados e estudados em diferentes instituições que os abrigam: o Museu Nacional, em Delhi, o Escritório de Registros da Índia, o Museu Vitória e Albert e a Biblioteca Britânica, em Londres, a Biblioteca Bodleian, em Oxford e, claro, o Museu Britânico. Recentes esforços acadêmicos se concentram na criação de cópias digitais de qualidade dos manuscritos (que hoje estão espalhados em museus de todo o mundo) obtidos não só por Stein, mas também por outros exploradores do Taklamakan e, especialmente, Dunhuang, nesse período, para que todos os estudiosos possam ter, ao menos, o mesmo acesso para estudar todo o material apresentado.

No entanto, esses esforços não mudarão o modo como Stein é visto na China, onde ainda é um exemplo definitivo da pilhagem da cultura pelos "demônios estrangeiros" do início do século XX. E nisso, principalmente durante os últimos 70 anos, enquanto as atitudes mudaram significativamente em questões de como as escavações devem ocorrer e quem deve ter a propriedade e a responsabilidade pelo material escavado em um país (muito menos que não se deve trocar/comprar/persuadir pessoas a entregarem materiais de um sítio religioso "vivo"), as avaliações modernas sobre Marc Aurel Stein têm cada vez mais correspondido a essa posição. Como resultado, especialmente nas negociações com o monge budista Wang Yuanlu nas Cavernas dos Mil Budas, Stein atualmente é exemplo de uma abordagem que não se quer ver repetida.

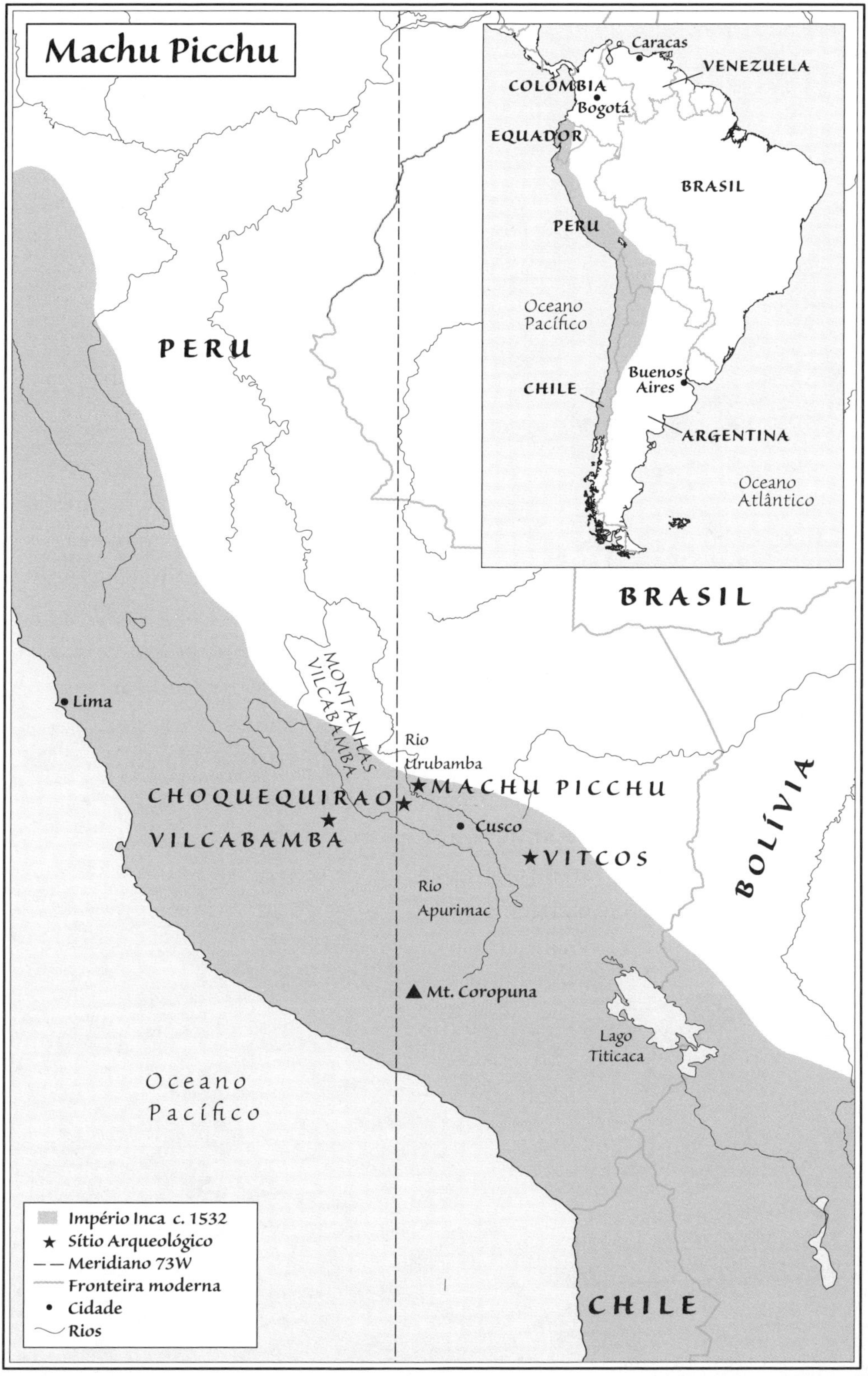
Machu Picchu
Caracas
VENEZUELA
COLOMBIA
Bogotá
EQUADOR
BRASIL
PERU
Oceano Pacífico
Buenos Aires
CHILE
ARGENTINA
Oceano Atlântico
PERU
BRASIL
MONTANHAS VILCABAMBA
Lima
Rio Urubamba
MACHU PICCHU
CHOQUEQUIRAO
VILCABAMBA
Cusco
VITCOS
BOLÍVIA
Rio Apurimac
Mt. Coropuna
Lago Titicaca
Oceano Pacífico
CHILE
Império Inca c. 1532
Sítio Arqueológico
Meridiano 73W
Fronteira moderna
Cidade
Rios

3

A Cidade Perdida (Que Não Estava Perdida e Não Era uma Cidade)

Hiram Bingham III estava de quatro, agarrado aos quatro troncos amarrados com cipós úmidos e escorregadios que serviam de ponte sobre as ruidosas e agitadas águas do rio Urubamba, que corria a apenas alguns centímetros abaixo dele. Um movimento em falso, uma escorregadela, um cipó partido ou um tronco podre e ele seria consumido pelas corredeiras. Mas ele não voltaria. Atrás dele estava a trilha de terra que percorrera desde o acampamento — no caminho, passaram por uma cobra venenosa morta, um lembrete dos predadores da selva densa que atravessaram com dificuldade para chegar às margens do rio.[1] Ele sabia o que havia atrás dele. Mas não sabia o que estava à frente — e foi isso que o motivou a prosseguir.

Se tudo isso parece um pouco com uma cena de um filme de Indiana Jones, é porque, na verdade, se acredita que o personagem do fictício e aventureiro professor de arqueologia foi, em parte, inspirado em histórias de um aventureiro real. Bingham também foi um professor com amplo conhecimento de civilizações antigas, além de intrépido viajante em algumas das partes menos conhecidas da América do Sul. Nascido em 1875 no Havaí, em uma família de missionários cujos ancestrais foram famosos por liderarem a conversão ao cristianismo na ilha, Bingham estava preso entre uma rígida (e financeiramente limitada) criação familiar e um forte desejo de sucesso. Sua saída foi trabalhar duro e casar bem — ambos auxiliados pela boa aparência e porte atlético. Em 1900, aos 25 anos, desposou Alfreda Mitchel, da família dona da joalheria Tiffany, e deixou o Havaí para sempre.[2]

Apesar da melhoria na situação financeira, a inquietação de Bingham mostrava que ele ainda procurava desafios e aventura. Essas necessidades foram atendidas pela decisão de focar, no curso de pós-graduação, a história da América do Sul. Era um tema pouco estudado nas universidades da Ivy League na época, uma indicação do antigo sentimento de superioridade da América do Norte em relação à irmã do sul. No entanto, no início dos anos 1900, o relacionamento entre os continentes — em termos políticos e econômicos — tinha se aprofundado significativamente, criando uma nova necessidade para o estudo acadêmico e a compreensão da América do Sul. Ali estava um arrojado campo de pesquisa no qual Bingham poderia se posicionar como líder.

Bingham fez um curso de doutorado em estudos sul-americanos em Harvard entre 1902 e 1905. Enquanto estudava, criou um cargo na Universidade para si como "Curador da Coleção da América do Sul da Biblioteca de Harvard" — uma coleção que não existia. Então, deu início à curadoria — quando encontrou documentos de Simón Bolívar, o homem responsável por libertar do domínio espanhol, em 1819, o que viria a ser a Grã-Colômbia. Em 1906, em vez de simplesmente escrever uma biografia, Bingham decidiu que precisava seguir os passos de Bolívar e refazer a árdua marcha militar de 1.100km de Caracas a Bogotá, que foi comparada à jornada de Aníbal pelos Alpes e à marcha de Napoleão para a Rússia. Esse era um período da história relativamente intocado associado à chance de exploração e aventura — a combinação perfeita para ele. Ao retornar de suas aventuras, Bingham rapidamente publicou um relato da experiência pessoal sobre a marcha de Bolívar.[3]

Com a experiência direta da história sul-americana por meio da peregrinação de Bolívar, Bingham conseguiu um cargo permanente em 1907 como Conferencista de História da América do Sul na Universidade de Yale — a primeira posição permanente dedicada à história da América do Sul em qualquer universidade na América do Norte. Em 1907, ele apresentou um artigo intitulado "Possibilidades da História e Política Sul-Americanas como Campo de Pesquisa" para a Associação Americana de Ciências Políticas, em Washington DC. Nele, alegou que para a "amizade internacional" entre as Américas do Norte e do Sul "ser permanente, deveria se basear em uma avaliação inteligente. E, para garanti-la, precisamos ter mais livros confiáveis em inglês de sua história e política".[4]

O prestígio do novo cargo em Yale, combinado ao interesse internacional gerado pelo artigo de 1907 (e as aventuras bolivarianas) fez com que fosse convidado a ser representante oficial do governo dos Estados Unidos no Primeiro Congresso Científico Pan-americano realizado no Chile entre dezembro e janeiro de 1908–1909. Claro, como era de hábito, ele não só participou da conferência — como encontrou espaços na agenda para viagens a pé, trem e mula ao longo de grandes partes da "estrada mais histórica" da América do Sul, a antiga rota de comércio entre Lima, no Peru, Potosi, na Bolívia, e Buenos Aires, na Argentina.[5]

Em 1909, Bingham publicou um segundo relato completo das aventuras seguindo os passos de Bolívar e, em 1911, também publicou outro da jornada pela histórica estrada na América do Sul.[6] Ele tinha muito a aprender como explorador — como um crítico do próprio trabalho observou: "por motivos só conhecidos por eles, os viajantes não levaram uma barraca..."[7] Entretanto, foi em uma dessas impetuosas viagens entre 1908 e 1909 que Bingham visitou pela primeira vez um sítio relacionado aos incas, o grande império que dominara extensas partes da América do Sul nos séculos XIV a XVI até a conquista da Espanha. Bingham não pretendia visitar o local — ele centrava a atenção basicamente em períodos mais recentes da história sul-americana — mas foi convencido por um governador peruano a ir até o sítio da fortaleza inca de Choquequirao.

Bingham, muito mais tarde na vida, se referiria àquele momento como fundamental, no qual o fascínio das ruínas incas inexploradas na região montanhosa de Vilcabamba, no Peru, o atingiu em cheio enquanto se encontrava nas ruínas de Choquequirao olhando para as montanhas.[8] Porém, na realidade, ele estava disposto a encarar qualquer aventura que se apresentasse. De volta a Yale, procurou financiamento para novas viagens no México a fim de estudar vestígios do Império Maia, assim como para uma expedição na floresta equatoriana para descobrir a nascente do rio Napo e até encontrar uma nova rota pela floresta amazônica — todos sem sucesso.[9]

Todavia, o que acabou por arrecadar fundos — de ex-alunos de Yale — foi um plano para escalar a montanha Coropuna (ou Nevado Coropuna), no Peru, considerada a mais alta da América do Sul. Além de escalar a montanha, ele planejava também mapear, pela primeira vez, regiões próximas do Peru ao longo do meridiano 73W, assim como, para garantir, realizar uma busca por ruínas incas desconhecidas na vizinhança (que, na verdade, eram as mesmas que Bingham tinha observado de cima da fortaleza de Choquequirao na última visita ao país entre 1908 e 1909).[10]

A equipe, formalmente conhecida como a "Expedição Peruana de Yale", consistiu em um explorador (como Bingham sempre se chamou na entrada do *Who's Who* em toda a carreira), um topógrafo (que, na verdade, era o agrimensor-chefe real da Dinamarca), um alpinista, um professor de química com paixão por borboletas, um geógrafo e um médico. Essa equipe variada partiu de Nova York para o Peru no início do verão de 1911. Tendo aprendido com erros passados, desta vez eles levaram barracas, 20 caixas de aveia em flocos, café, carne enlatada e chocolate.[11] Para Bingham, o aspecto mais importante da expedição não era descobrir novas ruínas incas ou mapear o meridiano 73W, mas escalar a montanha e, como resultado, poder alegar a honra de ter subido ao pico mais alto da América do Sul. Ele até mudou os preparativos de viagem ao Peru para estar no mesmo barco que a famosa alpinista Annie Peck. Ela estava a caminho do Peru para escalar a mesma montanha e Bingham ansiava por avaliar a concorrente.[12] A equipe de Yale se reencontrou em Lima, antes de embarcar em outro navio para viajar pelo sul da costa peruana e então pegar um trem para uma lenta viagem de quatro dias para o interior do país, finalmente chegando à cidade de Cusco, que seria a base das operações, no início de julho de 1911.[13]

Depois da primeira visita a Cusco durante a viagem de 1908–1909 à América do Sul, Bingham descrevera a cidade em termos nada elogiosos: ela era "na verdade, há muito conhecida como uma das cidades mais sujas da América e justificava sua reputação".[14] Ele não estava sendo especialmente indelicado — mas repetia o sentimento da época a respeito do local. Cusco ficava a 500km de distância de Lima, a capital econômica e política do Peru, e a ferrovia chegou à cidade somente em 1908, um pouco antes da primeira visita de Bingham à região (uma vez que a eletricidade permanente ocorreu após 1914). Os habitantes e os das redondezas eram na maioria agricultores que cuidavam de produções de batatas, cevada e quinoa, ou pastores de lhamas, alpacas e ovelhas, e lutavam para sobreviver dados os impostos elevados e às exigências muitas vezes brutais das poucas elites da região que dominavam a partir de grandes propriedades rurais (haciendas). Quando Bingham voltou com a Expedição Peruana de Yale, em 1911, a cidade de Cusco tinha menos de 20 mil habitantes, metade dos quais era analfabeta.[15] No entanto, Cusco tinha um passado — um glorioso passado no qual tinha sido o epicentro do poderoso Império Inca, a maior civilização da história da América do Sul.

*

Embora tenham sido muitos os reinos que surgiram e desapareceram na região do atual Peru nos séculos antes dos Incas, como os Moches e os Huaris, o Império Inca se espalhou por uma área maior: cobriu 2 milhões de m^2 no apogeu.[16] Apesar da dimensão, os incas não deixaram registros escritos próprios e, assim, quase tudo que sabemos sobre eles vem de descobertas arqueológicas (que estavam somente se iniciando quando Bingham viajou ao Peru no começo do século XX) e do que os espanhóis, cuja chegada ao

Peru provocou o desaparecimento do Império Inca em meados do século XVI, escreveram a respeito deles nas extensas crônicas. Destes trabalhos, que muitas vezes não só detalham a observação espanhola das práticas incas, mas também incluem notas sobre histórias orais que os incas passaram ao longo das gerações, soubemos que eles acreditavam que a história de seu povo se iniciou quando o deus Tici Viracocha emergiu do lago Titicaca (a sudoeste de Cusco, na moderna fronteira Peru-Bolívia). Diz-se que esse deus matou os habitantes anteriores da região, criou o sol, a lua e novos seres e os instalou em Cusco.[17]

Uma vez na região de Cusco, segundo as lendas preservadas nas crônicas espanholas, o primeiro governante inca, Manco Capac, lentamente consolidou o poder, principalmente transformando os irmãos em pedras. Na época do sexto imperador inca, Inca Roca, eles controlavam toda a região de Cusco, com o centro do poder ali mesmo, transformado em um próspero povoado. O oitavo governante, Viracocha, não só fortaleceu o domínio na região, mas estendeu as fronteiras pela primeira vez, levando ao início do Império Inca. Como resultado, seu filho, Pachacuti, passou grande parte do reinado em guerra com tribos rivais importantes com que agora os incas entravam em conflito.

Pachacuti também é reconhecido como tendo transformado Cusco de um povoado próspero em capital resplandecente, lar do governante inca, de seus nobres e criados em tempo integral, os "yanakuna". Um dos cronistas espanhóis do século XVI, Garcilaso de la Vega, descreveu Cusco como "algo sagrado" para os Incas, "um de seus principais ídolos".[18] Diz-se que Pachacuti mandou canalizar dois rios a fim de criar um espaço para a cidade, cujo formato era o de uma pantera com os rios combinados em sua cauda. A cidade era dividida nas regiões "superior" e "inferior", e embora o palácio do governante sempre fosse construído na parte "superior", a parte "inferior" era dedicada ao culto religioso. Ali foram construídos templos grandiosos, com paredes cobertas de ouro e telhados de colmo.[19] Os templos eram dedicados às três principais divindades incas: o Sol (Inti), o Criador de Trovões/Chuva (Illapa) e o próprio governante (conhecido simplesmente como "Inca"), que era tido como descendente do Sol.

O imperador era considerado tão sagrado que tudo que tocava tinha de ser reduzido a cinzas e espalhado no ar para ninguém mais tocar. Até mesmo a saliva não podia tocar o chão, devendo ser recolhida pelas mãos de servas.[20] Em todos os momentos, a dignidade dele era de importância primordial. Para garanti-la, ele tinha de se movimentar o mais lentamente possível, nunca cobrindo mais do que 19km por dia. E quase ninguém podia vê-lo diretamente: ele realizava a maioria das reuniões atrás de um anteparo. Quando morresse, esperava-se que as mulheres preferidas o acompanhassem na vida após a morte; para isso, eram estranguladas. A fortuna ia para um grupo especial chamado "*panaca*", o qual era responsável por embalsamar o corpo e cuidar dele durante a eternidade, alimentando-o regularmente e o levando para ser exibido ao lado dos corpos de antigos governantes em festivais importantes.[21]

Na época da morte de Pachacuti (e das mulheres favoritas), em 1471, os Incas dominavam um vasto — e ainda em expansão — império.[22] Ao longo das próximas décadas, Tupac Yupanqui, o décimo imperador inca, aceitou o desafio de expandir ainda mais o território, transformando-o em um vasto domínio que se estendia do atual nordeste do Equador até o centro do Chile, e abrigava entre 10 e 12 milhões de súditos — quase metade do Império Otomano contemporâneo na Ásia.[23]

O que é notável sobre os incas é que, apesar da agressiva construção do império, ao mesmo tempo, adquiriram a reputação de serem "déspotas generosos" graças à habilidosa maneira pela qual governavam o imenso reino, garantindo o controle e uma vida tolerável para as comunidades locais.[24] A Pachacuti, por exemplo, é atribuída a criação de uma categoria de cidadania inca chamada "Inca por Privilégio", que servia para estender a proteção inca a comunidades recém-conquistadas e de aumentar a força de trabalho a que podiam recorrer. Ainda se diz que Pachacuti é responsável por ter estabelecido o sistema de "*mitimaes*", pelo qual grandes grupos de pessoas eram arbitrariamente transpostas de sua região para partes recém-conquistadas do Império Inca. Em parte, isso era feito a fim de ajudar a acelerar a adoção de práticas incas na região recém-conquistada, mas também para melhorar a produção agrícola em áreas de baixa densidade demográfica. Os incas se valiam dos sistemas locais de poder, empregando governantes conquistados anteriormente em posições administrativas (conhecidos como "*curacas*"). Os filhos desses governantes derrotados, porém, sempre eram enviados a morar na corte real inca dos 14 anos em diante a fim de serem doutrinados em seu modo de vida, após o que voltavam às suas comunidades para atuar como governadores locais aprovados pelos incas.

O exército inca, os grupos populacionais de troca "*mitimae*" e os filhos de governantes dominados podiam mover-se pelo império à vontade graças a uma rede de estradas bem desenvolvida. Os incas aplicavam imensos recursos na criação de sistemas de vias, algumas das quais sobrevivem até hoje.[25] Eles usavam pedras e até pontes suspensas de fibras para garantir que suas estradas pudessem atravessar a difícil combinação de montanhas altas e vales profundos que o império governava. Cada via importante tinha cabanas construídas a um dia de caminhada para abrigar os viajantes, além de um complexo sistema de postos de paragem onde mensageiros podiam trocar mensagens verbalmente para levar informações a todo o império.

Quando não conquistava ou construía estradas, Tupac Yupanqui passava o tempo construindo grandes palácios e fortalezas ao redor do Império: só nos Andes equatorianos ao norte foram encontrados vestígios arqueológicos de 37 fortes. As realizações do 11° governante inca, Huayna Capa, parecem modestas em comparação, com muito do tempo utilizado para manter o amplo império criado por seu antecessor; quando da morte, houve uma luta de poder entre candidatos rivais ao trono (Huayna tinha filhos legítimos e ilegítimos, e todos queriam governar). O resultado foi uma guerra civil que enfraqueceu significativamente o reino. Exatamente quando surgiu um vencedor, Atahualpa (o filho ilegítimo), que foi coroado 12° governante inca, os conquistadores espanhóis chegaram ao Peru, em setembro de

1532.[26] No outono, os espanhóis sequestraram Atahualpa e, em 26 de julho de 1533, depois de tentar subornar os espanhóis com ouro em troca da libertação, o governante inca foi estrangulado (mas só após de se converter ao cristianismo, a fim de evitar a morte pelo fogo como pagão).[27]

Depois, os espanhóis tentaram assumir o reino e até tomaram a capital, Cusco. Mas eles também permitiram que os incas continuassem seu modo de vida, incluindo a coroação de um novo governante fantoche, Tupac Huallpa. Ele permaneceu apenas alguns meses no cargo antes de falecer e ser substituído por Manco Capac, coroado em novembro de 1533. Entretanto, Manco escapou dos espanhóis e, em maio de 1536, liderou uma rebelião em grande escala contra os invasores. Os incas atacaram a própria capital, Cusco, que agora era o epicentro do controle espanhol, incendiando-a por completo. Entretanto, os espanhóis foram persistentes e revidaram, por fim obrigando Manco Capac a se refugiar na região montanhosa de Vilcabamba ao norte de Cusco, onde Bingham posteriormente lideraria a expedição de Yale. Dali, Manco manteve o controle de uma área inca bem menor, estabelecendo um centro cerimonial chave em Vitcos e um palácio na nova capital no povoado de Vilcabamba, após o que a região assumiu esse nome. Este reino neo-inca continuou até depois da morte de Manco em 1545, com os filhos continuando a governar em seu lugar durante várias décadas.[28] No entanto, em 1572, o último governante inca, Tupac Amaru, foi capturado e executado pelos espanhóis, colocando um ponto final no Império Inca.

O Império Espanhol dominou o Peru até a Batalha de Ayacucho, em 1824, quando foram derrotados pelo exército de Simón Bolívar, finalmente abrindo caminho para a independência do Peru.[29] Não é de surpreender que nessa época, Cusco, apesar da grandiosa história inca, estivesse em situação lamentável: os grandes palácios e templos tinham sido esvaziados, incendiados e grande parte das pedras das construções foram roubadas para serem reutilizadas em outros locais. De fato, desde a independência do Peru, o novo governo simplesmente ignorou Cusco e o importante papel como epicentro do Império Inca, a favor de uma nova narrativa nacional e identidade centrada na nova capital do país, Lima, na costa. Ele achava que a identidade e o futuro do Peru não deveriam se basear em uma ruína incendiada de uma antiga capital nativa no interior, mas em uma nova cidade costeira próspera que poderia comercializar com o mundo. Cusco, então, foi deixada para a comunidade agrícola local.

A perda da posição de poder de Cusco, de centro de um grande império para uma cidade esquecida nas montanhas, portanto, foi notável. A rica história permaneceu inexplorada e suas ruínas deixadas ao esquecimento.

*

Logo após chegarem a Cusco, Bingham e a equipe de Yale pareciam ter atingido uma meta histórica. Em 9 de julho de 1911, eles investigaram alguns ossos que encontraram nas margens pedregosas de um rio, inicialmente concluindo que eles teriam 30 mil anos, provando que o *Homo sapiens* estivera presente na América do Sul muito antes do que se acreditava então (apenas 10 mil anos antes).[30] Já encarando a história da América do Sul com um potencial diferente, Bingham passou prontamente aos próximos desafios. A subida à Montanha Coropuna teve de ser adiada devido às condições do tempo, então, enquanto isso, Bingham despachou parte da equipe para mapear o meridiano 73W, enquanto ele e o professor de química (e admirador de borboletas) Harry Foote iam procurar ruínas incas. Como o explorador escreveu mais tarde para a *Harper's Monthly*, em 1913, a meta de procurar ruínas era encontrar a capital e cidades cerimoniais do reino neo-inca em Vitcos e Vilcabamba estabelecidas por Manco Capac após escapar dos espanhóis em 1536. Eles estavam em busca da famosa "e última cidade perdida dos incas", e para tanto Bingham teria de, segundo suas palavras: "perguntar a todos se conheciam (tais ruínas)".[31]

Uma dessas pessoas foi o Reitor da Universidade de Cusco, Albert Giesecke, que lhe contou de uma viagem recente a cavalo que realizara em uma estrada de terra relativamente nova que acompanhava o rio Urubamba que serpenteava pelas montanhas Vilcabamba. Essa nova estrada fora aberta na selva para facilitar a exportação de produtos agrícolas nessa área antes inacessível.[32] Giesecke mencionou a Bingham que um taverneiro ao longo da trilha lhe contara sobre algumas ruínas incas, conhecidas localmente como "Machu Picchu", empoleiradas nos penhascos próximos encimando o rio.[33] Com base nessa informação, em 19 de julho de 1911, Bingham, Foote e um soldado chamado Sargento Carrasco (que fora enviado pelo presidente do Peru — um conhecido de Bingham — para apoiar a expedição) partiram pela trilha de terra. Em 23 de julho, eles chegaram à taverna que Giesecke mencionara — embora, na verdade, fosse apenas uma cabana com telhado de palha — e a equipe decidiu acampar em uma margem arenosa do rio nas proximidades. Com ajuda do acompanhante militar e tradutor, Bingham perguntou ao taverneiro, Melchor Arteaga, sobre locais em escombros, a qual, então, descreveu as ruínas de "Machu Picchu".[34]

Bingham não quis perder um dia sequer. Mas na manhã seguinte chovia e Arteaga, relutante em sair com esse tempo, teve de ser convencido com uma compensação financeira oferecida por ele e Carrasco para lhes mostrar o caminho até as ruínas (Harry Foote ficou para estudar borboletas). Depois de passar com dificuldade pela selva até a margem do rio, o grupo se viu diante da perigosa tarefa de atravessar as corredeiras por uma ponte escorregadia e barulhenta feita de troncos — um momento real à la Indiana Jones.[35] Arteaga e Carrasco tiraram os sapatos para terem mais firmeza, enquanto Bingham rastejava de quatro. A travessia bem-sucedida foi seguida por uma escalada de 90 minutos morro acima, que Bingham admitiu depois na *Harper's Monthly* ter feito quase toda de quatro, suando devido "ao calor excessivo". Pouco depois do meio-dia, eles atingiram uma cabana na vertente da montanha na qual uma família quechua local morava, arrendando terras de Arteaga. Eles deram água fresca para os visitantes e batatas-doces para comer e ofereceram o jovem filho como guia ao grupo para mostrar o caminho até as ruínas próximas.[36] Arteaga ficou para trás para descansar com a família, deixando Bingham e Carrasco avançarem sozinhos com o garoto.

Eles formavam um trio estranho: Pablito usando um poncho enfeitado e um chapéu grande, o sargento no uniforme militar e Bingham em seu traje cáqui de explorador feito nos Estados Unidos. Bingham escreveu mais tarde: "de repente, vimo-nos em meio a um labirinto de muros grandes e altos cobertos de mato, as ruínas de edifícios feitos de blocos de granito branco... uma surpresa após outra até nos darmos conta de que estávamos entre os mais fantásticos vestígios já encontradas no Peru."[37] Bingham se admirou por elas permanecerem "tanto tempo não descritas e comparativamente desconhecidas", ainda mais depois que encontrou "rabiscos grosseiros" em um dos templos feitos por um homem chamado Lizzarraga, que ao que parecia as tinha visitado cerca de uma década antes, em 1902.[38] Em parte, ele raciocinou, o fato de esse sítio não ter sido adequadamente explorado decorreu de ele nunca ter sido mencionado pelos cronistas espanhóis e, em parte, porque ficava — até a recente construção da trilha de terra ao longo da margem do rio Urubamba — em um local inacessível.

Bingham só pôde ficar algumas horas no sítio: eles tinham que descer a montanha e atravessar o rio de volta ao acampamento antes do anoitecer. Contudo, nessa visita inicial, ele conseguiu não só ver uma série de grandes escadarias e identificar uma praça central e várias estruturas parecidas com templos, mas até desenhar uma resumida planta do local em que era possível divisar sob a cobertura vegetal. O que realmente o surpreendeu foi a qualidade da alvenaria. Blocos de pedra mais altos que um homem, esculpidos e colocados no lugar no alto das vertentes. Pedras pequenas cortadas e ajustadas "com a mesma precisão com que uma rolha é inserida em uma garrafa".[39]

À noite, o grupo estava de volta ao acampamento, tendo atravessado mais uma vez a perigosa ponte de troncos. Mas Bingham e a equipe não voltaram no dia seguinte, como era de se esperar. Na verdade, apesar de terem visto as maravilhas de Machu Picchu, a equipe deixou a área na manhã seguinte a fim de continuar a busca em outro lugar. Agora isso parece surpreendente, mas a decisão mostra o quanto era forte o foco de Bingham em encontrar Vitcos e Vilcabamba, as "últimas capitais perdidas" dos últimos governantes incas (e por fim, escalar o monte Coropuna). Machu Picchu, embora intrigante, simplesmente não correspondia às descrições dos espanhóis das últimas fortalezas que Bingham queria encontrar. E, assim, ele e a equipe avançaram, deixando o pequeno Pablito com Machu Picchu como um playground para ele.

A busca continuou por mais um mês, durante o qual Bingham, Foote e Carrasco atravessaram diversos vales, seguiram vários indícios locais sobre a localização das ruínas e conseguiram achar dois novos conjuntos importantes de sítios arqueológicos, que Bingham tinha certeza serem de Vitcos e Vilcabamba.[40] Ambos estavam cobertos ainda mais densamente pela vegetação do que Machu Picchu, impedindo Bingham de explorá-los mais a fundo em cada ocasião. Assim, em setembro de 1911, ele fez contato com o resto do grupo da expedição e pediu que parte da equipe que estivera observando o meridiano 73W fosse a Machu Picchu para fazer um mapa adequado do sítio (visto ser o único que ele tinha achado até então que era visível o bastante para estudos adicionais imediatos). Mas ele próprio não voltou. Para ele, o mais importante agora era escalar uma montanha.

Bingham voltou a Cusco a fim de se preparar para escalar o Monte Coropuna, o que ele fez com um pequeno grupo em outubro de 1911, deixando bandeiras dos EUA e de Yale no topo do cume oeste da montanha, já que acreditava ser aquele o mais alto dos picos ao leste, escalados por Annie Peck há cerca de um mês. A equipe chegou aos Estados Unidos pouco antes do Natal. Dizem que Bingham se vestiu de Papai Noel para os filhos, que acreditaram que ele era o personagem real, porque simplesmente não reconheceram o pai, que não viam desde junho.[41]

Todavia Bingham não ficou em casa por muito tempo. Em janeiro de 1912, proferiu uma palestra na National Geographic Society em Washington sobre a expedição.[42] Ela se ofereceu a cofinanciar um segundo projeto com Yale a fim de descobrir mais ruínas e continuar as escavações nos sítios encontrados em 1911, cujos achados seriam levados a Yale para estudos adicionais. Na primavera de 1912, Bingham reuniu uma nova equipe e partiu uma vez mais para o Peru em maio de 1912. De volta a Cusco, a equipe não se dirigiu aos sítios perdidos de Vitcos ou Vilcabamba que Bingham tinha se mostrado tão empenhado em achar na primeira expedição, mas direto para Machu Picchu. Essa mudança deveu-se a uma avaliação inteligente de Bingham entre esforço e recompensa. Era mais fácil acessar e estudar Machu Picchu do que Vitcos e Vilcabamba no tempo disponível para aquela expedição. Mas, além disso, Bingham refletira a respeito da alvenaria superior em Machu Picchu comparada a Victos e Vilcabamba, e reconheceu que Machu Picchu, embora não fosse uma das últimas cidades famosas dos incas, poderia se mostrar uma descoberta mais impressionante à qual associar seu nome. Talvez essa tenha sido a melhor decisão que ele já tomou.

Auxiliado por uma força de trabalho local de quase 40 pessoas, a equipe da expedição de Bingham começou a tarefa criando um acesso resiliente e confiável para o sítio (incluindo uma ponte adequada sobre o rio e uma trilha em zigue-zague pela vertente da montanha). Além disso, realizaram a limpeza da vegetação das ruínas. Conforme o sítio ficava exposto, a equipe iniciou o estudo dos prédios sobreviventes com mais profundidade e a escavação ao redor dele e em seu terreno, descobrindo cerâmica inca, conjuntos de sepulturas e esqueletos. Entretanto, Bingham só ficou com a equipe durante as duas primeiras semanas, antes de partir e assumir outro projeto a pedido da National Geographic Society: a descoberta de outras ruínas incas. Desta vez, acompanhado apenas por um condutor de mulas e dependendo novamente de dicas locais, Bingham explorou a selva entre os rios Urubamba e Apurimac. Nesse processo, ele não só descobriu vários outros conjuntos de ruínas, mas foi, em certo ponto, abandonado pelos guias e quase se perdeu para sempre em um vale na floresta.[43]

Quando voltou para Cusco, enfrentou problemas. O financiamento dependia de levar os achados aos Estados Unidos. Na primeira expedição ao Peru, ele tinha obtido autorização pessoal do presidente peruano para levar os achados com ele. Desta vez, todavia, descobriu que o governo peruano não pretendia mais deixar que levasse as descobertas de Machu Picchu a Yale.[44] Bingham recorreu a uma segunda petição pessoal — e demorada — ao presidente do Peru, que, por fim, lhe concedeu permissão para levar para casa os objetos escavados até então, mas proibiu qualquer nova escavação e estipulou que o trabalho da equipe em Machu Picchu deveria terminar até dezembro de 1912.[45]

Na ocasião, a equipe de Yale trabalhara por quatro meses para descobrir e estudar o sítio. Nesse período, as ruínas emergiram da floresta que as cercavam e revelaram uma resplandecente coleção de magníficos edifícios de pedra como que acomodados entre os cumes das montanhas diante de um fundo esplendoroso de nuvens, vales de um verde-escuro profundo e picos de pedra sólidos que atravessavam o céu. A equipe conseguiu reconhecer nítidos grupos de casas acima de uma centena de escadarias que conectavam diferentes partes do sítio, e seguir porções do complexo sistema de canais de irrigação, drenagem e aquedutos de pedra, que permitiam o desenvolvimento de lavouras e garantiam que o local não ficasse alagado e fosse levado pelas águas na estação das chuvas. Dessa forma, o sítio não era só uma vista agradável aos olhos; era também uma maravilha da habilidade e realização tecnológica humana: a criação de um habitat sustentável para a humanidade em um lugar que se imaginaria fora de nosso alcance.

Em 1º de dezembro de 1912, Bingham partiu de Lima de volta aos Estados Unidos com mais de 100 caixas de artefatos de Machu Picchu. Entretanto, ele não estava totalmente satisfeito: sentiu que tinha falhado em descobrir quaisquer outras novas ruínas e se preocupava com sua reputação como explorador (ainda mais pelo fato de que um jornal de New Haven soube e publicou a história de como ele se perdera na floresta).[46] Mas ele não tinha o que recear. Em abril de 1913, em um artigo da *National Geographic* intitulado "No País das Maravilhas do Peru", Bingham apresentou Machu Picchu ao mundo.[47] E graças ao fato de a expedição também ter sido patrocinada pela Kodak, Bingham possuía as melhores evidências fotográficas da descoberta que a tecnologia da época poderia oferecer.[48] O mundo *viu* Machu Picchu e leu sobre ela. A edição da *National Geographic* quebrou recordes de circulação. Em maio de 1913, o *New York Times* pôs Bingham na primeira página com a manchete: "Prof. Hiram Bingham de Yale faz a maior descoberta arqueológica desta era ao localizar e escavar as ruínas de Machu Picchu no cume de uma montanha dos Andes."[49] O fato de Bingham ter "descoberto" as ruínas às quais foi direcionado por habitantes locais que já sabiam da existência (sobre o que Bingham foi muito franco em seu artigo da *Harper's Monthly* em que detalhou a descoberta inicial, publicado na segunda metade de 1913 depois de o *New York Times* já ter rotulado a conquista como "a maior descoberta arqueológica da época") pareceu não importar. O que importava era que o resto do mundo não sabia desse sítio, tampouco sobre a cultura e a civilização que o criara — e fora Bingham quem as levara a seu conhecimento. Bingham abrira os olhos do mundo para a misteriosa terra dos incas.

Contudo, a pergunta que agora estava na mente de todos, enquanto admiravam a descoberta de Bingham e as imagens de Machu Picchu, era simples: O que era? Uma cidade? Um santuário religioso? Um forte no alto da montanha? Não havia descrições dos cronistas espanhóis sobre o sítio que pudessem ajudar. O único caminho para encontrar a resposta residia na interpretação das pedras e objetos encontrados. Bingham, no artigo da *Harper's Monthly* de 1913, ofereceu uma resposta: não era a última cidade dos incas que ele se dispusera a encontrar a princípio (e, de fato, encontrou Vitcos e Vilcabamba), mas, na verdade, a primeira. Bingham argumentou que Machu Picchu era a cidade perdida de Tampu-Tocco — a fortaleza original de onde os incas surgiram (como parte do mito de os governantes incas originais terem sido criados pelo deus Tici Viracocha). Bingham ofereceu essa identificação em 1913 porque, justificou, Machu Picchu tinha uma marca arquitetônica essencial que a conectava à lenda de Tampu-Tocco como o lugar em que "de uma colina com três aberturas ou janelas vieram três tribos... (que, por fim) fundaram o Império Inca".[50] Machu Picchu, ele ressaltou, era um povoado no topo de uma colina com uma estrutura semelhante a um templo com três janelas que não tinha sido encontrada em nenhum outro sítio inca do período. Ele concluiu o artigo da *Harper's Monthly* com um desafio: "Posso estar totalmente enganado em relação a isso e aguardarei com interesse a descoberta de qualquer outro local que se encaixe igualmente bem na descrição de Tampu-Tocco, de onde vieram os incas."[51]

Quase uma década depois, Bingham publicou um livro com o relato completo da expedição inicial, intitulado *Inca Land: Explorations in the Highlands of Peru*. O livro começa com uma narrativa dele próprio como um alpinista extraordinário (e ele enumera a associação ao Clube Alpino Americano diretamente após a Diretoria da Expedição Peruana de Yale na página do título). Capítulos sobre a história dos incas são seguidos por relatos de como encontrou a cidade perdida, e as últimas cidades de Vitcos e Vilcabamba.[52] Somente nos capítulos finais ele fala da joia de sua descoberta: Machu Picchu. Primeiro, ele reconta as lendas de Tampu-Tocco, depois nos deleita (mais uma vez!) com a história da descoberta de Machu Picchu, antes de terminar o livro com todo um capítulo para unir as duas e explicar o que Machu Picchu é, na opinião dele.[53]

Em 1922, Bingham ainda tinha certeza de que Machu Picchu era Tampu-Tocco, a primeira cidade dos Incas. Mas, ao mesmo tempo, agora ele também reconhecia que o estudo de muitas das estruturas arquitetônicas das ruínas mostrou que elas eram de um período posterior da história inca. Assim, ele então alegou que ela era a primeira cidade dos incas, mas também recebera uma segunda vida como importante local na história dos últimos incas: não como fortaleza ou residência real, mas como "Vilcabamba Viejo", uma cidade na província onde os últimos governantes incas estabeleceram o lar das Virgens do Templo do Sol. Filhas escolhidas dos incas, elas viviam e passavam a vida honrando e reverenciando o Sol, tal e qual, como o próprio Bingham alegou, as Virgens Vestais de Roma.[54]

Apesar dos elogios a Bingham pela descoberta e destacar que Machu Picchu era um sítio essencial para compreender melhor os incas, críticos do livro reagiram com desconfiança à ideia do explorador dela ser Tampu-Tocco ou o lar das Virgens do Templo do Sol (tampouco eles comentaram as explorações como alpinista).[55] Irredutível, ele publicou outro livro em 1930 — desta vez centrado exclusivamente em Machu Picchu: *Machu Picchu: A Ci-*

tadel of the Incas.[56] Nele, falou ainda mais da descoberta do sítio, o trabalho realizado nas subsequentes temporadas de escavação além de, mais uma vez, a teoria de que Machu Picchu era Tampu-Tocco e o lar das Virgens do Templo do Sol. Contudo, a teoria não aceitou bem o passar dos anos. Em 1931, a revista *Antiquity* publicou uma resenha que, por um lado, elogiava a divulgação dos achados materiais, mas por outro zombou arduamente das teorias nas quais Bingham insistia, descrevendo-as como "especulações bizarras".[57]

Bingham, porém, defendeu a teoria durante toda a vida. Em 1948, ele publicou um último livro, que seria o mais famoso: *Lost City of the Incas*. Nele, outra vez, descreveu a história do Império Inca e a busca por Vitcos e Vilcabamba, centrando, no final, a "descoberta" em 1911 da "perdida" Machu Picchu, a escavação e o estudo do sítio em temporadas subsequentes, encerrando com a mesma alegação: que Machu Picchu foi primeiro Tampu-Tocco e, depois, o lar das Virgens do Sol. Assim, ele conclui no livro que Machu Picchu foi um sítio existente desde o começo até o fim da civilização inca, um símbolo adequado de todas suas realizações.[58]

Poucos acreditavam nas teorias de Bingham — mas seus críticos também não tinham sugestões melhores do que era Machu Picchu. Este símbolo da civilização inca, perdida nas nuvens, continuou a assombrar o mundo com seus mistérios durante décadas.

*

Os escritos de Bingham sobre Machu Picchu — os primeiros artigos em 1913, seus livros em 1922, 1930 e 1948 — foram publicados em grandes intervalos porque, em parte, ele continuou a ter uma carreira agitada que o levou a inúmeras direções diferentes. Depois da desobstrução bem-sucedida de Machu Picchu na segunda temporada de escavações em 1912, era natural que a *National Geographic* e Yale quisessem que ele voltasse ao local, o que ele fez em 1914. Contudo, embora ele fosse o heroico explorador e descobridor nos EUA, uma recepção muito diferente o aguardava no Peru, onde o governo reforçara as políticas e leis sobre escavações de seu patrimônio cultural e enviara equipes peruanas para Machu Picchu após a partida de Bingham, em 1912. Assim, sem poder observar as ruínas como quisesse e trabalhar de modo independente como fizera em expedições anteriores, agora ele precisava obedecer ao pé da letra a lei peruana do patrimônio cultural e ter seu trabalho supervisionado por inspetores locais. Não demorou muito para ser acusado formalmente por um arqueólogo local de não seguir a política peruana de preservação dos artefatos — em resumo, tentar remover objetos do sítio sem permissão. Apesar de escapar de um processo, Bingham e a equipe foram obrigados a deixar o Peru logo depois.[59] Ele não voltaria ao Peru durante três décadas, graças à contínua revolta e ressentimento que sentia sobre a retirada dos artefatos de Machu Picchu em 1911–1912 e tentativas de fazê-lo em 1914. Em 1926, a Universidade de Cusco, que tanto fizera para encorajá-lo a ir à região e cujo reitor havia sido fundamental na sugestão para procurar as ruínas na região de Machu Picchu em 1911, anulou o título honorífico concedido ao explorador.[60]

Bingham não tinha muito tempo para remoer a mudança a respeito dele no Peru. Em 1917, os Estados Unidos entraram na Primeira Guerra Mundial e ele sentiu o chamado para um novo tipo de aventura. Aprendeu a pilotar aviões (embora, tecnicamente, tivesse ultrapassado a idade para o alistamento) e depois comandou uma escola muito importante de pilotos na França destruída pela guerra. No final do conflito, ele trocou os aviões por outro tipo de aventura e ingressou na política, na qual a elevada estatura, a reputação de "explorador" e os sólidos antecedentes da guerra o tornaram uma escolha popular para o Partido Republicano. Sempre ciente das oportunidades de autopromoção, em 1920 ele publicou um livro de suas experiências na guerra que habilmente reforçaram sua imagem pública, intitulado *An Explorer in the Air Service*. Um crescimento meteórico o viu tornar-se senador, em 1925, mas logo ele perdeu o mandato em consequência da Grande Depressão de 1929 e da vitória do Partido Democrata em 1932, uma perda acompanhada por uma tensa separação da esposa, com a qual tinha agora sete filhos. Agora com quase 60 anos, Bingham começou uma vida de aposentadoria parcial, atuando como palestrante ocasional e em diferentes comissões cívicas.

O que finalmente o levou de volta ao Peru e a Machu Picchu foi o ponto culminante de uma série de mudanças tectônicas no Peru e entre a América do Norte e do Sul. A comunidade acadêmica de Cusco, que cortara relações com Bingham depois da partida em 1914, e anulou o título honorífico dele em 1926, procurou capitalizar a descoberta de Machu Picchu para devolver Cusco ao mapa do Peru e do mundo. Cusco tinha sido a capital do Império Inca, mas há muito perdera importância. Agora, a cidade percebia que era tempo de brilhar outra vez. Apesar de receber pouco apoio no início do governo peruano, que ainda preferia ver a identidade nacional centrada ao redor da moderna e movimentada capital, Lima, o reitor da Universidade de Cusco publicou um artigo em 1921 reivindicando a posição de "Roma da América do Sul" para Cusco — uma grande capital histórica com ainda muito a mostrar ao mundo moderno e como parte da identidade moderna do Peru.[61]

Uma subsequente campanha internacional sustentada para reviver o destino de Cusco como centro turístico deu resultados, ainda mais quando o presidente Roosevelt, dos EUA, iniciou uma política de "boa vizinhança" em 1933: um compromisso diplomático de não intervenção e de cooperação entre os Estados Unidos e a América do Sul. O turismo era um instrumento básico para a política e os EUA começaram a encorajar e facilitar essa realização em grande escala em direção à América do Sul (além de estimular mais estudos acadêmicos da região). O pedido de Cusco de ser reconhecida como a Roma da América do Sul e meca do turismo para aqueles ansiosos em compreender a longa história do Peru se encaixava com as intenções dos EUA de serem bons vizinhos e, ao longo dos anos de 1930, o interesse em Machu Picchu começou a aumentar. Em 1934, o *New York Times* publicou um artigo elogiando o trabalho da comunidade local de Cusco em restaurar a obra dos antepassados gloriosos.[62] Durante o restante dos anos 1930, a comunidade de Cusco continuou a usar as novas receitas originadas pelo turismo para investir na infraestrutura turística da cidade e, principalmente, na curadoria de seus sítios arqueológicos, incluindo Machu Picchu. O que a tirou do rumo foi a Segunda Guerra Mundial, quando a atenção global voltou-se para a Europa e o Japão, o turismo internacional entrou em declínio e os Estados Unidos tinham pouco tempo para a política de Boa Vizinhança com o sul.

Bingham passou a Segunda Guerra Mundial palestrando em escolas navais, e quando a guerra terminou, apesar de seus 70 anos, tornou-se um tardio e improvável beneficiário das tentativas de reviver a política de Boa Vizinhança de Roosevelt. Sentia-se que a política agora precisava de heróis — figuras identificáveis que personificassem o espírito de cooperação entre os Estados Unidos e a América do Sul. Bingham era, apesar da perda de poder político e má reputação no Peru, ainda muito popular nos EUA, graças aos livros que contavam as aventuras e às credenciais que tinha de ser um antigo líder da interação entre o país e a América do Sul. Seu trabalho em Machu Picchu — bem conduzido 30 anos antes — poderia ser um símbolo poderoso de tal cooperação no passado, presente e futuro. Isto é, se o governo peruano e a comunidade de Cusco pudessem ser convencidos a recebê-lo de volta.

Com o enorme montante de dólares de turismo potenciais em jogo, ambos viram o valor de cessar as hostilidades. Em 1948, o mesmo reitor que inicialmente havia recebido Bingham tão bem em 1911, anulado seu título honorífico e insistido que Cusco fosse reconhecida como a Roma da América do Sul, agora persuadia o governo peruano a nomear a nova estrada que construíra para melhorar o acesso dos turistas a Machu Picchu como rodovia "Hiram Bingham III". Assim, 30 anos após pisar no país pela última vez (e, de fato, ele havia sido convidado a partir pelas autoridades peruanas), em outubro de 1948, com 73 anos, Bingham voltou ao Peru para cortar a fita, inaugurar a estrada e descerrar a placa que o descrevia como o "descobridor científico de Machu Picchu".[63]

Como herói norte-americano recém-remodelado da cooperação mútua entre seu país e a América do Sul, Bingham precisava naturalmente de uma narrativa atualizada. No mesmo ano em que cortou a fita na nova estrada no Peru com seu nome, ele publicou o último livro: *Lost City of the Incas*. Nele, constrói a história como explorador do reino inca desde a primeira vez em que foi apresentado ao sítio de Choquequirao, em 1909, até a descoberta de Machu Picchu, em 1911, e as subsequentes explorações do local, terminando o livro, como vimos, com a ainda firme crença de que o sítio era antes a original Tampu-Tocco e, depois, lar das escolhidas Virgens do Sol.

Lost City é um tour de force da narrativa de um explorador, que descreve Bingham como explorador íntegro e corajoso (e que deixou de lado a perda da aprovação no Peru e os subsequentes altos e baixos na carreira nos EUA). Ele repete — até mesmo no título — o romance épico *Lost World*, de Conan Doyle, publicado no mesmo ano em que Bingham visitou Machu Picchu pela primeira vez, e deliberadamente comercializado para um público ansioso por ler aventuras instigantes e perigosas. Em *Lost City*, rios são sempre "caudalosos", que "abrem caminho em gigantescas montanhas de granito".[64] As paisagens são épicas, a selva é densa e úmida. O perigo ronda cada canto e nada é certo. No entanto, Bingham persiste, determinado em seu desejo por descobertas e o que ele encontra "o deixa sem fôlego", o deixa "fascinado" e "quase incapaz de acreditar no que vê".[65] Seu dever passa a ser nada mais do que revelar e entender Machu Picchu — cuja importância parece ter aumentado durante a carreira, até mudando de ser descrita como uma mera "cidadela" para uma cidade totalmente desenvolvida.[66] E, embora Bingham não descarte por completo o fato de que outros sabiam e até estiveram em Machu Picchu antes dele (como reconheceu várias vezes em publicações anteriores), seu papel de descobridor sempre é enfatizado, principalmente no título. Afinal, uma cidade "perdida" requer alguém que a encontre.[67]

Lost City of the Incas foi um best-seller. Até pessoas como Che Guevara o leram e comentaram. Na verdade, talvez Che tenha entendido o livro — seus objetivos para Bingham e um novo esboço mais amplo da interação com a América do Sul — melhor do que muitos. Ele disse simplesmente:

"Machu Picchu foi para Hiram Bingham a coroação dos sonhos mais puros como uma criança adulta."[68] Foi a narrativa definitiva de exploração de um homem que sempre quis ser conhecido como explorador. Cinco anos depois da publicação do best-seller de Bingham, Charlton Heston estrelou o filme *O Segredo dos Incas*, inspirado nas aventuras de Bingham e até teve o reitor da Universidade de Cusco como consultor técnico. Por outro lado, o traje de Heston no filme — chapéu fedora, jaqueta de couro e camisa branca — foi reconhecido como inspiração para o traje de Indiana Jones em seu primeiro filme, *Os Caçadores da Arca Perdida*, lançado em 1981.[69]

É possível que Bingham tenha visto Charlton Heston ser exibido nos cinemas norte-americanos em 1953, mas ele faleceu em 1956, muito antes de Indiana Jones estourar em nossas telas. Porém, viveu o bastante para ver Machu Picchu desaparecer de novo do cenário internacional. Apenas dez dias após sua visita ao Peru para cortar a fita da nova estrada em 1948, um golpe militar depôs o governo peruano e o novo regime eliminou todas as iniciativas turísticas patrocinadas pelo país. O golpe foi seguido anos depois por um terremoto devastador em Cusco, em maio de 1950, que deixou por uma década a cidade e a região quase destruídas. Somente em fevereiro de 1960 o Peru viu o primeiro Boeing 707 pousar em Lima, trazendo novamente o turismo com ele.

Em 1968, depois de um período turbulento, havia serviços aéreos domésticos entre Lima e Cusco, abrindo o caminho para os turistas chegarem rapidamente a Machu Picchu. O problema para a região nos anos 1960 eram os turistas, não a necessidade de atrai-los. Embora Cusco sempre procurasse chamar viajantes de elite e classe média alta, agora a era do turismo em massa começava a trazer consigo um tipo diferente de visitante. Mochileiros passaram a dormir nas ruínas de Machu Picchu e deixar lixo (e muito mais) pelo sítio.[70] A situação era agravada pela contínua instabilidade do Estado peruano, com ataques a bomba em hotéis turísticos e outro golpe militar em 1968, o que cada vez mais afastava os turistas mais ricos. No início dos anos 1970, Machu Picchu tornou-se a meca para os que desdenhavam a modernidade e inovação e queriam, em vez disso, uma ligação com o misticismo de antigas culturas alternativas. Em uma região que achava que o turismo internacional permitiria que ela provasse ser parte de um país moderno, Cusco e Machu Picchu se viram inundados por quem queria se livrar da modernidade e, como um jornal peruano da época escreveu, "partilhar a vida do povo Quechua".[71]

Em Machu Picchu, o turismo acabou mais ou menos do dia para a noite quando, em junho de 1986, uma bomba explodiu em um trem turístico que viajava para lá, matando sete turistas e ferindo muitos outros. Durante vários anos depois, os Estados Unidos emitiram uma nota de advertência contra viagens ao Peru e, especialmente, para as ruínas.[72]

A ironia está no fato de que os anos 1980 também viram o início de um novo — e mais brilhante — futuro para Machu Picchu. Em parte, isso resultou da queda no turismo — vários hotéis, planejados para a região nos anos 1970, nunca foram construídos. Mas a sobrevivência das ruínas se deve ao árduo e contínuo trabalho do governo local de Cusco. Em 1981, o mesmo ano em que Indiana Jones arrebatou as telas pela primeira vez, o governo local reivindicou que fosse declarada uma área de "Santuário Histórico" ao redor do sítio para protegê-la de futuros desenvolvimentos. Isso possibilitou a Machu Picchu solicitar a condição de Patrimônio Histórico da UNESCO, que foi concedido em 1983, com acesso a financiamento para uma série de projetos de restauração.[73] Machu Picchu continuaria a ser um centro turístico — mas ao menos um deles no qual a preservação era prioritária.

*

Mas o que aconteceu com todos os artefatos que Bingham levara aos EUA? Parece que, até os anos de 1980, eles ficaram praticamente juntando poeira em Yale. Ao mesmo tempo, a pergunta sobre o que era Machu Picchu continuou sem resposta. As teorias de Bingham sobre a cidade ser Tampu-Tocco e o lar das Virgens do Sol nunca foram aceitas, mas nunca se ofereceu outra explicação convincente. No século XX, o interesse acadêmico na história da

América do Sul focou grandemente a compreensão das diferentes civilizações que viveram na região antes dos incas. Tudo mudaria, e Machu Picchu logo teria seu lugar ao sol.

O primeiro avanço veio em 1987, quando o estudioso John Howland Rowe publicou um trabalho sobre documentos da era das conquistas espanholas guardadas nos arquivos de Cusco. Rowe descobriu que Machu Picchu era, de fato, mencionada como parte de uma "propriedade imperial" criada nos anos 1450 e 1460 pelo nono governante inca, Pachacuti, depois da conquista da região.[74] Desde esse ponto, nosso conhecimento sobre Machu Picchu aumentou muito. Ela não data do início da era dos incas e definitivamente não foi Tampu-Tocco. Além disso, nunca foi uma cidade — ou mesmo, uma cidadela — mas sim uma pequena comunidade que abrigava, no máximo, talvez 750 pessoas.[75] Tampouco era totalmente ocupada durante todo o ano. Propriedades imperiais eram locais em que o governante inca podia escapar de Cusco com seu séquito mais próximo — um tipo de Camp David [residência rural dos presidentes norte-americanos] Inca, com a diferença que tais propriedades pertenciam ao governante que as construía e não passavam para o próximo governante. Assim, após a morte de Pachacuti, Machu Picchu, e as outras propriedades imperiais, continuaram a servir a "*panaca*" — o grupo responsável por cuidar e reverenciar o corpo de Pachacuti para sempre. Portanto, a importância de Machu Picchu era múltipla: servia de local para Pachacuti descontrair longe da capital; representava um marco estratégico no cenário das conquistas e realizações; e se constituía em uma fonte de receita para garantir que seu corpo e sua memória fossem protegidos e cuidados para sempre.

A ocupação temporária de Machu Picchu pela *crème de la crème* da sociedade inca nos ajuda a entender a arquitetura incomum do sítio em si. No setor nordeste, há uma série de casas de prestígio, organizadas em agrupamentos tradicionais conhecidos como "*kancha*". Cada *kancha*, formada por um complexo murado abrangendo várias casas situadas ao redor de um pátio ao ar livre, abrigaria um único grupo familiar de elite. A entrada para cada uma delas era marcada por um umbral monumental, guarnecido por barras a fim de impedir acesso não autorizado. Estudos também mostraram que cada *kancha* era arquitetonicamente diferente da outra, talvez refletindo as preferências individuais das famílias. Uma das *kanchas*, chamada por Bingham e a equipe quando a descobriram em 1912, de "engenhosidade do grupo Kin", continha sete casas diferentes que acomodavam até 60 pessoas e tinham vista para a praça central do sítio, onde o Templo do Sol e o Templo com as três famosas janelas de Bingham estavam localizados.[76] No exterior de cada complexo havia uma série de casas de padrão inferior para os servos de período integral (*yanakuna*) que se mudavam com a família de elite empregadora quando esta viajava.

A residência do governante era separada das demais, situando-se no setor sudoeste do sítio e, assim, usufruindo de um elevado nível de privacidade comparada com a *kancha* de elite, e até mesmo possuindo um jardim murado particular. A residência imperial em si não era maior do que as demais (embora o trabalho em pedra fosse mais sofisticado), mas os limites da casa real eram monumentais: visitantes tinham de passar por dois conjuntos de portas imensas, com vergas duas vezes maiores do que as usadas em outros pontos do sítio. Além disso, a residência do governante era a única em Machu Picchu com banheiro privativo — o símbolo máximo de poder.[77]

Um estudo recente em Machu Picchu revelou que a distribuição da água para higiene pessoal, e também para o banho e os bebedouros, era efetuada por um engenhoso sistema de canais operados por gravidade ligados a uma fonte perene nas vertentes norte de um cume de montanha próximo. Ao chegar a Machu Picchu, a água flui em um sistema descendente de 16 fontes, a primeira delas servindo a residência do governante. Este recebia água antes que qualquer pessoa a tocasse, essencial para um homem cuja saliva nem ao menos podia tocar o solo.[78]

Cerca de 30 das outras estruturas principais em Machu Picchu eram destinadas a atividades cerimoniais e religiosas, incluindo o Templo do Sol e um imenso relógio solar esculpido em pedra, mostrando o quanto era importante a observância religiosa para o governante inca e as elites quando se encontravam no retiro da propriedade imperial.[79] Contudo, o fascinante é que não foram encontradas sepulturas de elite nas ruínas. Este era apenas um local de férias e as famílias de elite e o governante logo voltavam com o séquito a Cusco. Em vez disso, as sepulturas encontradas em Machu Picchu são a de empregados residentes permanentes que cultivavam a terra da propriedade e mantinham o local em ordem. Como mostraram os levantamentos arqueológicos mais recentes dos arredores, o cultivo agrícola ia muito além dos agora visíveis e famosos terraços construídos em pedra que descem pelas vertentes das montanhas imediatamente em volta da área central construída. Hoje sabemos que havia seis diferentes áreas agrícolas ao redor de Machu Picchu, agora tomadas pela selva, porém no auge do império de Pachacuti eram todas ligadas a suprimentos de água e acessadas por uma série de escadas, que, por sua vez, eram conectadas a uma rua principal (e cercada) que descia até o rio Urubamba e se unia ao sistema viário mais amplo.[80] Também há indícios de uma extensa produção têxtil, esculturas em pedra e fabricação de ferramentas de bronze, sendo que os metais brutos levados ao sítio vinham de depósitos controlados pelo império localizados a até 240km de distância.[81]

A força de trabalho permanente em Machu Picchu tinha saguões imensos para realizar as refeições, construídos do lado de fora das principais áreas residenciais de elite, com grandes prédios de armazenamento para o excedente da produção agrícola. As sepulturas revelam uma população diversa de homens, mulheres, crianças e idosos — cuja maioria parece ter vindo de diferentes partes do Império Inca, o que corresponde à tradição inca de mudar as pessoas pela região a fim de ajudar na produtividade e neutralizar o potencial de rebeliões.[82]

Nossa compreensão sobre Machu Picchu foi transformada desde a descoberta "inicial" de Bingham — hoje a vemos como exemplo de riqueza, poder, engenho tecnológico, dedicação religiosa e sofisticação arquitetônica extraordinários dos incas no auge de seu império e, especialmente, de um de seus governantes mais poderosos. E não é surpresa que à medida que nosso entendimento da incrível natureza de Machu Picchu aumentava, o mesmo ocorria com a demanda em conhecê-la — o turismo voltou, aos poucos, auxiliado por melhorias na estabilidade do governo peruano e uma diminuição no crime e terrorismo doméstico. Em 2011, no centenário da primeira expedição de Bingham, o número de turistas no sítio ultrapassou 1 milhão pela primeira vez.[83]

Está claro que Cusco venceu a batalha para se tornar, e aos sítios arqueológicos próximos, parte da moderna identidade peruana: em 2011, o presidente declarou o sítio "a síntese de tudo que é peruano".[84] Entretanto, o apoio e interesse governamental vêm acompanhados de novos desafios. Desde a criação do Santuário Histórico de Cusco em volta de Machu Picchu, e a declaração de Patrimônio Mundial da UNESCO nos anos 1980, o desejo das autoridades locais da cidade é de minimizar o desenvolvimento imediatamente ao redor do local e, assim, conservar o caráter natural. Em comparação, houve época em que o governo nacional procurou maximizar seu potencial turístico. Por exemplo, seus planos de instalar um sistema de teleférico que levaria as pessoas diretamente ao sítio, em 1999, levou à primeira greve geral na história de Cusco, realizada expressamente para proteger a herança arqueológica. Os planos foram engavetados e ambos os lados entraram no novo milênio concordando que não se deveria interferir no local.[85]

Em vez disso, o governo encontrou um novo alvo: Yale e a coleção de artefatos levados por Bingham ao Museu Peabody. Ao fazer o juramento como presidente em 2000 em Machu Picchu, o presidente Alejandro Toledo, publicamente, solicitou que Yale devolvesse os objetos levados por Bingham na expedição de 1911–1912, argumentando que eles apenas tinham sido "emprestados" pelo Peru.[86] Após uma década de discussões, em 2011, como parte do centenário da descoberta de Bingham, Yale finalmente concordou em devolver a coleção, agora exibidas em Cusco.

Hoje, Machu Picchu é tão famosa quanto as Pirâmides do Egito e a Grande Muralha da China. Essa minúscula propriedade imperial, lar de no máximo 750 pessoas, ocupada apenas em certas partes do ano por uma breve janela de tempo vários séculos atrás, foi levada a tal estrelato por uma complexa combinação de motivos. Naturalmente, em primeiro lugar e sobretudo, trata-se de um sítio visual e arquitetonicamente espantoso localizado em um local fascinante entre as nuvens. No entanto, Machu Picchu — até bem pouco tempo — também era *envolta* em mistério, seja quanto a seu propósito e sua história, seja por *ser* emblemática da grande civilização dos incas, já que não deixou nenhum registro escrito. Assim, Machu Picchu atraiu da mesma forma a atenção e o interesse do mundo pelo que revela e pelos segredos que esconde.

Machu Picchu, ao oferecer tal atraente combinação de revelação e mistério, tornou-se o símbolo ideal em volta do qual Hiram Bingham pôde desenvolver a reputação como explorador. Para ele, como disse Che Guevara, era seu "sonho de adulto" — a passagem, como ele acabou por compreender, para a glória de explorador. Ele a encontrou graças às indicações de terceiros em uma época em que as placas tectônicas da geopolítica se alinharam a fim de encorajar e possibilitar o interesse pela América do Sul. Ainda que não tenha sido o primeiro a encontrá-la, foi ele quem revelou o sítio e instigou à atenção do mundo, após compreender seu potencial (algo captado na placa em Machu Picchu que Bingham, a convite, descerrou em 1948, descrevendo-o como o "descobridor científico" do sítio, e não apenas como "descobridor"). A história de como ele, o explorador e descobridor *extraordinaire,* foi, contudo, algo que aprendeu a aproveitar ao máximo até o fim da vida. E, dessa forma, Bingham é parte indissolúvel da história de Machu Picchu, mesmo que tenha errado sobre ser a primeira famosa cidade dos incas, ou talvez depois de suas escolhidas Virgens do Sol.

Todavia, Machu Picchu não foi só um veículo (e beneficiária) na jornada de Bingham para ser um explorador renomado. Desde sua descoberta, ela também foi um símbolo do debate nacional do Peru, às vezes feroz, de sua identidade, assim como símbolo da mais ampla colaboração procurada em diferentes momentos entre os Estados Unidos e a América do Sul e, claro, uma referência de todo um conjunto de variados estilos de vida, movimentos e modas globais. Por fim, portanto, Machu Picchu se tornou mundialmente famosa pelo que representou e foi capaz de fazer para os outros tanto quanto ao que realmente é em si e por si. Dessa forma, ela é, talvez mais que qualquer outro sítio no mundo, um exemplo evidente de como tantas vezes refazemos o passado como um espelho de nosso presente: nossas necessidades, desejos e fixações.

Garganta de Olduvai
PLANALTO DO SERENGETI
Garganta principal
GARGANTA DE OLDUVAI
Lago Ndutu
Garganta Lateral
LAETOLI
Cratera de Ngorongoro
Lago Eyasi
VALE DO RIFTE
UGANDA
VALE DO RIFTE
SOMÁLIA
Equador
ILHA RUSINGA
Lago Vitória
Nairobi
QUÊNIA
PARQUE NACIONAL DO SERENGETI
GARGANTA DE OLDUVAI
Lago Ndutu
Mt. Kilimanjaro
LAETOLI
Lago Eyasi
Mombasa
Oceano Índico
Kondoa
TANZÂNIA
Dar es Salaam

4

Nossas Origens

As cinzas caíam como flocos de neve, cobrindo a área ao redor do vulcão com uma camada fina de alguns milímetros de espessura. Depois de algumas horas, o vulcão voltou a um estado de letargia retumbante, e a queda de cinzas substituída por uma leve garoa que transformou o tapete criado no chão em uma substância úmida, grudenta e gelatinosa. Um rinoceronte aproveitou a pausa na erupção para andar pelo terreno, seus cascos grossos afundando na lama cinzenta, deixando uma impressão clara dos rastros enquanto avançava. Ele foi seguido por vários animais que viviam nas redondezas: cada um seguindo o próprio caminho no chão lamacento, todos deixando as pegadas atrás de si: pássaros, elefantes e até insetos.

Eles não tinham muito tempo. O vulcão, Sadiman, despertou da dormência outra vez expelindo mais cinzas no ar, cobrindo o chão com uma nova e fina camada de dejetos quentes e secos, ressecaram a lama abaixo até endurecer como cimento. No próximo intervalo da erupção, as chuvas vieram, criando uma nova camada por cima daquela endurecida, capturadas similarmente às outras impressões dos animais que passaram por ali, e até mesmo impressões das gotas da chuva.[1]

Outra criatura apareceu — andando sobre dois pés — colocando um pé diante do outro com segurança para atravessar esse terreno cinza e pegajoso, com certeza atenta ao novamente adormecido Sadiman. A criatura não estava só; mais duas a acompanhavam, também andando sobre dois pés, mas com passos menores, sugerindo serem de menor estatura. Uma das menores seguia a mais alta, colocando deliberadamente os pés nas pegadas deixadas na lama pelo companheiro, como uma criança brincando de "siga o mestre". Em certo momento, um cavalo de três dedos acompanhado por seu potro atravessou a trilha que o grupo havia deixado para trás, criando os próprios rastros.[2]

A erupção de cinzas secas e quentes foi seguida por outra ainda mais seca e quente, intercaladas por chuva ao longo de um período de poucas semanas, cada camada exibindo as pegadas dos que passaram. Mas Sadiman estava apenas pigarreando. Depois de algumas semanas, veio a grande erupção, trazendo uma sólida camada de cinzas que não só enterrou as pegadas, mas extinguiu provavelmente a vida de quem as deixou.[3]

Três milhões e meio de anos depois, em 15 de setembro de 1976, na mesma área que hoje é parte da Tanzânia, um grupo de geólogos, biólogos e antropólogos fizeram o que nunca se esperaria de um grupo sério de pesquisadores: jogaram esterco de elefante uns nos outros como parte de um jogo de pega-pega durante um intervalo de trabalho. Esterco de elefante é o melhor tipo de — prontamente disponível — munição para atirar nas pessoas nessa parte do mundo: sua textura é sólida o bastante para manter a forma enquanto voa e um ocasional espinho escondido nele adiciona um pouco de emoção. Um dos biólogos se ajoelhou atrás de uma pedra para se proteger do ataque e se viu frente a frente com a pegada endurecida de um antigo rinoceronte.[4]

Esse se tornou o Sítio A das "*footprint tuff*" [que aqui chamaremos de pegadas fossilizadas] — em que "*tuff*" é o nome técnico para as várias camadas finas de cinza daquelas semanas de fracas erupções antes da principal do Sadiman há 3,5 milhões de anos. Nesse longo período, a camada mais grossa de cinzas da grande erupção e subsequentes camadas de terra haviam — em certos lugares — sido levadas e desgastadas de modo a expor uns poucos "bolsões" a olho nu. O Sítio A — entre 1976 e 1979 — tornou-se o primeiro de 18 sítios descobertos onde as pegadas fossilizadas podiam ser vistas novamente na superfície.

A mulher encarregada da equipe que brincava de pega-pega com esterco de elefante era Mary Leakey.[5] Experiente e já conceituada antropóloga e arqueóloga, ela tinha 62 anos quando, em 1975, chegou com a equipe à área do antigo vulcão — hoje chamado Laetoli, perto da atual fronteira da Tanzânia e do Quênia. Não havia uma boa fonte de água em um raio de 16km. As temperaturas eram escaldantes ao meio-dia e congelantes à noite. A equipe tinha somente instalações de acampamento temporárias e rudimentares para protegê-la do búfalo que passou em disparada certa ocasião, das várias víboras venenosas ao redor, do ataque de carrapatos que se agarravam a todas as partes do corpo, sem mencionar as manadas de elefantes que ainda gostavam de perambular pela área arrancando árvores, roubando coberturas de plástico das áreas de escavação, além de uma ou outra barraca.[6]

Apesar dessas dificuldades — e dos problemas pessoais de saúde que incluíam a recuperação de uma histerectomia e um tornozelo fraturado — nas temporadas de escavação entre 1976 e 1979, Mary Leakey liderou a equipe de especialistas africanos e internacionais que descobriram milhares de rastros nas 18 áreas em que as pegadas fossilizadas estavam agora expostas.[7] Só no Sítio A, eles registraram 18.400 traços de tudo, de insetos a pegadas de um elefante. Cada um deles foi estudado, fotografado, desenhado e teve o molde tirado com látex e borracha de silicone. Os primeiros rastros das criaturas que andaram sobre dois pés foram encontrados em 1976 e, durante os três anos seguintes, a equipe lentamente escavou e descobriu uma área maior nesse território, seguiu as pegadas até terem revelado uma trilha de 24m de comprimento dessas criaturas que andavam e brincavam de "siga o líder". As trilhas estavam tão bem preservadas em piroclastos (ou cinzas vulcânicas) duros como cimento, parecendo, segundo Mary escreveu depois para a revista *National Geographic*, "terem sido deixadas lá naquela manhã".[8]

A equipe de Mary descobriu uma janela extraordinária através da qual viu nosso passado distante: toda a camada de pegadas fossilizadas correspondia a apenas algumas semanas e cada camada individual de cinzas dentro dela a apenas poucas horas — algumas horas de 3,5 milhões de anos antes. E o mais notável foi que a data não era uma hipérbole ou interpretação a ser contestada de uma ou outra forma. A equipe foi capaz de datar conclusivamente a camada de impressões de pegadas, graças a análises científicas dos piroclastos, do solo e das rochas que a cobriam. E isso tornou as claras e incontestáveis pegadas das criaturas que andavam eretas — talvez, ao mesmo tempo, fazendo brincadeiras — ainda mais valiosas, porque provavam, acima de qualquer dúvida, que os ancestrais do homem andavam sobre dois pés muito antes do que qualquer pessoa imaginara.[9] A descoberta de Mary basicamente mudou nossa compreensão da natureza da história humana. Foi, como ela mesma contou depois, "a descoberta mais importante pela qual fui responsável".[10]

*

Cinquenta e três anos antes, com apenas 10 anos, Mary explorava com o pai, Erskine Nicol, os arredores das vilas de Domme e Les Eyzies, entre Bordeaux e Toulouse, no sudoeste da França. Ela sempre ficava — como admitiu — mais feliz na companhia do pai. Ele era um artista e vestia, como lembrou depois, "as roupas mais velhas e desalinhadas que minha mãe permitia que usasse".[11] A vida de Mary desde o fim da Primeira Guerra Mundial, em 1918, consistia em invernos e primaveras passadas na Suíça, Itália e França com os pais, para que ele pudesse pintar as lindas paisagens ao redor e os verões, de volta a Londres, enquanto os quadros eram vendidos, período em que Mary era mimada pelas três tias que viviam em Chelsea. Mas foi a França — e especialmente o interior, na região de Les Eyzies — que exerceu o maior impacto nela. Foi ali que viu os vestígios do homem primitivo. Essa região da França estava tomada por cavernas pré-históricas decoradas pelos primeiros humanos, e no museu local essa menininha era acolhida pelo curador para examinar as coleções das ferramentas de pedra dos primeiros humanos. Ela se apaixonou.

Quando o pai não estava pintando, ele e Mary saíam para se juntar às escavações do curador do museu. Ele permitia que examinassem os montes de terra descartada e foi ali que Mary descobriu o que chamou de "a simples alegria instintiva de coletar ou, ainda, caçar tesouros!"[12] Talvez estivesse em seu sangue. O pai, antes da Primeira Guerra Mundial, vivera no Egito em uma casa flutuante no Nilo, e era fascinado por múmias egípcias e as sepulturas reais (ele era um bom amigo de Howard Carter — na época apenas um funcionário júnior da Sociedade de Exploração do Egito — que depois descobriria a tumba de Tutancâmon, em 1922). E, por parte de mãe, o bisavô era John Fere, conhecido com uma das primeiras pessoas a identificar, estudar e publicar desenhos detalhados das primeiras ferramentas usadas pelos homens que ele descobriu em Suffolk.[13]

Mary não ficou satisfeita em apenas coletar achados nos montes de entulho das escavações: ela começou a classificar os achados em diferentes categorias de forma, estilo e uso. Contudo, a dedicação no sítio não se equiparava à atenção em sala de aula. O pai contratara uma governanta para ensinar história e latim a Mary, mas a senhora logo se demitiu, desesperada pela falta de atenção da menina e a tendência de chamá-la de "bolinho cru", pois ela era — nas palavras de Mary — "absolutamente feia e desajeitada". O pároco local da cidade próxima de Cabrerets, que a família visitou em 1925, saiu-se melhor. Ele levou Mary a sítios de cavernas com pinturas rupestres recém-descobertas, como em Pech Merle e a ensinou a cavar em busca de fósseis e artefatos. Relembrando, Mary se deu conta de que, a partir desse momento, nunca quis fazer outra coisa. Como disse ao final da vida, ela "era impelida pela curiosidade".[14]

Em 1926, com apenas 13 anos, Mary perdeu o pai para o câncer. Seu mundo virou do avesso. Ela e a mãe, Cecília, voltaram a Londres para um modo de vida muito diferente. Mary perdeu a liberdade do interior da França para a rotina austera dos colégios de freiras. Ela detestou cada segundo — e foi expulsa de dois deles. Nesse período, Mary e a mãe moraram em Wimbledon, e a principal alegria da garota era aprender equitação na escola

Wimbledon Common. Eu também cresci lá e aprendi a cavalgar no mesmo espaço e penso em Mary cavalgando na região, compreensivelmente furiosa pela alegria e companheirismo que perdera e pela paisagem desoladora que a região oferecia comparada à do sudoeste da França. Mas o que a Inglaterra tinha (se não Wimbledon) era arqueologia. O tio de Mary a levou à primeira visita a Stonehenge e depois ao Círculo de Pedra de Avebury, onde Mary conheceu a pioneira arqueóloga autodidata Dorothy Liddell. Nesse momento, ela percebeu "que a carreira em arqueologia estava aberta às mulheres".[15]

Todavia, Mary não tinha um diploma. A mãe fez um apelo para o caso da filha a um professor de Geologia chamado William Sollas, de Oxford, mas foi educadamente dispensada. Então, elas se mudaram para Fulham, para que Mary, ainda só com 17 anos, pudesse assistir, sempre que possível, às muitas palestras públicas de arqueologia e geologia nas universidades de Londres. E quando não assistia às palestras, aprendia a pilotar planadores. Mary era a única mulher solteira entre os membros do London Gliding Club. Aprendi a pilotar planadores quando era estudante universitário e lembro a emoção do silêncio enquanto o planador deslizava pelo ar, sustentado apenas pelo vento, e o mundo inteiro aparentemente disposto lá embaixo. Para Mary, a experiência deve ter provocado um sabor de liberdade como a que tinha na França quando criança — uma liberdade pela qual ansiaria durante toda a vida.

O empenho dela em assistir a palestras nas universidades — e escrever insistentemente a arqueólogos solicitando participação nas escavações — deu resultados. A primeira, quando Mary tinha apenas 18 anos, foi com Sir Mortimer Wheeler, em St Albans, e a segunda em Hembury, em Devon, com Dorothy Liddell. Mary teve Dorothy como mentora e, depois, a Dra. Gertrude Caton-Thompson, outra pioneira da arqueologia, que trabalhou no Egito e no Oriente Médio. Gertrude, em especial, foi, como Mary contaria mais tarde, "uma notável representante de mulheres inglesas que, em nome da arqueologia, saía sozinha para o ambiente inóspito dos desertos e que, com determinação, capacidade, conhecimento e perseverança fazia descobertas de grande e permanente importância".[16] Mary poderia estar descrevendo o próprio futuro.

Esse futuro seria indelevelmente interligado com um país e uma pessoa. Em 1933, com apenas 20 anos, Mary foi apresentada por Gertrude a Louis Leakey, filho de uma família de missionários no Quênia, que até foi iniciado na tribo queniana Quicuio. Ele, como Mary, apaixonara-se pelo estudo do passado, tendo vivido os momentos mais felizes da infância ao ar livre, descobrindo vestígios materiais e ferramentas dos primeiros seres humanos. Ao contrário de Mary, ele foi aceito para estudar em Cambridge e passou a trabalhar em estreita colaboração com um antropólogo chamado Alfred Haddon. A antropologia é o estudo da humanidade — seus comportamentos, sua biologia, linguística e, claro, evolução. Até o início do século XIX, a questão da evolução humana era geralmente respondida por crenças religiosas. Contudo, durante a primeira metade desse século, uma abundância de descobertas, incluindo os primeiros vestígios do "homem de Neandertal" na Europa e resultantes consultas científicas, culminou na publicação de *A Origem das Espécies*, de Charles Darwin, em 24 de novembro de 1859. O livro se esgotou no dia da publicação. A imagem de Darwin sobre a gradativa evolução de todas as espécies, incluindo o homem, reforçada pelo conceito da seleção natural, mostrava que a humanidade havia percorrido a própria jornada de evolução. Quando — e talvez, até mais importante, onde — os humanos evoluíram era agora o principal enigma.

Darwin sugerira que a África podia ser o local em que a humanidade começou a própria jornada de evolução como espécie, já que ela também é o lar dos macacos — reconhecidos como alguns de nossos parentes mais próximos no reino animal. Porém, nos anos 1930, poucos no mundo ocidental estavam preparados para ver a África como fonte de toda a humanidade, preferindo argumentar que, devido a diferenças entre as pessoas em diversas partes do mundo, talvez cada grupo tivesse evoluído de forma independente um do outro.[17]

Louis Leakey estava convencido de que as origens da humanidade seriam encontradas no continente africano. No final dos anos 1920 e início dos 1930, ele realizou três expedições para o Quênia, onde havia crescido, para descobrir indícios do homem primitivo. Foi com base nas descobertas feitas durante essas expedições que ele procurou um ilustrador para o livro dele *dam's Ancestors* e foi apresentado por Gertrude Caton Thompson a Mary como alguém com grande capacidade para desenhar ferramentas de pedra (em que ela se tornara perita no período em que trabalhara na escavação de Dorothy Liddell em Hembury). Ao longo de 18 meses, sua relação profissional tornou-se um caso de amor que levaria Louis a se separar da primeira mulher e às críticas violentas da sociedade, desconfortável com as escolhas de Louis e Mary. Louis perdeu o cargo em Cambridge e Gertrude virou as costas para Mary, como muitos dos outros colegas e amigos. Até as tias preferidas ficaram contra ela. Em janeiro de 1935, Mary e a mãe voaram para a África do Sul para um longo período de férias. A mãe de Mary esperava romper o relacionamento da filha com Louis, mas em 17 de abril de 1935, ela voltou sozinha para a Inglaterra — sem conseguir convencer a filha — e Mary voou para a Tanzânia para encontrar Louis e começar a trabalhar com ele em um sítio que juntos tornariam famoso na história do homem primitivo.

*

A Garganta de Olduvai é um elemento geológico único nas planícies do Serengeti, que se estendem pelas fronteiras da atual Tanzânia e Quênia. A garganta em si é como um Grand Canyon em escala menor, com 50km de comprimento e até 90m de profundidade em alguns pontos. Ela foi criada quando movimentações nas placas tectônicas, há cerca de meio milhão de anos, abriram *riftes* (fenda) no que antes era uma planície. Esses *riftes* se alargaram e aprofundaram ao longo de milhares de anos pelas torrentes que as percorriam nas estações chuvosas. O que a torna tão especial em termos de oportunidades oferecidas aos que buscam os primeiros seres humanos são as paredes praticamente verticais, cortadas por diversas camadas de antigos leitos de lagos, onde agora estão vestígios fossilizados de criaturas que vagaram pela região durante os últimos milhões de anos — mais uma vez, muito mais expostas — só esperando para serem encontrados.[18]

O primeiro interesse científico pela garganta foi registrado em 1911, quando toda a área fazia parte da África Oriental Alemã. O próprio *Kaiser* apoiou uma primeira expedição para lá em 1913 (ano em que Mary nasceu) cujo líder, Hans Reck, encontrou parte de um esqueleto fossilizado que mais tarde comprovou-se ter cerca de 17 mil anos (embora, na época, se argumentou ter quase meio milhão de anos).[19] A Primeira Guerra Mundial, e a resultante realocação da África Oriental Alemã para se tornar o Protetorado Britânico de Tanganica* (posteriormente, Tanzânia), impediu Hans Reck, como alemão, de retomar a busca, pelo menos não sozinho. Foi Louis Leakey que o trouxe de volta, em 1931, como parte da terceira expedição à África Oriental para procurar o primeiro hominídeo. Embora não tenham encontrado mais esqueletos, acharam o que Hans Reck e a equipe não descobriram na visita anterior: ferramentas de pedra dos primeiros seres humanos. Louis se convenceu de que Olduvai escondia muitos outros segredos.

Quando Mary chegou à Tanzânia em 1935, ela e Louis partiram direto para Olduvai. Não foi uma jornada fácil. Eles levaram dois dias e meio para percorrer apenas 25km, a maioria dos quais desenterrando as rodas do carro da lama espessada pelas chuvas recentes. Quando atingiram o ponto mais alto da etapa final da viagem e puderam ver a garganta se estendendo abaixo deles, a lama os cobria da cabeça aos pés.[20] Depois de chegar, montaram a barraca e logo foram explorar. Nos três meses seguintes, identificaram 30 sítios onde encontraram vestígios fossilizados e ferramentas de pedra. Mary até achou o crânio fossilizado de um *Homo erectus* datado de mais de 1 milhão de anos — na época considerado o mais antigo ancestral do homem que andava sobre dois pés (daí o nome, *erectus*).[21]

Eles viviam na natureza — e Mary adorava. Certa vez, ela se viu diante de um rinoceronte; em outra, tropeçou em um leão adormecido. Para com-

* Refere-se a territórios administrados por potências coloniais após a Primeira Guerra Mundial, categoria legal estabelecida pela Liga das Nações (hoje, ONU). [N. da R.]

plementar a modesta alimentação de sardinhas em lata, geleia e arroz, Louis caçava gazelas, que assavam ao ar livre. A única falta com que Mary tinha dificuldade em lidar era a de água e cigarros. Ela — como Louis —, eram fumantes inveterados e quando o suprimento de cigarros escasseava, procuravam bitucas pelo acampamento, enrolavam-nas em papel higiênico e as fumavam.[22] Quando até esses cigarros reciclados terminavam, só podiam esperar pelo próximo caminhão de suprimentos, sem dúvida lutando cada vez mais com os sintomas da síndrome de abstinência da nicotina. Quando o caminhão atrasou uma semana, eles partiram no próprio carro para encontrá-lo. Este atolou novamente — desta vez em uma vala — e Mary e Louis tiveram que desenterrá-lo com as únicas ferramentas disponíveis: duas facas de cozinha e dois pratos. Eles eram observados pelos únicos habitantes humanos da região: os Masai. Mais tarde, Mary contou que eles nunca tiveram certeza se ela era uma mulher ou um homem, pois sempre vestia calças compridas.[23]

Havia água suficiente em Olduvai durante a época de chuvas, mas na estação seca, Louis e Mary, de repente, se viram a 48km da fonte de água potável mais próxima. A única que restava na garganta estava em pequenas poças nas quais os rinocerontes gostavam de urinar. Louis e Mary a recolhiam, filtravam em carvão, ferviam e a tomavam na forma de chá com limão. Mas ainda assim o gosto da urina dos rinocerontes não ia embora. Certa vez, após uma tempestade violenta, eles correram para tomar água nas poças novas que se formaram no teto das barracas. Depois de terem saciado a sede, se lembraram de que a lona era tratada com um forte inseticida para afastar mosquitos e outros insetos que frequentavam o local. Ambos ficaram muito doentes e voltaram a tomar a água perfumada com limão, com gosto de urina de rinoceronte.[24]

Mary e Louis voltaram para a Inglaterra em setembro de 1935, com os fundos da expedição gastos e a realidade de sua vida pessoal complicada precisando ser enfrentada. Mary esteve na África durante nove meses e viveu ao ar livre em Olduvai e região durante quase cinco. Conforme disse mais tarde, ela "nunca mais seria a mesma depois de ser enfeitiçada pela África".[25] De fato, de muitas maneiras, a vida ao ar livre em Olduvai era mais simples e fácil do que na Inglaterra. Mary e Louis voltaram a viver juntos em um pequeno chalé na vila de Nasty, em Hertfordshire. Nenhum dos dois tinha emprego ou renda regular fora os pequenos adiantamentos que Louis conseguia para escrever. O chalé tinha um banheiro químico externo e uma tina de metal na cozinha, para o banho. Eles ainda enfrentavam críticas sociais e profissionais de antigos colegas devido ao modo como Louis deixara a mulher por Mary, e ela, Frida, recusou-se a conceder o divórcio até o verão de 1936. Quando se soube em Hertfordshire— devido ao processo de divórcio — que Mary e Louis viviam juntos sem ser casados, Louis foi expulso do clube de tênis local.[26] Na noite de Natal de 1936, quando as nuvens da guerra se formaram novamente sobre a Europa, Mary e Louis finalmente se casaram, tendo como padrinho o filho do chefe da tribo queniana Quicuio, que ficou com eles em Hertfordshire antes de passar um ano em Cambridge.[27] Em janeiro de 1937, eles deixaram a vida na pequena cidade inglesa e voltaram para a África.

Mas mesmo a vida ao ar livre custa dinheiro. Não havia como Mary e Louis pudessem pagar uma equipe de escavação adequada em Olduvai sem apoio financeiro. Portanto, nos anos seguintes, Louis se ocupou em escrever a história da tribo quicuia, financiada pela Rhodes Trust, e Mary — quando se recuperou de uma grave pneumonia — participou de várias escavações pequenas perto da casa deles em Nairobi, aprofundando o conhecimento sobre as várias ferramentas de pedra feitas e usadas pelo homem primitivo no continente africano. Com a deflagração da Segunda Guerra Mundial, em 1939, Louis foi convocado para o Serviço de Inteligência da África, descobrindo fontes de propaganda antibritânica na região e apoiando membros da resistência na fronteira da Etiópia contra a invasão do exército italiano e, ao mesmo tempo, atuando como curador do museu local em Nairobi. Ele não recebia um salário, mas tinha uma casa com tantos buracos que os domingos eram destinados à caça de roedores, com o casal matando entre 30 a 40 por vez.[28]

Mary deu à luz o primeiro filho, Jonathan, em 1940, a uma filha, Deborah (que morreu de disenteria com apenas três meses) e a um segundo filho, Richard, em 1944 — voltando a trabalhar nos intervalos em vários projetos de escavação nos arredores de Nairobi (em uma das quais Mary compartilhou o quarto de trabalho com uma naja que montara residência no telhado de capim do aposento). Eles sobreviviam com pouquíssimo dinheiro.[29] Voltaram a Olduvai apenas uma vez, brevemente, em 1941, e a Londres, só depois do término da guerra, em dezembro de 1945, para cuidar da mãe agonizante de Mary. A cidade em que havia morado mudara de modo irreversível devido à guerra e, com a morte da mãe, não a atraía mais (embora o filho Jonathan adorasse andar nos elevadores das lojas de departamentos e estações de metrô).[30] Em 1946, eles retornaram a Nairobi para a tarefa de organizar o primeiro Congresso Pan-americano de Pré-história e Paleontologia, que seria realizado na cidade em janeiro de 1947. Depois de uma década apertando os cintos, Mary e Louis estavam prestes a chamar a atenção do mundo.

*

A conferência foi um sucesso, e a maioria dos participantes concordou que a origem da humanidade seria encontrada na África (e não espalhada pelo mundo), reconhecendo a natureza importante de várias escavações de Mary e Louis durante o final dos anos 1930 e início dos anos 1940.[31] No entanto, o que os dois fizeram após a conferência realmente mudou sua sorte pessoal. Eles levaram um pequeno grupo de estudiosos que assistiram à conferência para visitar a ilha de Rusinga, no meio do lago Vitória, o maior do continente, que se estende ao longo das fronteiras dos atuais Quênia, Uganda e Tanzânia. Mary e Louis estiveram lá pela primeira vez em 1942, em uma viagem de férias. E logo ficou claro que esse sítio poderia ser extremamente importante, pois datava da chamada “Era Miocênica” — um período entre 23 milhões e 5 milhões de anos atrás, quando se acredita que algumas separações significativas ocorreram entre primatas (o desenvolvimento dos macacos, e a divisão dos ancestrais humanos dos ancestrais do chimpanzé) e, assim, um período crucial no início da história do desenvolvimento da humanidade. A jornada à ilha de Rusinga incluiu uma viagem pelo lago Vitória (que tinha uma população muito saudável de crocodilos) em um barco infestado de baratas. Mas o esforço compensou: nessa primeira visita, eles encontraram parte do maxilar fossilizado de um macaco.[32]

Os acadêmicos que Mary e Louis levaram à ilha de Rusinga, em janeiro de 1947, após o Congresso Pan-americano de Pré-história e Paleontologia, concordaram sobre o potencial do sítio (embora tivessem maior dificuldade do que o casal para enfrentar as condições perigosas e árduas para chegar até lá). O resultado foi financiamento, e a nova Expedição Britânica Queniana Miocênica oficial partiu para Rusinga meses depois, em 1947, em um barco mais novo e moderno chamado *Maji Moto* ("água quente" em suaíli). A reportagem dessa expedição no *Times* chamou a atenção de um rico filantropo, Charles Boise, que imediatamente enviou um cheque para Mary e Louis para patrocinar outras expedições. Além do *Maji Moto*, Mary e Louis puderam comprar um trailer onde moravam e trabalhavam.[33]

Em 2 de outubro de 1948, Louis estava ocupado examinando os vestígios fossilizados de uma variedade extinta de crocodilo na ilha de Rusinga que não interessava nem um pouco a Mary. Havia crocodilos à volta dela em número suficiente para satisfazê-la: na verdade, a única maneira de a família poder se banhar em segurança nas águas do lago Vitória que cercavam a ilha era levar a espingarda dele para a água e espantar os répteis que boiavam furtivamente sob a superfície (isso lhes dava exatamente 15 minutos para nadar antes que eles recuperassem a confiança).[34] Naquele dia, ela decidiu trabalhar em uma área diferente — na verdade, uma que eles já tinham explorado sete vezes antes sem encontrar nada interessante.[35] Mas naquele dia, de repente, ela viu um dente brilhando na superfície de um pequeno monte. Uma investigação rápida e delicada ao redor do dente revelou que ele estava, na verdade, ligado a um maxilar. O fato foi seguido por sete longos dias, peneirando a terra em todos os lados do achado para garantir que não lhes escapasse nenhum fragmento que pudesse ajudá-los a recriar o máximo do crânio possível. Mary coletou 30 fragmentos do crânio para se juntarem ao dente e ao maxilar — e agora era função dela reuni-los outra vez.

Ela passou dias na barraca da ilha trabalhando para identificar a posição de cada fragmento. Era como montar um quebra-cabeça impossível do qual não se tem a imagem que se tenta recriar (Mary, claro, na época, não sabia qual deveria ser a aparência do crânio): não se tem certeza de que peças você tem e quais não tem; e nem se sabe se as peças que tem vêm de partes separadas do crânio (ou, na verdade, de um crânio totalmente diferente). O trabalho exigiu o máximo dela: paciência e determinação infinitas, um olhar atento e dedicado e muita experiência com o manejo de vestígios fossilizados — algo que acumulara desde os dez anos. Em certo momento, ela deixou cair um minúsculo pedaço do crânio no chão e passou horas procurando-o ajoelhada no pó.[36] Mas o esforço valeu a pena: mais que a metade de todo um crânio montado e colado. E não se tratava de um crânio qualquer. Era o crânio de um *Proconsul africanus*, uma criatura parecida com um macaco que viveu há cerca de 20 milhões de anos. Até então, ninguém no mundo havia encontrado um crânio completo do *Proconsul*. Eles foram, assim, como ela contou depois: "os primeiros olhos a ver a cara de um *Proconsul*."[37] E o que tornou o achado ainda mais importante foi o fato de, na época, muitos acharem que a espécie poderia ser o elo perdido na cadeia evolucionária entre os macacos e os ancestrais do homem moderno.

Mary e Louis "comemoraram" a descoberta fazendo amor (muitas vezes depois ele falaram com carinho do próximo filho, Philip, concebido durante essas comemorações).[38] No final de outubro de 1948, eles voltaram a Nairobi e Mary (grávida, mas ainda desconhecendo o fato) pegou um avião para levar o *Proconsul* para a Inglaterra a fim de ser examinado pelo maior especialista em fósseis de primatas da época: Professor Wilfrid Le Gros Clerk. Com a enorme publicidade em torno do achado, ela foi escoltada pela polícia até o aeroporto. A companhia aérea BOAC a levou para Londres gratuitamente para reivindicar a publicidade de transportar o "elo perdido".

Mary não largou o crânio em nenhum momento — exceto quando o avião parou no Cairo e o capitão o trancou em sua cabine. Wilfrid Le Gros Clerk declarou que ele tinha características hominídeas (humanas) e de macaco. Os jornais afirmaram que ele era o "elo perdido" na evolução humana.[39]

Hoje sabemos que o *Proconsul* não tinha tanta importância assim e, na verdade, os cientistas não acreditam mais que exista um único primata que represente o "elo perdido". Em vez disso, ele é considerado um dos primeiros ancestrais dos chimpanzés, gibões, orangotangos, gorilas e humanos, que viveram cerca de 18 milhões de anos atrás.[40] Isso, todavia, não diminui a importância do achado de Mary: o primeiro crânio de *Proconsul* encontrado em estado quase completo.[41] E tornou o casal mundialmente famoso.

Mary não gostou da atenção da imprensa tanto quanto Louis. Após o nascimento de Philip, em junho de 1949, novas visitas foram feitas à ilha de Rusinga. Passaram mais algum tempo em Londres, em 1950, e, em 1951, fizeram uma visita à França e à vila, onde, ainda criança, descobriu o amor pelo estudo do homem primitivo. Mary também começou a investigar a arte rupestre do povo da Idade da Pedra Posterior na região de Kondoa, na atual Tanzânia. Ela acabara de acrescentar uma peça-chave à compreensão do mundo sobre a evolução, no entanto, lá estava ela trabalhando com mais afinco do que nunca: a equipe copiou mais de 1.600 imagens em apenas três meses (certo dia, durante esse período, o vento soprou tão forte que apagou todos seus desenhos e eles tiveram de recomeçar do zero) a fim de registrar a delicada arte das cavernas para a posteridade.[42] Ela adorou o trabalho, pois, como disse: "nenhuma quantidade de pedras ou ossos poderia mostrar os tipos de informação que as pinturas dão livremente."[43] As imagens registravam estilos de penteados, roupas, joias, várias atividades diferentes e animais — incluindo os de estimação, como cães. Essas pinturas rupestres eram um vislumbre da "própria Idade da Pedra Posterior".[44]

Mary adorava ouvir as histórias que o mundo antigo lhe contava por meio dessas pinturas, muito mais do que gostava de ouvir e ser parte do furor da mídia do mundo moderno quanto à busca do homem primitivo. Mas ela não podia separar-se totalmente de tal comportamento midiático: afinal, essa atenção toda era a rota para garantir o dinheiro exigido para continuar as investigações do casal. Charles Boise, que havia patrocinado as operações em Rusinga, no final dos anos 1940, viu o crânio do *Proconsul* enquanto ela estava em Londres e concordou não só em continuar o financiamento, mas também visitar Mary e Louis no sítio que agora queriam escavar mais do que qualquer outro: a Garganta de Olduvai. Em 1951, eles o levaram até lá. Ele ficou convencido de que os dois conseguiriam encontrar outros elementos evolucionários preciosos ali e, ao testemunhar Louis consertar o carro que os levara da civilização para o fim do mundo da garganta utilizando apenas pele seca de cabra e galhos como ferramentas, compreendeu o quanto era essencial uma boa contribuição financeira para a operação.[45] Boise concordou em financiar seu trabalho além do subsídio que agora recebiam do governo do Quênia, durante sete anos. Finalmente, Mary e Louis podiam planejar um estudo de longo prazo em Olduvai — algo que queriam fazer desde a primeira visita ao local em 1935.

*

O objetivo de Mary e Louis ao escavar em Olduvai era descobrir e determinar "quando e por quais etapas nossos ancestrais se tornaram humanos e evoluíram até o *Homo sapiens*".[46] Como se deram conta em 1935, Olduvai oferecia uma oportunidade única para responder a essas perguntas devido à forma como a garganta mostrava um corte direto para baixo mediante — e dava acesso a — múltiplas camadas de terra e sedimentos acumulados durante milhões de anos. Era como se pegássemos uma faca e cortássemos um sanduíche de inúmeras camadas de recheio ao meio e pudéssemos ver todo o conteúdo. No fundo dela, havia uma camada espessa de piroclasto transformado em rocha, sob vários fluxos de lava datados de 1,89 milhões de anos atrás, graças a uma nova técnica chamada datação por potássio/argônio, que acabara de ser desenvolvida nos anos 1950 e usada no campo pela primeira vez naquele sítio.[47]

Hans Reck, o primeiro a explorar a garganta em 1913 e, mais tarde, com Louis Leakey em 1931, identificou cinco diferentes níveis de sedimentos acima dos fluxos de lava que ficaram conhecidos como as cinco "camadas" de Olduvai. Cada uma, abrangia centenas de milhares de anos, compunha-se de que múltiplas camadas menores de sedimentos. Isso significa que, no total, as cinco camadas de Olduvai exibiam uma história contínua de atividade na área datada de 1,89 milhões de anos até o presente. Sob supervisão de Mary e Louis, nos próximos 30 anos de estudos, Olduvai ofereceria o mais longo registro contínuo da primeira atividade do homem primitivo no mundo.[48]

Mary e Louis, com a equipe de trabalhadores e escavadores africanos, tinham uma tarefa gigantesca pela frente. Naturalmente, era impossível escavar toda a garganta e, assim, eles precisavam decidir qual o melhor alvo para seus esforços. Ao mesmo tempo, Mary era uma chefe rígida que não tolerava descuidos da equipe. Devido à experiência e conhecimento das primeiras ferramentas dos primeiros seres humanos — obtidos quando começou a peneirar os montes de entulho na França aos 12 anos — ela se interessava tanto pelos menores fragmentos de instrumentos e vestígios de atividade ou habitação quanto em encontrar ossos fossilizados de pessoas que os manejavam, realizavam essas atividades ou viviam na região. Ela compreendia o valor de todas essas diferentes provas para formar uma imagem a mais completa e rica possível da história da área e da evolução do homem primitivo. Assim, insistia que o local onde cada ferramenta e fóssil encontrados fosse cuidadosamente examinado e registrado para ser relacionado a outros achados.[49] Hoje, tal abordagem nos parece óbvia — e, claro, é padrão nas escavações arqueológicas — mas na época Mary estava pisando em terreno inexplorado ao colocar ferramentas e outros fragmentos de habitação e atividade humana no mesmo nível de importância que os ossos.

Apesar do financiamento garantido por Charles Boise e pelo governo do Quênia, as condições em Olduvai continuavam a ser espartanas. A equipe vivia em barracas, desconfortavelmente quentes quando não havia vento.

Por outro lado, era impossível prender as estacas com a devida firmeza na terra para evitar que fossem arrastadas por correntes fortes de ar. Certa tarde, em 1953, Louis sofreu insolação e seus cabelos branquearam do dia para a noite.[50] Em janeiro e fevereiro, gnus e zebras migravam pela região, trazendo com eles os predadores naturais, leões, guepardos e hienas, obrigando o pessoal do acampamento a ficar vigilante. Compare isso com a nova casa de Mary e Louis nos arredores de Nairobi, no Quênia, que compraram em 1952: uma casa grande instalada em 20 mil m^2 de terreno exuberante, do qual as girafas eram visitantes frequentes. Mas Olduvai tinha uma clara vantagem (pelo menos para Mary): era separada do mundo. Ela adorava o fato de que, ali, não havia telefone, rádio ou jornal. Durante os anos de 1950, também não havia ameaças humanas a suas vidas. No outro lado da fronteira do Quênia, os anos 1950 foram um período de sombria turbulência política graças ao estado de sítio declarado após a rebelião dos Mau Mau. A rebelião buscava o fim do domínio britânico e Louis foi apanhado pelo conhecimento íntimo da tribo quicuio e sua língua; alguns dos integrantes lutaram como parte do Kenyan Land and Freedom Army (KLFA, também conhecido como os Mau Mau) e alguns lutaram pela Inglaterra. Como resultado de ser o tradutor no julgamento oficial de um participante do KLFA, os Mau Mau puseram a cabeça de Louis a prêmio. Ele e Mary tiveram que recorrer ao uso de pistolas o tempo todo para se proteger, e guardas confiáveis foram designados para defender os filhos. O casal nunca foi realmente atacado, mas um primo idoso e a mulher foram brutalmente assassinados pelos Mau Mau nessa época.[51]

Tudo isso se agravou pelo fato de que, a partir de 1955, Louis também esteve envolvido com sua secretária, trazendo infelicidade conjugal e levando a várias discussões acaloradas. Em seguida, o filho Richard fraturou o crânio em uma queda do cavalo e correu perigo de morte durante algum tempo. O único lado positivo do acidente foi a reconciliação do casal.[52] E, assim, em julho de 1959, praticamente no final do acordo de financiamento de sete anos com Charles Boise, Mary e Louis ainda estavam juntos trabalhando em Olduvai. Nos últimos sete anos, eles se concentraram na "Camada II", que abrangeu um período de 600 mil anos entre cerca de 1,7 milhão a 1,1 milhão de anos atrás. As escavações mostraram considerável presença "hominídea" (primeiros seres humanos) na região durante esse período, com os vestígios de múltiplos sítios de acampamento e de milhares de ferramentas fabricadas pelo homem. Eles, porém, não fizeram a descoberta revolucionária que lhes garantiria atenção internacional e novos patrocínios: os vestígios fossilizados do homem primitivo. Assim, em 1959, eles voltaram a atenção à "Camada I" — o nível mais antigo na garganta, datado de perto de 1,9 milhão a 1,7 milhão de anos atrás.

Em 17 de julho de 1959, Louis não se sentia bem e Mary passou o dia na garganta acompanhada de dois dálmatas, Sally e Victoria. Ela decidiu investigar uma nova escavação potencial na Camada I, onde esperava que chuvas recentes tivessem exposto alguns achados na superfície. Por volta do meio-dia, ela estava prestes a voltar para o acampamento para almoçar quando o brilho de um osso chamou-lhe a atenção, ela contou depois, porque não estava apenas na superfície, mas projetando-se de baixo.[53] Usando o pincel de escavação de pelo de camelo, Mary examinou-o brevemente e revelou um dente — um dente hominídeo. Saudou a visão com um grito de "*Oh, my dear boy!*" Ela conseguiu de novo. Correu de volta ao acampamento, chamando Louis: "Eu encontrei, eu encontrei." Louis esqueceu a gripe e juntos voltaram às pressas ao sítio.

A "Sorte dos Leakey", como passou a ser conhecida, foi extraordinária: não só porque a chuva revelara *aqueles* dentes *naquela* área em especial na garganta *imensa* que Mary escolhera examinar *naquele* dia, mas também porque no dia seguinte uma equipe de filmagem estava programada para chegar a Olduvai para fazer um curto documentário da escavação.[54] Depois de posicionar um guarda ao lado do achado durante a noite, o casal esperou pela chegada da equipe de filmagem e pôde escavar e gravar a nova descoberta ao vivo. Com as câmeras gravando, Mary e Louis revelaram dentes ainda presos a um pedaço de maxilar superior. Era a primeira vez em que algo assim era exibido em filme. Nos próximos 19 dias, eles localizaram pacientemente cada fragmento de osso nas redondezas do dente e depois peneiraram a terra na área próxima e encontraram muitos outros pedaços ainda menores. No final do processo, tinham 400 pedaços de osso do crânio fossilizado para juntar — de repente, o crânio do *Proconsul* que Mary havia montado há mais de uma década parecia um quebra-cabeça infantil comparado a esse. Eles levaram os fragmentos no mês de setembro para o Quarto Congresso Pan-americano de Pré-história, realizado em Kinshasa, no Congo Belga, e os mostraram a vários especialistas em anatomia. Mas Mary levaria 18 meses de trabalho paciente e atento para encaixar todos os pedaços. O resultado foi um crânio que ela sempre chamou pelas primeiras palavras que pronunciou ao ver os dentes: "*Dear Boy.*"[55]

Desde então, *Dear Boy* teria vários nomes.[56] Mary evitou os nomes científicos complicados e controversos que Louis queria usar imediatamente. Conferir um nome científico ao crânio significava colocá-lo na compreensão emergente da comunidade científica sobre o mapa evolucionário e fazer uma alegação da importância representava em termos da corrida científica para entender a transição gradativa da evolução para o *Homo sapiens*. Além disso, se o crânio representava um ramo até agora desconhecido da evolução, um novo "gênero" do antigo homem primitivo na terminologia técnica, então, naturalmente, o achado atrairia ainda mais atenção (e controvérsia) e, potencialmente, financiamento.

Louis argumentou que *Dear Boy* era um novo gênero — um novo tipo — de homem primitivo, que chamou *Zinjanthropus boisei*. *Zinjanthropus* significa "Homem da África Oriental". *Boisei* foi em honra ao financiador: Charles Boise.[57] O professor de Anatomia da Universidade Witwatersrand, em Joanesburgo, Phillip Tobias, a quem foi confiada a tarefa do estudo científico do crânio, discordou. Ele não acreditava que *Dear Boy* fosse um novo gênero, mas que era uma nova "espécie" (um tipo) de gênero chamado *Australopithecus [australopiteco]* ou "macaco do sul". O primeiro exemplar desse gênero fora encontrado na África do Sul, em 1924 e, como resultado, Tobias chamou *Dear Boy* de *Australopithecus boisei*, denominação oficialmente adotada pela comunidade científica como a correta para o espécime após a publicação do relatório de Tobias, em 1967.[58] Como se *Dear Boy* não tivesse nomes suficientes nessa etapa, o relatório do professor enfatizou os enormes dentes molares e pré-molares da criatura, sugerindo que ela havia se adaptado a uma dieta vegetariana seca e dura e não a uma centrada em carne. A imprensa notou esse detalhe e logo adotou o nome "Homem Quebra-nozes".

Dear Boy/Australopithecus boisei/Homem Quebra-nozes foi encontrado na Camada I da Garganta de Olduvai, uma criatura que viveu entre 1,89 milhão e 1,75 milhão de anos atrás. O relatório de Tobias destacou que, em virtude do modo como a coluna e o crânio se apresentavam, era provável que *Dear Boy* se movimentasse mais ereto do que qualquer macaco da atualidade. E, embora os ossos fossilizados sobreviventes não pudessem apresentar evidências da habilidade da criatura para fabricar ferramentas, o fato de seus vestígios serem encontrados nos mesmos níveis (graças às cuidadosas técnicas de escavação de Mary) de uma série de ferramentas rudimentares a levou a acreditar que *Dear Boy* foi capaz de, no mínimo, usar algumas ferramentas básicas. Ela via *Dear Boy* como "uma criatura de cérebro pequeno, compleição robusta e atarracada, geralmente bípede (andando sobre dois pés), mas talvez ocasionalmente, recorrendo aos quatro membros e agachando-se quando parado ou comendo".[59]

Ainda que o Homem Quebra-nozes não tenha sido, de maneira alguma, o "elo perdido" entre macacos e seres humanos, ou até o momento o gênero desconhecido do homem primitivo, foi a primeira vez em que os vestígios do gênero *Australopithecus* puderam ser datados com tanta precisão, e essa data de ao menos 1,75 milhão de anos continua surpreendente para todos.[60] Também se constituiu, como parece, na primeira descoberta "filmada ao vivo". Como resultado, os recursos começaram a surgir com abundância para Mary e Louis. Em 1960, a revista *National Geographic* concordou em assumir os custos da escavação em Olduvai em troca de direitos exclusivos para fotografias e televisão para futuras descobertas.[61] O casal garantiu o necessário para continuar as escavações pela próxima década. Com esse dinheiro, puderam não só continuar as explorações, como deixar as condições em Olduvai mais confortáveis. Ao longo dos anos 1960, eles construíram uma sala de trabalho com geladeira e transformaram o trailer em um veículo seguro para Mary e os amados dálmatas dormirem. Na verdade, não era para o conforto dela, mas para a segurança dos cães, que eram a presa ideal para leopardos à noite.

De fato, o acampamento em Olduvai se tornou uma espécie de zoológico nesse período. Mary desenvolveu um amor por cães — especialmente dálmatas — quando criança e nunca ficou sem vários deles durante toda a vida adulta. Porém, em 1963, ela também adotou um macaco chamado Simon. Fascinado por cosméticos, ele roubava a bolsa de todas as visitantes do acampamento, mas também ficava intrigado com os bigodes dos homens e montava em seus ombros para brincar e farejar quaisquer pelos faciais abundantes.[62] Havia ainda um gnu manso chamado Oliver, que a seguia por todos os lugares e a esperava do lado de fora da barraca de banho até ouvir água correr, quando entrava e perturbava quem estava lá, principalmente as mulheres.[63]

Mary e Louis não eram os únicos a escavar. Os filhos se juntaram a eles e à equipe de escavadores africanos na busca. E foi em novembro de 1960 que o filho Jonathan — investigando uma área diferente de onde os pais encontraram *Dear Boy* — fez outra grande descoberta de ossos de hominídeos na Garganta de Olduvai: Hominídeo 7 de Olduvai (OH7), ou, como é afetuosamente chamado, "Filho de Jonny". De novo, esses nomes evitaram a controvérsia de tentar localizar o achado no mapa evolucionário. E, uma vez mais, Louis tentou fazer exatamente isso, em 1964, definindo a descoberta como uma nova espécie do gênero *Homo*: *Homo habilis* — "homem habilidoso".

Como era de se esperar, essa identificação foi recebida com muitas críticas e debates intensos. Mas, na verdade, o Filho de Jonny/*Homo habilis* apresentou um desafio maior para a comunidade científica mundial do que apenas a questão de encontrar um nome, porque fora encontrado em um local especial da Camada I na Garganta de Olduvai, e assim — inquestionavelmente graças aos padrões rigorosos de escavação de Mary e às novas tecnologias de datação da época — mostrou ser de um período um pouco anterior ao de *Dear Boy*.[64] E embora ninguém pudesse concordar com o nome correto no mapa evolucionário para o achado, estava claro que essa criatura tinha mais características humanas do que *Dear Boy*. Isso representou um desafio às pré-concepções fundamentais da comunidade de então: de que a evolução ocorreu de maneira linear, com uma espécie abrindo caminho para a próxima (mais complexa). O filho de Jonny e *Dear Boy* da Garganta de Olduvai sugeriam que duas espécies dos primeiros seres humanos — com diferentes habilidades evolucionárias — possivelmente viveram na mesma época na mesma região.[65]

Entre 1960 e 1968, Mary e Louis (quando ele não estava fora nas frequentes viagens para palestras e iniciando outros projetos de pesquisa na África ou até na distante Califórnia) supervisionaram outras escavações e descobertas da equipe na Garganta de Olduvai que provaram, sem sombra de dúvida, a sobreposição de diferentes espécies de hominídeos. Outros vestígios de diferentes espécimes de *Australopithecus boisei* foram encontrados na Camada I *e* em toda a Camada II, mostrando que essa espécie, em particular, viveu na área por volta de 1,9 milhão a 1,1 milhão de anos atrás. Ao mesmo tempo, múltiplos espécimes de *Homo habilis,* localizados na Camada I e nos primeiros níveis da Camada II, mostravam que o *Homo habilis* e *Australopithecus boisei* viveram como contemporâneos nessa região da garganta.[66] Com eles, havia uma terceira espécie de hominídeo, o *Homo erectus,* cujo primeiro exemplar foi encontrado por Louis em 1960. Mas ficou claro, pelas escavações dessa década, que espécimes de *Homo erectus* só ocorreram nos últimos níveis da Camada II e nas posteriores Camadas III, IV e V. Como tal, o trabalho de Mary e Louis no local demonstrou conclusivamente a sobreposição de vários estágios evolutivos dos primeiros seres humanos. O *Australopithecus boisei* viveu como contemporâneo do *Homo habilis* e do *Homo erectus*. No entanto, isso também demonstrou que, às vezes, coincidências não ocorriam. O *Homo habilis e erectus* não existiram como contemporâneos, tendo o *habilis* desaparecido nas primeiras etapas da Camada II e o *erectus* surgido apenas nas últimas etapas nesta camada, equivalendo a uma separação de no mínimo 100 mil anos.[67] O casal comprovou, assim, que o desenvolvimento dos primeiros hominídeos foi muito mais complexo do que um tipo de primeiro ser humano simplesmente evoluindo e abrindo caminho para outro.

Mary continuou a trabalhar na Garganta de Olduvai até 1974. Nesse período, as evidências que ela e a equipe descobriram forneceram o registro mais completo do mundo sobre o homem primitivo e suas ferramentas.[68] Ela manteve o foco apesar do acúmulo de dificuldades e outras exigências da época. O acampamento de Olduvai foi reconstruído em 1968 e, novamente, em 1974. Parte disso era para proporcionar mais recursos, conforto e segurança para a equipe de escavação, sendo que a última apreciou demasiado a providência quando, em 1973, um grupo de oito leões famintos entrou várias noites na garganta, um deles atingiu e quebrou a pequena janela de metal do trailer de Mary ao tentar entrar e comer um de seus dálmatas. Apesar de estar acostumada a viver na natureza, a imagem do animal esfomeado na janela causou pesadelos durante muito tempo.[69] Mas outro fator ao qual o acampamento precisava estar atento agora eram os turistas. Em 1963, 403 pessoas visitaram a garganta. Em 1972, o número chegou a 23 mil. Um pequeno museu foi construído lá em 1971, quando também se criou uma infraestrutura turística permanente, incluindo guias.[70]

Mary também teve de lidar com muitos transtornos. Em razão de conflitos pessoais e profissionais, em 1968, ela e Louis seguiram vidas separadas.[71] Em 1972, Louis pereceu devido a um infarto em Londres e Mary — que preferia trabalhar em Olduvai para ser a imagem pública da escavação — agora tinha que ser palestrante, arrecadadora de fundos *e* escavadora. Porém, isso não a impediu de insistir na possibilidade de novas descobertas.

Em 1935, quando ela e Louis visitaram a Garganta juntos pela primeira vez, um homem, parte masai, parte quicuio, foi ao acampamento para lhes contar sobre outro lugar em que sabia existirem “ossos como pedras”. Ele voltou depois com algumas amostras e Mary e Louis foram visitar o sítio, mas não acharam nada mais interessante do que já viam em Olduvai. Então, esqueceram-se do sítio.[72] Eles voltaram brevemente em 1959, mas desta vez não encontraram nenhuma ferramenta de pedra que os interessasse e mais uma vez deixaram o sítio de lado. Somente depois de 1969, quando outras visitas confirmaram que ele continha camadas mais antigas que as da garganta, Mary decidiu finalmente voltar toda a atenção para lá. Em julho de 1975, com 62 anos, Mary levou a equipe de escavação para Laetoli, onde, nos próximos anos, confundiria o mundo outra vez com sua mais recente descoberta: as pegadas que comprovaram que o homem primitivo andara sobre dois pés muito antes do que qualquer pessoa havia imaginado.

Mary era a epítome de alguém que sempre andara com os dois pés firmes sobre o chão, mesmo depois de receber inúmeros títulos honoríficos e prêmios, principalmente após suas descobertas em Laetoli. Ela foi a primeira mulher a receber a Medalha Linneana Sueca em reconhecimento à sua contribuição para as ciências biológicas, além de vários títulos honoríficos incluindo um de Oxford — a universidade que, quando sua mãe perguntara se havia alguma chance de ela estudar ali quando de sua volta à Inglaterra após a morte do pai, dissera que não. Em 1981, Mary recebeu o título de Doutora Honoris Causa, o qual, durante o discurso do Orador Público sobre suas realizações, a descrevia (em latim, é claro) como "tendo trabalhado no terreno como Diana (a deusa), a caçadora, com seus dálmatas, procurando vestígios dos primeiros habitantes".[73] Mary certamente foi uma força tão poderosa quanto a antiga deusa: por meio do trabalho duro e esforço contínuo, ela não só reformulou muitas das práticas de trabalho da arqueologia e da antropologia da época, mas aumentou em muito nossa compreensão da história dos primeiros seres humanos. Ela também foi sensível às mudanças de atitudes e práticas relativas a como, onde e por quem os achados de um projeto deveriam ser mantidos e exibidos. Adaptou-se ao trabalho dentro das estruturas legais nacionais emergentes relativas às escavações e à propriedade das antiguidades descobertas; garantiu que Olduvai pudesse receber adequadamente os turistas que iam conhecer o sítio e seus achados: e, de fato, às vezes oferecia evidências cruciais para apoiar o processo judicial para a devolução de peças.[74] Mais impressionante, ela realizou tudo isso como uma mulher em um mundo ainda fortemente dominado pelos homens, inspirando-se nas poucas mulheres que vieram antes dela para abrir caminho e garantir que muitas pudessem segui-lo. Contudo, ela não inspirou e serviu de mentora apenas a mulheres; ainda fez muito para incluir arqueólogos africanos locais na equipe e defender sua voz na busca internacional pelo homem primitivo. Essa é minha imagem preferida de Mary: alguém que não gostava de se envolver com normas e tradições. Em 1981, no jantar de comemoração de entrega do prêmio em Oxford, ela ficou horrorizada quando, ao contrário dos homens, não foram oferecidos bebida alcoólica e charutos às mulheres após o jantar.[75] Como seria apropriado à Diana, ela insistiu em ter ambos.

Exército de Terracota

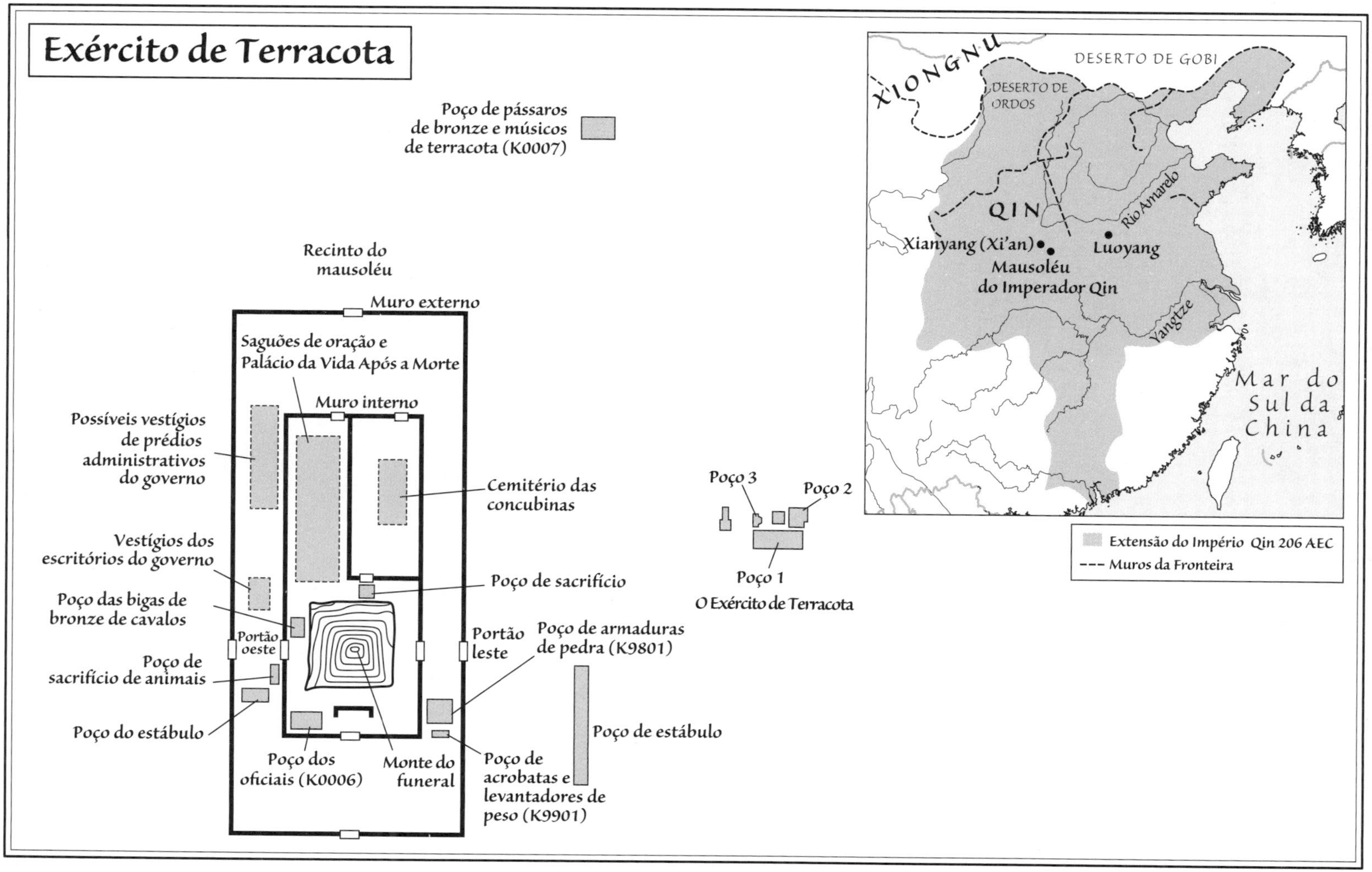

5

O que Achamos Quando Cavamos um Poço[1]

O surgimento da dinastia Qin na China foi traumático e violento. De 771 AEC (por volta da época em que os gregos antigos no Mediterrâneo começaram os Jogos Olímpicos), até 221 AEC — um período de 550 anos — os habitantes de uma vasta extensão da Ásia (que hoje conhecemos como a China moderna) guerrearam uns contra os outros.[2] No início desse período, havia 170 estados independentes lutando entre si pela sobrevivência. E, no final, restou apenas um: o estado de Qin. Depois de engolir todos os oponentes derrotados, o agora vasto império de Qin foi governado pelo rei Zheng, que se declarou Qin Shi Huang Di: o Primeiro (Shi) Divino (Di) Huang (Imperador) de Qin, também grafado como Qin Shi Huangdi. Ao se proclamar imperador, ele iniciou uma nova era na história do país: a da China Imperial.

Foi uma conquista sangrenta: calcula-se que mais de um milhão de homens, sem contar as baixas de Qin, morreram lutando na batalha final pelo poder.[3] O rei Zheng subiu ao trono do Estado de Qin em 246 AEC, com a idade de apenas 13 anos.[4] Ele se tornou o Primeiro Imperador de Qin em 221 AEC aos 38 anos, mas morreria pouco mais de uma década depois. Toda a dinastia Qin caiu em 206 AEC, quatro anos após a morte de Zheng, com a dinastia Han finalmente renascendo das cinzas em uma renovada rebelião e um conflito civil em 202 AEC. A dinastia Han duraria por mais de 400 anos, governando com êxito um império mais uma vez unido até 220 EC.

Assim, é muito provável que conheçamos melhor a dinastia Han — devido à sua longevidade — do que a de Qin, que durou apenas 15 anos. No entanto, seu impacto e o de Shi Huangdi, em especial, no desenvolvimento e na identidade da China — nos tempos antigos e modernos — não foram menos importantes do que a de Han. Na verdade, a dinastia Qin e seu governante determinaram o tom em relação ao qual tudo e todos se comparavam para avançar.[5] Em particular, como veremos neste capítulo, Qin Shi Huangdi criou um dos monumentos mais conhecidos e sugestivos de toda a história chinesa. Não é sem ironia que o rei Zheng recebeu o nome do mês em que nasceu: o primeiro mês do ano chinês — o começo de tudo.

*

Antes de se tornar o Primeiro Imperador do imenso império unificado, o rei Zheng governava Qin, seu estado natal, na extremidade oeste de um grupo de estados em guerra que lutavam pela sobrevivência e supremacia na China.[6] Esta posição periférica pode ter sido muito vantajosa, permitindo a Qin observar por mais de 500 anos a violenta guerra civil que consumiu os estados centrais, esperando o momento certo para se manifestar.[7]

Enquanto os demais precisavam concentrar todas as energias na luta pela sobrevivência, o Estado de Qin criava uma base importante para o papel posterior como potência dominante. Na primeira metade do século IV AEC, o então governante, Duque Xiao (tetravô do rei Zheng), contratou os serviços de um novo conselheiro estratégico chamado Lorde Shang. Ele era uma autoridade em leis e tinha uma visão muito particular de como o equilíbrio do poder entre o povo e seus governantes deveria residir em um estado: "Se o povo for mais forte que o governo, o estado é fraco; se o governo for mais forte que o povo, o exército é forte."[8] Shang cuidou para que as reformas administrativas e legais adotadas permitissem ao governo não só manter rígido controle legal, mas também desenvolver uma estrutura de poder estatal extremamente centralizada que, por sua vez, desenvolveu um exército poderoso.[9] A abordagem de Shang se tornaria, mais tarde, símbolo da escola filosófica chinesa do "Legalismo", uma das conhecidas "Cem Escolas do Pensamento" de como melhor governar que circulavam naquela época. Enquanto os estados combatentes lutavam para sobreviver, tentavam descobrir a fórmula mágica não só para o sucesso no campo de batalha, mas também para um governo forte e estável de seu território.[10]

Não foi por acaso que, após os grandes avanços na administração centralizada e no poderio militar ocorrido em Qin, Huiwen, sucessor do Duque Xiao, que governou na segunda metade do século IV AEC, se tornou o primeiro governante poderoso o bastante para abandonar o título de Duque e assumir o de Rei.[11] Tampouco que um de seus primeiros atos fosse condenar Lorde Shang à morte a fim de assegurar que nenhum conselheiro fosse mais poderoso do que o rei. Shang sofreu uma das punições mais cruéis que, um dia, defendera: seus membros foram amarrados a quatro bigas, partindo em direções opostas e despedaçaram seu corpo de maneira brutal — literalmente, membro por membro.

O rei Huiwen então usou o poder militar para começar a tarefa de expandir Qin às custas dos estados ao leste. Segundo o famoso historiador chinês do final da dinastia Han, Sima Qian, Huiwen capturou dezenas de cidades e decapitou centenas de milhares de tropas derrotadas.[12] Diz-se até que foi enganado por uma profecia de seu conselheiro estratégico: "Com a capacidade de Sua Majestade, a multidão de cargos e pessoas, a prontidão para o uso das bigas e cavalaria e sua instrução em táticas militares, o senhor pode anexar os estados feudais, absorver tudo sob o céu e governar com o título de Imperador."[13] Apesar de uma expansão significativa, Huiwen não conseguiu obter êxito em conquistar "todos sob o Céu". As próximas três gerações de governantes — o bisavô, o avô e o pai do Rei Zheng — continuaram a desferir ataques bem-sucedidos, anexando mais territórios ao governo Qin até que, em 246 AEC, o rei Zheng subiu ao trono com apenas 13 anos.[14] E o jovem, apesar das conquistas dos ancestrais, ainda tinha uma difícil luta pela frente para incorporar "todos sob o Céu" no governo Qin.

O historiador da dinastia Han, Sima Qian, descreveu desta forma o Rei Zheng em sua primeira década no trono:

> O rei de Qin, com nariz aquilino e olhos repuxados, peito estufado como o de um falcão e voz de chacal, é um homem de pouca misericórdia que tem o coração de um tigre ou de um lobo. Quando se encontra em dificuldades, prontamente se humilha diante dos outros, mas quando consegue o que quer, só pensa em devorá-los vivos.[15]

Passando à vida adulta como rei de um estado que lutava pela supremacia no estágio final de uma guerra de mais de 500 anos, Zheng precisava de cada grama de seu coração feroz para sustentá-lo. Mas ele parece ter aprendido bem seu papel. De 230 a 221 AEC, o rei Zheng, nas palavras de Sima Qian, conquistou os inimigos restantes "como um bicho-da-seda devora a folha de uma amoreira".[16]

Agora, como Qin Shihuangdi, Zheng governou uma população de cerca de 30 milhões de pessoas. O título "Huangdi", contudo, carrega uma conotação de mais do que apenas um governante mortal. Em particular, a parte "di" tem ressonância divina. Mais de mil anos antes, os habitantes do que hoje é a China cultuaram "di" como seu deus supremo. Sábios e governantes lendários durante esse período de mil anos também receberam, postumamente, o título de "di" em reconhecimento a seu elevado status divino.[17] Mas aqui, pela primeira vez, havia um governante vivo que reivindicava o status divino como detentor e executor do *tian ming*, o Mandato do Céu, para "ficar no centro do reino e tranquilizar as pessoas dos quatro mares".[18] Essa reivindicação seria feita por todos os governantes chineses de 221 AEC até 1911.

Embora já tivesse realizado muito quanto à unificação do império, Zheng tinha a tarefa nada invejável de tentar governar um amplo território composto dos inimigos recém-conquistados. Ele seguiu a orientação, tal como seus antepassados, dada pela abordagem administrativa de Lorde Shang e o Legalismo: leis duras, poder centralizado e governo sólido na liderança de um exército forte.[19] Mas a tarefa que o aguardava se apresentava em uma escala nunca tentada antes.

Zheng fez algumas manobras estratégicas inteligentes: ele dividiu o novo reino em 36 novas províncias, atravessando os antigos estados, e nomeou para cada uma um governador, um comandante do exército e um inspetor que deviam relatar seu progresso ao rei.[20] Na verdade, ele havia acabado com o sistema feudal de governo dos estados e, no lugar, criou uma administração civil. Depois de erradicar as bases tradicionais de poder dos rivais em potencial, ele insistiu para que todas as famílias das antigas elites se mudassem para a capital Qin, em Xianyang (a atual cidade de Xian, aninhada entre as passagens montanhosas na província de Guanzhong). Cerca de 120 mil famílias da elite foram trazidas de todo o império para Xianyang, e a cidade foi transformada com a construção de centenas de palácios para acomodá-las, e outro palácio maior e melhor do que todos, à altura de Qin Shi Huang (conhecido como Palácio Epang).[21] Ao mesmo tempo em que mantinha os inimigos por perto (e os tornava dependentes dele), também removeu qualquer possibilidade de o grupo contra-atacar. Ordenou que todas as armas fossem levadas à capital, onde foram fundidas para fabricar sinos e doze estátuas de bronze de gigantes, que foram colocadas nos palácios em toda a cidade.[22] Assim, apenas o exército do imperador tinha acesso a armamentos.

Além dessas manobras para enfraquecer rivais e rebeliões em potencial, Qin Shi Huangdi logo agiu no sentido de unificar comunitariamente seu império, que enfrentara guerras internas durante mais de um milênio. A escrita chinesa foi padronizada, assim como todos os pesos e medidas. Até bigas deveriam ter a mesma largura de bitola.[23] Seus esforços para garantir uniformidade não pararam por aí. O Primeiro Imperador ainda estava interessado na uniformidade de pensamento. Um dos subprodutos do longo conflito fora o desenvolvimento de uma infinidade de escolas filosóficas de governança já mencionadas, as "Cem Escolas de Pensamento", das quais o Legalismo de Qin era uma e o Confucionismo, outra. Mas tal variedade não correspondia à filosofia agora dominante do Legalismo (que, em especial, via as ideias do Confucionismo como diametralmente opostas ao sucesso militar do Estado), tampouco com o desejo de uniformidade do Primeiro Imperador em seu novo império. Segundo o historiador Han, Sima Qian, em 213 AEC um de seus conselheiros sugeriu que:

> Além das cópias pelas quais os estudiosos do amplo aprendizado são responsáveis em sua função oficial, qualquer um sob o céu que ouse possuir e esconder as *Músicas*, os *Documentos* e os ditos das cem escolas, deve entregá-los ao governador ou comandante para então serem indiscriminadamente queimados. Se houver alguém que ouse mencionar as *Músicas* ou os *Documentos* em conversas privadas, deve ser executado. Aqueles que, ao usar o velho, rejeitam o novo, serão eliminados com seus clãs.[24]

Isso foi encarado como prova da decisão do Primeiro Imperador de "queimar os livros" e eliminar pensamentos e memórias alternativas do passado, uma política seguida igualmente pelo moderno Partido Comunista Chinês sob o presidente Mao nos anos 1950 durante a "Revolução Cultural". Entretanto, essa visão ignora que, essencialmente, estudiosos da corte tinham permissão de continuar estudando todo o material. O Primeiro Imperador não tentou apagar por completo o conhecimento e o pensamento, como se diz da tentativa de Mao muitos séculos depois, mas sim centralizar o controle disso.[25]

Com uma população enorme que se estendia por mais de 2 milhões de km^2 para controlar, o Imperador começou então um programa intenso de construção de estradas, com aproximadamente 6.700 km de novas vias saindo da capital para todo o império, como os raios do centro de uma roda. Estas facilitaram em muito a administração e controle das províncias pelo centro. Elas eram vigiadas de perto e tributadas: somente os que tinham permissão do Primeiro Imperador podiam usá-las e percorrer o império.[26] A mais famosa delas é conhecida simplesmente como "Estrada Reta" e percorre mais de mil quilômetros perto do norte de Xianyang em direção à Mongólia Interior. Ela foi construída em linha reta em 212 AEC, atravessando montanhas e vales graças a uma série de aterros feitos pelo homem — um forte símbolo do poder de Huangdi para refazer o mundo.

Enquanto buscava erradicar conflitos em seu novo império, o Primeiro Imperador também tentava reduzi-los com inimigos fora de seu domínio, principalmente com as tribos nômades do norte. Elas, renomadas pelos hábeis cavaleiros, especializados em ataques relâmpagos ao território Qin para saquear o que queriam — normalmente pequenos objetos valiosos transportáveis como metais preciosos — desapareciam antes que as forças do império pudessem se reunir e se defender. Para lidar com o problema desses ataques frequentes e inconvenientes, o Huangdi recorreu ao confiável conselheiro, o general Ming Tian.[27] Assim nasceu a ideia de construir um muro.

Na verdade, estados individuais já construíam muros em suas fronteiras ao norte há vários séculos, mas agora a tarefa de Ming Tian era conectá-los com o Grande Muro que defenderia toda a fronteira setentrional do novo Império Qin. Ele empregou 300 mil homens, criando um muro de defesa de cerca de 5 mil km de comprimento de Lintao (província de Gansu), no oeste, a Liautum (província de Liaoning), no leste, usando os antigos muros construídos por estados individuais e barreiras naturais como montanhas e ligando-os quando necessário com os muros feitos de terra e pedras, intercalando-os com antemuros, torres de vigia e estações de guarnição.[28] Talvez você se surpreenda em saber que esse grandioso projeto de engenharia não é a Grande Muralha da China que conhecemos hoje e, sim, a construída pela dinastia Ming durante os séculos XIV a XVII EC (embora a muralha Ming acompanhe a rota da antiga muralha Qin em muitos lugares).

Além de defender o recém-criado reino Qin de ataques, o muro tinha outro objetivo: criar uma fronteira definida para o império, fortalecendo ainda mais a ideia da identidade Qin. Durante pouco mais de uma década em que Zheng foi o Imperador da dinastia Qin, ele não só estabeleceu um império sem precedentes na China, como unificou a cultura, a escrita, a escola de pensamento e o sistema legal, e ainda conectou províncias isoladas e definiu as fronteiras físicas do império.

Entretanto, as ambições de Huangdi não se limitaram ao momento. Talvez, em parte inspirado pela condição implícita semidivina do título imperial, ele também investiu muito tempo e energia em procurar a chave da imortalidade. Enviou várias expedições na busca das famosas "Ilhas dos Imortais", supostamente localizadas no mar Bohai, a leste da costa da China, onde se acreditava poderiam ser encontradas ervas e drogas que conferiam imortalidade.[29] Enquanto esperava pela volta dessas expedições, ele havia experimentado, por sugestão dos alquimistas da corte, engolir substâncias tradicionais chinesas da imortalidade: jade e mercúrio.[30] Na verdade, é provável que a causa de sua morte, em 210 AEC, foi o envenenamento por mercúrio.

Embora o Imperador não tenha conseguido viver para sempre, ele certamente teve êxito em garantir que tivesse um lar magnífico para onde se mudaria após a morte. Assim que ascendeu ao trono em 246 AEC, aos 13 anos, se iniciou a construção de sua tumba. Essa prática era tradicional, baseada no antigo conceito de que os mortos precisavam de um lar e arredores compatíveis com os que usufruíram em vida. Para um rei, isso significava um mausoléu. Para o Primeiro Imperador de Qin, o primeiro governante desse tipo, isso significava uma tumba diferente de todas as já criadas: um local a partir do qual continuaria a governar tudo sob o céu. Fontes antigas nos dizem que a tarefa de construir a tumba foi muito além dos 11 anos de seu governo, com mais de 700 mil condenados e servidores forçados a trabalhar simultaneamente no novo palácio em Xianyang e no sepulcro (seu lar em vida e após a morte).[31]

A tumba em si foi construída a 35km de Xianyang, entre o rio Wei e o monte sagrado Li. Esse magnífico mausoléu é outro exemplo de como o Primeiro Imperador refez o mundo. Uma pirâmide de degraus de 4 lados com 120m de altura ficava no interior de um complexo com dois muros, sendo que o externo somava um total de 6km.[32] Era outro palácio, de onde Zheng poderia governar eternamente após a morte.

Os historiadores sabiam há muito da sepultura do Primeiro Imperador, pois Sima Qian escreveu sobre ela e o funeral. Parece que, quando da morte de Zheng, o filho do Imperador declarou que todas as concubinas do pai que não tinham filhos deveriam ser enterradas com ele. Igualmente, há um registro segundo o qual os trabalhadores que concluíram a tumba e supervisionaram o enterro também seriam enterrados vivos quando ela fosse fechada, para nunca revelarem seu conteúdo. Árvores e arbustos foram então plantados no sepulcro para que ele se integrasse à paisagem e parecesse ser uma colina natural. A descrição de Sima Qian do que havia no interior da tumba evidencia a obsessão em garantir seu segredo e sua intocada santidade, além de destacar a incrível grandiosidade:

> Artesãos receberam a incumbência de fabricar arcos e flechas que disparavam automaticamente para atingir todos que se aproximassem do que havia sido escavado. Mercúrio foi usado para representar os vários cursos de água... e o grande mar... Acima estavam representadas as constelações celestiais; abaixo, o traçado do terreno. As velas eram de gordura de baleia, pois se acreditava que demorariam muito para se extinguir.[33]

Após a morte do Primeiro Imperador, o primeiro-ministro, Li Si, com outro oficial de confiança, Zhao Gao, conspiraram para falsificar uma carta supostamente escrita pelo Shi Huangdi para seu herdeiro, instigando-o ao suicídio. Isso deixaria que o filho mais novo e impressionável, que ambos esperavam controlar, se tornasse o governante. O plano foi bem-sucedido e o irmão mais jovem e sugestionável tornou-se o novo imperador, Qin Er Shi ("Segundo Imperador Qin"). Ele separou recursos adicionais para finalizar a tumba do pai e supervisionou o sepultamento entre sete e oito meses após a sua morte. Mas logo depois o novo Imperador foi assassinado e o sobrinho, outro jovem impressionável, subiu ao trono. Este sobreviveu apenas 46 dias, quando o Império Qin desmoronou. Enquanto os olhares de todos se voltavam para as maquinações internas para chegar ao trono, rebeliões começaram fora da capital, aproveitando-se da desatenção de Zheng em controlar o império com rigor. Uma grande rebelião liderada por um guerreiro, Xiang Yu, que conseguiu penetrar na capital de Qin, matou o último imperador e incendiou toda a cidade.[34] A dinastia Qin durou pouco mais de 15 anos — uma breve fração de tempo no grande esquema da história, mas tão intensa que seu impacto foi muito mais duradouro.

O túmulo do Primeiro Imperador sobreviveu não apenas à guerra civil que engoliu o império após sua morte, mas também a todas as eras da história chinesa até o presente. Escritores da dinastia Ming (séculos XIV a XVII) visitaram o sítio e existem fotografias da tumba do início do século XX. Em 1962, o mausoléu e os muros de 6km ao redor do complexo foram examinados. Hoje ,a tumba se encontra em uma colina artificial não tão alta (apenas 64m em vez dos originais 120m), e os muros que a rodeiam estão com suas dimensões reduzidas.[35]

Entretanto, durante séculos até um passado recente, ninguém tinha ideia de que a colina e seus muros eram apenas a ponta do icebergue do reino subterrâneo de Qin Shi Huangdi.

*

Era uma tarde amena em março de 1974, quando um grupo de agricultores rumou para os campos a fim de iniciar a importante tarefa anual de cavar um novo poço artesiano para garantir que tivessem água suficiente para irrigar suas plantações durante a primavera e o verão seguintes. Armados de ferramentas básicas — enxadas e pás —, os trabalhadores concentraram sua busca nos campos ao lado do monte Li, uma área cultivada com perfumados caquis e romãs, e conhecida localmente pela abundância de fontes e cursos de água subterrâneos. O grupo era composto por seis irmãos da família Yang e um vizinho e amigo, Wang Puzhi, que viviam em uma aldeia próxima e conheciam bem a área. Eles escolheram um local promissor a menos de 2km da colina artificial do mausoléu de Qin Shi Huangdi (embora não esteja claro se o grupo sabia do que a colina se tratava), e começaram a cavar o solo seco. No segundo dia de trabalho, a cerca de 2m de profundidade, atingiram uma camada de terra vermelha estranhamente dura. No terceiro dia, um dos irmãos, Yang Zhifa, então com 41 anos, ao cavar com uma enxada que usava para cuidar da lavoura, ouviu-a bater em algo sólido. O que ele descobriu surpreendeu a todos — um pedaço de terracota no formato de um pescoço humano. Sem cabeça ou corpo.[36]

O grupo decidiu prosseguir com cuidado, pois aquele poderia ser o local de uma antiga olaria e quaisquer jarros de terracota desenterrados seriam reutilizados na aldeia e na cooperativa agrícola local. Porém, em vez de jarros, nos próximos dois dias eles descobriram mais fragmentos de corpos em terracota, além de vários objetos de bronze, incluindo pontas de flechas.[37]

Os achados logo atraíram uma multidão. Aquele seria, talvez, o sítio de algum templo, com estátuas de deuses antigos? Preocupados com a possibilidade de despertar a ira dos espíritos, os locais insistiram para o grupo devolver os achados à terra. Como Yang Zhifa depois lembrou, alguns aldeões temiam que essas estátuas de deuses não queriam ser perturbadas e a sua remoção arruinaria o Feng Shui da região e traria problemas à vila. No entanto, os agricultores imaginaram que poderia haver alguma recompensa em relatar os achados às autoridades — mesmo que, brincaram, fosse apenas mais tabaco para o amado cachimbo de Yang.[38]

O que aconteceu a seguir depende de em quem você acreditar. Yang Zhifa conta em uma entrevista posterior como o grupo carregou três carrinhos de duas rodas com os achados de terracota e bronze e partiu para o Centro Cultural de Lintong (o museu distrital local) a vários quilômetros de distância. Yang lembra de ser fleumático quanto ao potencial de suas descobertas à medida que os carrinhos sacolejavam pelas trilhas acidentadas e ao longo das estradas até o museu. Se os itens não fossem especiais, pensou, ele os jogaria no rio local, iria para casa e voltaria no dia seguinte para continuar a cavar o poço.[39]

Porém, as narrativas variam. Quando os irmãos de Yang começaram a cavar o poço, o único curador de relíquias culturais e arqueologia do Centro Cultural Lintong era um certo Zhao Kangmin. Nomeado em 1961, ele era um fazendeiro, mas aprendera a ler sozinho antigos manuscritos chineses e, em seguida, a conduzir investigações arqueológicas como parte da função no museu. No entanto, ele conhecia muito bem a posição precária do passado e dos que o estudaram na China Comunista. Ele pessoalmente viveu a Grande Revolução Cultural Proletária, em 1966, durante a qual o presidente Mao encorajou seus guardas vermelhos a destruir os "quatro velhos" (velhas ideias, velha cultura, velhos costumes e velhos hábitos das classes exploradoras). Uma estátua da dinastia Qin no Centro Cultural Lintong fora destruída pelos Guardas Vermelhos de Mao e Zhao forçado a fazer uma autocrítica pública por "encorajar o feudalismo", pois ele havia estudado e cuidado da estátua.[40]

Segundo Zhao, em 25 de abril de 1974, cerca de um mês após os irmãos Yang terem descoberto as partes de estátuas em terracota, ele recebeu uma ligação para informá-lo de que os achados ainda estavam nos campos onde o poço foi aberto. Como conta, coube a ele somar dois mais dois: que esse campo ficava a apenas 2km de onde a tumba de Qin Shi Huangdi se encontrava e era possível que os achados estivessem relacionados ao Primeiro Imperador. Kangmin correu para o sítio. Ali, recolheu tantas peças em terracota quantas conseguiu achar, recuperando algumas que as crianças da aldeia estavam usando como brinquedos e as levou para o Centro Cultural Lintong.[41]

Independentemente da verdade, Yang Zhifa e sua equipe foram recompensados com 30 yuans [Renminbi] chineses — então o equivalente a três salários anuais dos agricultores — que eles entregaram à unidade de produção local, como exigido pelo Estado Comunista Chinês na época. Cada homem, por sua vez, recebeu pontos equivalentes à metade paga por um dia de trabalho, que eles poderiam usar para comprar comida e outros itens.[42]

Enquanto isso, Zhao Kangmin começou a juntar os pedaços das estátuas descobertas pelos agricultores em sua oficina no museu. Ali, diante de seus olhos incrédulos, um humano em tamanho natural ganhou vida. Kangmin conseguiu reconstruir o corpo inteiro do que ele apelidou de "Guerreiro de

Terracota", considerando que a figura estava usando uma armadura. Estava convencido de que a figura estava conectada à tumba do Primeiro Imperador de Qin — apesar de nenhuma fonte antiga ter mencionado qualquer associação de guerreiros de terracota com o sepulcro. Mas Kangmin não fez um relatório oficial. Ainda abalado pela experiência pessoal na Revolução Cultural, e por ouvir histórias de como a Guarda Vermelha tinha arrebentado o túmulo do Imperador Ming Wangli, do século XVI — até arrastando os esqueletos do Imperador e suas esposas para fora para denunciá-los e queimá-los em público — ele não estava preparado para arriscar uma reação semelhante. E se declarar a descoberta levasse à destruição da figura, à potencial profanação da tumba de Qin Shi Huangdi, ou ainda à própria humilhação pública?[43]

Assim, o solitário Guerreiro de Terracota ficou no silêncio do Centro Cultural Lintong. Ali poderia ter permanecido, não fosse um jornalista, Lin Anwen, da Agência Xinhua, a agência estatal oficial do país, ter ido visitar parentes locais. Lin ouviu falar dos tesouros de Zhao no museu local e decidiu vê-lo. Embora Kangmin implorasse a ele para não escrever a respeito do guerreiro por medo da Guarda Vermelha, em poucos dias a reportagem foi lida pelo primeiro-ministro do Conselho de Estado e, em 5 de julho, o Diretor do Patrimônio Cultural da China voou para Xian para ver o guerreiro. Em 15 de julho, uma equipe de arqueólogos do Instituto Provincial de Arqueologia de Shaanxi, em Xian, foi enviada para investigar o campo onde a figura foi desenterrada e descobrir o tamanho do sítio arqueológico em questão. Eles imaginaram ficar no local por volta de uma semana. Em vez disso, permaneciam lá há oito meses. Perfurando um poço após outro a partir do original, eles continuaram a achar cada vez mais figuras de guerreiros semelhantes, assim como espadas de bronze originais e até um cavalo em terracota. Em março de 1975, um ano depois de Yang Zhifa ter tropeçado nos primeiros cacos de terracota, eles finalmente apresentaram um relatório para o Instituto e, depois, para o Departamento de Patrimônio Cultural, informando acreditarem existir uma câmara de guerreiros subterrânea medindo 230m por 62m: um exército subterrâneo.[44]

O que o jornalista Lin Anwen compreendera, e Zhao Kangmin, não, era que a atitude do Partido Comunista quanto às antiguidades a respeito do patrimônio cultural e, sobretudo, as antiguidades relacionadas ao Império Qin tinha mudado radicalmente nos poucos anos após Zhao sentir na pele a ira dos Guardas Vermelhos. O Império Han, que retomou o poder em 202 AEC após a liderança Qin ter se desintegrado, posicionou-se como uma antítese de Qin, especialmente em termos da escolha da filosofia de governo (seguindo o Confucionismo, no lugar do Legalismo). Os imperadores da dinastia Han também se colocaram como o oposto do Primeiro Imperador Qin. Assim, os Han garantiram que a reputação da era Qin seria lembrada por unanimidade na história como algo negativo. Como resultado, em pouco mais de dois milênios até o colapso final do domínio imperial com a Revolução Chinesa em 1911, o Imperador Qin foi considerado um modelo de mau governante, e a cultura Qin, a antítese de uma sociedade chinesa civilizada.

A difamação do passado imperial — não apenas o de Qin, mas também de Han e, de fato, todas as dinastias imperiais — tornou-se prática comum após a Revolução e se intensificou principalmente com a criação da República Popular da China pelo presidente Mao, em 1949. Agravou-se mais quando Mao lançou a Grande Revolução Cultural Proletária em 1966, procurando eliminar a corrupção do Partido Comunista Chinês e encorajando os Guardas Vermelhos a destruírem os "quatro velhas". Mas, na realidade, os efeitos da Revolução de 1966 foram devastadores para a China; ela desencadeou uma intensa guerra civil pelo país que derrubou a economia e promoveu um aumento na luta de facções no Partido Comunista, em particular entre o presidente Mao e o líder do Exército de Libertação Popular, Lin Biao (herdeiro presumido de Mao). Antes braço direito de Mao, Lin, a esposa e o filho faleceram em um misterioso desastre de avião em 1971. Logo depois, convenientemente, foram revelados detalhes de um complô para assassinar o presidente Mao, ao que tudo indicava, arquitetado pelo filho de Lin Biao, que incluiu várias comparações do presidente Mao com o (suposto) pior governante imperial: o primeiro Imperador Qin.[45]

A resposta dos apoiadores de Mao (e, claro, a mais ampla máquina do Partido Comunista), em vez de apenas negar essas associações, foi extraordinária: nada menos do que uma imediata e total reabilitação da reputação histórica do Primeiro Imperador. Em 1972, o presidente da Academia Chinesa de Ciências, Guo Moruo, que duas décadas antes escrevera um artigo do quanto o Primeiro Imperador de Qin fora terrível, escreveu um novo artigo elogiando-o como uma figura positiva que promoveu o avanço da história livrando-se do velho para receber o novo (tal como fazia o presidente Mao). Isso foi acompanhado em 1973 pela "revelação" de que Lin Biao fora, pelo visto, um ardoroso seguidor de Confúcio — não só desprezado pela cultura comunista, mas, claro, também profundamente associado à dinastia Han. Naquele verão, lançou-se uma campanha intitulada "Critique Lin, Critique Confúcio", defendendo que todas as falhas de Lin se originaram do estudo de Confúcio. Durante o inverno de 1973 e no início de 1974, a campanha foi impulsionada por outras publicações que procuraram criticar o Confucionismo e Lin Biao, ao mesmo tempo que exaltavam o Imperador Huangdi e, como resultado, o presidente Mao. Em 1974, o título da campanha tinha mudado simplesmente para "Critique o Confucionismo, Elogie o Legalismo", a filosofia que norteava o Império Qin.

De muitas formas, é bizarro que o Partido Comunista Chinês, procurando estabelecer uma nova sociedade antitética à da ordem imperial, e tendo recentemente encorajado a destruição do patrimônio cultural durante a Revolução de 1966, estruturaria um debate sobre o futuro comunista da China no início dos anos de 1970 baseando-se em duas antigas dinastias e nas filosofias que as orientaram. No entanto, o fato também ressalta o quanto foi profundo o impacto exercido pelos impérios Qin e Han na China a ponto de serem escolhidos como referências, até mesmo séculos depois.

O resultado dessa reviravolta de 180° sobre a era Qin foi praticamente um milagre para os Guerreiros de Terracota. Quando Lin Anwen publicou o artigo da descoberta de Zhao Kangmin, em junho de 1974, o Partido Comunista governante não só superara seus piores excessos quanto à destruição do patrimônio cultural (e estava ansioso para gerar novas receitas por meio do turismo para a economia enfraquecida), mas também se encontrava dominado pela euforia do Primeiro Imperador após a reavaliação radical e simultânea difamação do Confucionismo, associado ao Império Han. Por muitos fatores, embora Yang Zhifa e seus colegas agricultores que cavaram o poço, assim como Zhao, que montou o primeiro Guerreiro de Terracota, não pudessem saber, eles juntos descobriram em um momento crucial o segredo mais bem guardado do Primeiro Imperador Qin. Essa foi a única janela de tempo nos dois milênios anteriores que contou com a disposição favorável, até elogiosa, do público em relação a Shi Huangdi. É possível que, se o achado ocorresse alguns anos antes, o primeiro Guerreiro de Terracota caísse no esquecimento, ou pior, fosse destruído. Da forma como ocorreu, todos os recursos foram disponibilizados para revelar o que logo seria chamado de a Oitava Maravilha do Mundo.[46]

Desde que os primeiros fragmentos foram encontrados no solo pelos cavadores de poços em 1974, o trabalho para descobrir segredos ainda mais surpreendentes da tumba do Primeiro Imperador de Qin não parou. Depois da descoberta do que hoje é chamado de "Poço 1", em 1974–1975, decidiu-se construir um novo museu no sítio. Já no início das obras, a equipe do Instituto de Arqueologia Shaanxi descobriu dois outros poços de guerreiros enterrados — agora chamados de Poço 2 e Poço 3 — e mais outro (Poço 4) que pareceu ter sido escavado na antiguidade, mas aparentemente aterrado sem que nenhum objeto fosse guardado nele. Em cerca de 12 anos, foi revelada a imensa escala do exército enterrado. No Poço 1, com extensão de 362m por 62m, estendido ao longo de 11 corredores subterrâneos, foram encontrados 6 mil guerreiros montando guarda, todos voltados para o leste (com ainda cerca de 2 mil a serem adequadamente escavados hoje), no Poço 2, medindo 124m por 98m, apresentou 89 bigas puxadas por cavalos parados ao longo de 100 cavaleiros, além de vários arqueiros, em pé e de joelhos (com talvez outros tantos 1.400 guerreiros ainda a serem escavados), e no Poço 3, uma câmara menor, medindo quase 29m por 25m, foi encontrada uma única biga puxada por quatro cavalos com 68 guerreiros e um número maior de oficiais superiores, levando à identificação do "centro de comando" do exército. No total, os especialistas calculam que o Exército de Terracota do Primeiro Imperador era composto por mais de 8 mil guerreiros, 140 bigas e 520 cavalos.[47]

Desta data em diante, esses guerreiros cativaram todos que os viram. Para os que tiveram a sorte de admirá-los *in situ*, é sua quantidade que surpreende — o suficiente para ocupar quase metade dos assentos da O2 Arena do Domo do Milênio* — enquanto permanecem ali em uma silenciosa e eterna vigilância. Eles, entretanto, também fascinam quando nos aproximamos. O primeiro detalhe que se nota é a altura: com uma média de 1,80m, são mais altos que muitas pessoas hoje em dia, como provavelmente eram quando foram construídos. Eles exalam confiança, não só devido à compleição atlética e às armaduras que usam, mas também por meio do olhar direto e calmo. Por um lado, estão perfeitamente equilibrados e imóveis e, por outro, todavia, cheios de forte energia: prontos para agir. A sensação de que podem criar vida a qualquer instante é aumentada por detalhes realistas dos trajes, cabelos e traços faciais. Quanto mais nos aproximamos, mais detalhes notamos: em um arqueiro ajoelhado no Poço 2, até as marcas na sola do sapato à mostra estão visíveis.[48] A impressão geral quando diante desses guerreiros é, portanto, deliberadamente inquietante: feitos de terracota, no entanto, tão reais; imóveis, mas tão cheios de vida.

No decorrer de múltiplas escavações nos últimos 30 anos, também passamos a compreender que os guerreiros, os cavalos e as bigas não são, de maneira nenhuma, os únicos elementos secretos enterrados no gigantesco e amplo complexo funerário do Primeiro Imperador. Os guerreiros são distribuídos em 2km a leste da tumba de Shi Huangdi. Entre eles, os arqueólogos encontraram 101 poços de estábulos enterrados com cavalos de terracota e os restos de cavalos verdadeiros, que foram acorrentados e enterrados vivos na época do funeral do Imperador há mais de 2.200 anos. Vasilhas de água, grãos e capim foram disponibilizadas para os dois tipos de cavalos,

* Arena multiesportiva hoje chamada apenas como O2 Arena, a sudeste de Londres. [N. da T.]

enterrados com as figuras em terracota de tratadores, oficiais da corte e cavalariços. Estima-se que talvez restem outros 3 mil a 4 mil cavalos a serem escavados. E parece que não foram enterrados apenas *animais* verdadeiros — apenas a 1km a oeste do recinto, os arqueólogos descobriram tumbas com corpos humanos: provavelmente artesãos e trabalhadores condenados que morreram durante o processo de construção (em vez de aqueles artesãos enterrados vivos na época do funeral do Imperador, como registrado pelo historiador Sima Qian).[49]

Ainda mais extraordinário, a cerca de 1km a nordeste da tumba e seu recinto murado, o trabalho de escavação em 2001–2003 descobriu o que é conhecido como o Poço K0007. Com mais de 900m^2, esse poço contém um lago artificial subterrâneo e afluentes feitos pelo homem. Ao longo de uma extensão de 60m da margem de um rio havia 46 cisnes, grous e gansos em tamanho real, cada qual envolvido em uma atividade diferente, sofisticadamente fundidos e detalhados (até com um verme na boca de um grou).[50] Do lado oposto, na outra margem, há 15 figuras em terracota que representam músicos em diferentes poses.

Descobertas subterrâneas secretas mais espetaculares foram reveladas na extensão de 6km dos muros externos do recinto da tumba do Imperador. Escavações entre 1998 e 2003 revelaram o Poço K9801, situado entre os muros internos e externos do mausoléu, que foi preenchido com 87 armaduras e capacetes — todos feitos de pedra — ao lado de uma armadura completa para cavalos também em pedra. Grande parte desse poço ainda precisa ser escavado e acredita-se que possa conter mais 6 mil armaduras. Ao sul do depósito de armaduras, mais 11 figuras em terracota foram encontradas no Poço K9901. Embora não tão numerosas quanto os milhares de guerreiros, essas figuras representam personagens complexos vestidos com trajes curtos parecidos com togas sobre pernas e torsos nus — que foram denominados "acrobatas" e "artistas" — além de várias figuras imensas e musculosas com ventres avantajados que pareciam praticar levantamento de peso.

Os achados no recinto interno do túmulo não foram menos intrigantes. Em 1980, um pequeno poço descoberto a apenas 20m da tumba do Imperador continha duas bigas de bronze pintadas, cada uma puxada por quatro cavalos, possivelmente para seu uso após a morte. Os detalhes delas são espantosos — são feitas com mais de 3 mil peças de bronze e os cavalos de terracota receberam generosas quantidades de feno real. Em 2012, ao norte da colina onde está a tumba do Imperador, descobriu-se um amplo conjunto de salas de oração, e em 2013, bem ao lado, revelou-se um cemitério com 105 tumbas nas quais haviam sido enterrados corpos de mulheres — possivelmente o local de sepultamento das concubinas do Imperador.[51]

Hoje se imagina que o complexo da tumba do Primeiro Imperador de Qin cubra cerca de 50km^2 em volta do centro do sepulcro em si.[52] A grande extensão deste intricado recinto — a visão exigida para imaginá-lo, sem falar da mão de obra para construí-lo — demonstra o verdadeiro poderio, a força e a magnificência do Primeiro Imperador de Qin. Na atualidade podemos começar a testemunhar o que a força de trabalho de 700 mil homens, como mencionou Sima Qian, realizou em pouco mais de uma década em que Zheng foi o Imperador de Qin (mais as duas décadas de trabalho em sua tumba original, que começou quando ele subiu ao trono aos 13 anos, em 246 AEC). Enquanto o Primeiro Imperador se ocupava em reduzir antigas alianças territoriais, unificar a linguagem e os sistemas do império e reunir tudo com novas estradas e muros nas fronteiras, esses operários trabalhavam intensamente para construir todo um mundo para o Imperador em sua vida após a morte — uma tumba em escala e complexidade nunca imaginadas (ao mesmo tempo que, é claro, construíam um novo palácio para ele na capital jamais visto antes). Tudo para um homem que esperava nunca precisar dela enquanto buscava o segredo da imortalidade, mas era evidente que planejava estar bem preparado, no caso de apenas seu espírito continuar a viver.

*

O que considero extremamente extraordinário na descoberta do Exército de Terracota e dos tesouros que os acompanham é que não tínhamos ideia da existência até Yang Zhifa procurar um poço naquela seca primavera de 1974. Ainda que fontes antigas falem com detalhes sobre todas as diferentes atividades de unificação e construção realizadas pelo Primeiro Imperador, assim como o imenso esforço dedicado a erguer a tumba — até sobre a decoração interna e os mecanismos de proteção dela em si — não há nenhuma menção sobre as milhares de figuras enterradas a seu redor. Este deve ser um candidato para um dos segredos mais bem guardados da história.

Todavia, por que Shi Huangdi sentiu a necessidade de ir a tais extremos para preservar o segredo sobre o mausoléu? Para entender esse grande mistério, precisamos refletir outra vez sobre a novidade que o Império Qin representava. Os 500 anos precedentes de conflito e destruição não seriam esquecidos nos poucos anos em que esse império dominou, triunfante. Como Lü Buwei, conselheiro no início do governo do rei Zheng (antes de se tornar o Primeiro Imperador), afirmou: "Da antiguidade até hoje, nunca houve um Estado eterno. Visto que não os há, não existem tumbas inescrutáveis."[53] O Primeiro Imperador ficou entre querer criar algo grandioso, notável e maior do que jamais tinha sido visto, e querer garantir sua sobrevivência na eternidade. Em parte, fez isso colocando armadilhas na tumba e, em parte, mantendo toda a extensão e natureza extraordinária em segredo de todos (supostamente enterrando vivos os trabalhadores que selaram o mausoléu para garantir que não o revelassem a ninguém).[54]

Investigações arqueológicas em diferentes poços mostram que Zheng realizou seu desejo apenas parcialmente. Para construir o espaço para o exército enterrado, primeiro foram cavados corredores em cada um dos poços do Exército de Terracota, depois foi construído um sistema de tetos de madeira acima deles. Em seguida, jogou-se terra sobre eles, devolvendo a superfície do terreno ao nível normal, deixando apenas uma rampa de entrada para chegar à vasta câmara com corredores criada abaixo do solo. Os guerreiros, cavalos e outras figuras foram então trazidos e posicionados no subterrâneo antes que a rampa fosse fechada. Mas a arqueologia deixa claro que esses poços — e os guerreiros — sofreram muito desde que foram instalados e selados ali, e não somente devido aos estragos causados pelo tempo. Nos poços havia terra vermelha queimada e vestígios de vigas de madeira do teto carbonizadas — parece que partes dos poços enterrados foram incendiados.[55] Ao redor da tumba propriamente dita, escavadores encontraram cinzas espalhadas, terra queimada, tijolos quebrados e fragmentos de telhas, um indicador de que tudo visível acima do solo fora esmagado e queimado.[56] Parece provável que essa destruição ocorreu logo após o fechamento da tumba, quando o Império Qin se desintegrou e o rebelde Xiang Yu destruiu a capital. Após esses primeiros danos e o enfraquecimento das estruturas de sustentação subterrâneas, milênios de chuvas, neve, lama e outras manifestações da natureza causaram a queda dos tetos e quebraram muitas figuras e objetos maravilhosos enterrados. Nenhum guerreiro ou cavalo de terracota foi achado intacto nos Poços 1 e 2 durante as escavações no século XX: todos precisaram ser meticulosamente reconstituídos.

As equipes encarregadas desse imenso quebra-cabeça necessitaram desenvolver uma série de novas técnicas para escavar com cuidado, juntar as peças e estudar os elementos avariados do complexo da tumba do Primeiro Imperador. Mas, em decorrência desse trabalho árduo, esse processo revelou o quanto essa exibição é extraordinária.

Uma das coisas que as pessoas geralmente comentam sobre o Exército de Terracota é sua individualidade. Todos os cerca de 8 mil guerreiros são diferentes — quase como se devessem se parecer com pessoas distintas. Contudo, estudos das figuras revelaram um processo de produção em massa por meio do qual tal individualidade pôde ser conseguida nessa escala monumental.[57] Os torsos centrais foram construídos com a argila local em seções antes que outros componentes — os braços, as mãos, as cabeças, as pernas — fossem adicionados (todos feitos a partir de moldes de madeira). Essas figuras padronizadas eram, então, submetidas a tipos específicos de individualização.

Na verdade, há somente oito formatos de rostos entre os milhares de guerreiros, mas eles foram adaptados em milhares com o acréscimo de penteados específicos, incisões variadas e outras características como orelhas, olhos, sobrancelhas e pelos faciais.[58] As 16 mil mãos sobreviventes também foram formadas em apenas 2 moldes padronizados, mas foram ligadas às figuras em diferentes ângulos e depois tiveram os dedos curvados para aumentar essa sensação de individualidade.[59] No entanto, onde (e como) exatamente esse considerável número de figuras em tamanho real foi queimado em fornos grandes o bastante para contê-lo continua um mistério.

Cada Guerreiro de Terracota, depois da queima, foi originalmente coberto com laca e, depois, pintado. Embora as cores tenham permanecido firmes quando ocultas no subsolo, no ar seco da moderna Xian, a laca antiga em uma estátua se enruga após 15 segundos exposta ao ar livre, destruindo a pintura nesse processo. Mas agora foi desenvolvido um método de várias etapas (com uso de ciência complexa e soluções de baixa tecnologia como películas aderentes) que pode proteger cada peça a partir do momento da descoberta até a conservação e exibição para podermos admirar figuras recentemente escavadas em sua intensa policromia original. O resultado é que se pôde descobrir a habilidade com que as figuras foram pintadas e como a escolha de cores intensificou ainda mais a experiência de admirar os inúmeros indivíduos. Partes anteriormente não escavadas do Poço 1 foram tratadas em uma nova campanha em 2009–2011 com o uso dessas novas técnicas de preservação de cores. O rosto de um guerreiro foi guarnecido com cílios negros de apenas 0,02cm (provavelmente aplicados com os pelos de uma única escova).[60] Em geral, o estudo da pintura revelou que os guerreiros — apesar de usarem uma armadura padronizada — foram pintados de modo a mostrar roupas de cores diferentes sob a armadura.

Um tipo de processo de produção em massa ligeiramente diferente parece ter sido usado para as armas de bronze (espadas, lanças e flechas) que equipavam o Exército de Terracota. Por um lado, elas foram produzidas somente com o propósito de armar o Exército. Estudiosos agora acreditam que houve um amplo processo de linha de produção, com inúmeras equipes trabalhando em paralelo para fabricar o armamento. Contudo, dois detalhes surpreenderam quem as examinou. Primeiro, que apesar de as várias equipes trabalharem simultaneamente, a consistência de todas as flechas era quase idêntica. Isso só poderia ter sido realizado por intermédio de um rígido comando centralizado e um processo de controle de qualidade ainda mais severo — diferente de tudo já visto. O segundo foi que as armas — confeccionadas para serem colocadas na tumba — também foram criadas para serem mortais e duradouras. Descobriu-se que as flechas continham uma elevada porcentagem de estanho, o que endurecia o bronze (e, assim, tornava a flecha mais devastadora). As espadas foram banhadas em óxido de cromo, garantindo que não enferrujassem e ainda estivessem brilhando quando descobertas.[61]

No entanto, no arsenal produzido para a tumba, os arqueólogos também acharam armas — especialmente itens para serviços pesados, como lanças e machados — criadas muito antes. Análises das marcas nos armamentos mostraram que alguns grupos foram feitos no período de 244–237 AEC (em particular os machados-adagas), enquanto outros (as lanças) foram fabricados no período de 232–228 AEC.[62] Atualmente os estudiosos acreditam que a inesperada morte precoce do Primeiro Imperador — e a pressa para terminar a tumba — levou os organizadores a saquear as armas do palácio (feitas em diferentes períodos de seu império) para suprir o Exército de Terracota em complemento às armas criadas especialmente até então.[63]

Essa extraordinária população enterrada no complexo da tumba do Primeiro Imperador, com individualização realista das figuras, não tem precedentes na história chinesa e nunca foi vista em tal escala na arte e nas esculturas do país. Muitos estudiosos tentaram explicar a repentina inovação no estilo, ressaltando a chegada de novos conhecimentos (e, talvez, até novos grupos de artesãos) do ocidente ao Império Qin. Em especial, os acadêmicos procuraram estabelecer uma ligação com os estilos realistas de pinturas e esculturas existentes no mundo helenístico do Mediterrâneo Oriental e a Ásia Central. Nesse período — século III AEC — os territórios da Grécia e da Pérsia foram unidos pela conquista de Alexandre, o Grande, quase um século antes, e agora vastas monarquias imperiais helenísticas governavam da Grécia ao Afeganistão. Menos de um século depois da criação do Exército de Terracota — nos anos de 140 AEC — temos provas literárias diretas do antigo historiador chinês Sima Qian sobre um embaixador chinês Han, Zhang Qian, que foi aos empórios de comércio do antigo Afeganistão e viu com os próprios olhos artigos chineses à venda.[64] Portanto, é possível que na época em que o Exército de Terracota estava sendo criado, houvesse ao menos alguma assimilação de estilos culturais e artísticos entre a China e a Ásia Central.

Os estudiosos ressaltaram, em especial, possíveis elos entre a arte do mundo helenístico e as 12 estátuas de bronze gigantes do Primeiro Imperador de Qin esculpidas com as armas fundidas dos inimigos derrotados em sua capital, assim como com o Exército de Terracota e, em particular, as altamente individualizadas esculturas de bronze realistas encontradas no Poço K9901 (as figuras do "acrobata" e do "levantador de peso").[65] Atualmente, a prova de uma ligação direta entre essas esculturas e, em especial, as da Ásia Helenística é inconclusiva. Porém, está claro que, quer o progresso na individualização e realismo nas esculturas representadas pelas criações Qin seja atribuído à influência externa ou ao desenvolvimento artístico interno, elas representam o auge da criação artística da China na época. Nada além do melhor para o Shi Huangdi da China.

Graças a Yang Zhifa e seu grupo, à abertura de um poço, e aos milhares de escavadores, estudiosos, restauradores e outros especialistas que trabalharam no complexo da tumba desde 1974, hoje temos uma nova imagem permanente do Primeiro Imperador de Qin. Começando com a reformulação da imagem do Primeiro Imperador pelo Partido Comunista Chinês como exemplo após 1971, a maravilha do Exército de Terracota revelada ao longo das últimas cinco décadas garantiu que o Imperador consagrasse sua posição como a nova figura preferida — de fato, talvez a mais conhecida — da história chinesa. O complexo da tumba deveria representar a imagem autêntica de seu mundo em uma vida após a morte. Seus exércitos montavam guarda, voltados para o leste, na direção dos bárbaros nas fronteiras de seu reino. As bigas estavam prontas para levá-lo aonde precisasse estar. Os paióis estavam abarrotados de lindas armaduras de pedra, especialmente feitas para afastar espíritos malignos.[66] Estábulos cheios de cavalos prontos para puxar suas bigas e levar suas tropas. Funcionários e oficiais aguardavam suas ordens, assim como suas concubinas. Ele tinha diferentes locais repletos de animais, músicos e acrobatas para entretê-lo. Recriou os rios do mundo que fluíam ao redor de sua eterna tumba e gravou as estrelas em seu próprio céu Subterrâneo. Na vida real seu império sucumbiu, mas de muitas formas ele obteve êxito em alcançar a imortalidade: sobretudo em como nós — dois milênios depois — continuamos a ficar sem fôlego ao admirar a maravilha extraordinária de seu local de repouso eterno.

É irônico que — considerando que Zheng governou como imperador por tão pouco tempo em uma dinastia que caiu apenas 15 anos depois de sua criação, e que passou a melhor parte dos dois milênios seguintes sendo considerado uma antítese da respeitável cultura chinesa — o Exército de Terracota e o homem para quem foi criado possivelmente sejam a obra mais conhecida da história (ao menos a antiga) da China. A primeira exibição no Exército de Terracota foi realizada menos de uma década após a descoberta: em 1983, em Sydney, na Austrália. Desde então, várias exibições foram realizadas.[67] Hoje, os jornalistas se referem à "diplomacia da terracota" da China ao longo de sua "diplomacia do panda": os Exércitos de Terracota são enviados a todo o mundo para exibição, tal como os pandas são alugados a zoológicos, como parte da rede de comunicação global da China.[68] O sítio do mausoléu tornou-se Patrimônio Histórico Mundial da UNESCO em 1987, e continua a ser um imenso atrativo para visitantes importantes para a China, além de turistas estrangeiros e chineses. Durante o feriado de três dias para o Ano Novo Chinês em 2021, apesar de as restrições de a Covid-19 dificultarem viagens e o número de visitantes permitidos, 35 mil pessoas foram visitá-lo.[69]

Não se pode dizer que os descobridores da tumba conquistaram o mesmo sucesso e fama. A aldeia do cavador do poço — Yang Zhifa — foi desalojada e obrigatoriamente mudada de local graças à decisão das autoridades de construir um museu no local. Diz-se que o próprio Yang Zhifa, como seus companheiros, receberam uma recompensa de 5 mil yuans por seu terreno de $167m^2$ e foram transferidos para uma nova aldeia, "a aldeia do guerreiro Qin", onde ele recebeu um flat de três quartos. Mas muitos aldeões se ressentiram da transferência forçada e culparam Yang como o principal causador de tantas mudanças indesejadas. No final, as críticas da comunidade foram tantas que Yang Zhifa teve de se mudar novamente para escapar à saraivada de insultos.[70]

Da mesma forma, Zhao Kangmin, chefe do Centro Cultural Lintong, o primeiro a encaixar os fragmentos de um Guerreiro de Terracota, não se beneficiou do trabalho, ao menos publicamente. Ele não recebeu um cargo no novo museu, passando o resto da carreira no Centro Cultural, o qual, apesar dos esforços, não atraiu o fluxo de turistas que vinham ver os guerreiros na estrada próxima. Embora continuasse a realizar escavações pela China e a publicar, permaneceu um homem quieto e reservado até a morte em 2018.

Entre Zhao Kangmin e Yang Zhifa e o resto do grupo de escavação do poço, também havia grande rivalidade sobre quem realmente merecia o título de descobridor do Exército de Terracota. Zhao gostava de ratificar seu título como "O primeiro homem que descobriu, terminou, restaurou e desenterrou o famoso Exército de Terracota e seus Cavalos". Em 2003, um grupo de cavadores de poços solicitou oficialmente às autoridades do museu um certificado que os declarasse descobridores do Exército de Terracota. O pedido foi recusado em 2009, com base em que, não obstante eles tivessem sido os primeiros a encontrar os fragmentos, foi Zhao Kangmin que compreendeu sua importância.[71] Hoje, em muitos sites chineses, a distinção é mantida: entre os cavadores de poços que "encontraram" as estátuas e Zhao Kangmin que as "descobriu" (com uma grande equipe de arqueólogos que então — durante décadas — as desenterrou e fez as descobertas de todas as outras figuras incríveis em diferentes poços em todo o complexo da tumba).[72]

Yang Zhifa, e vários colegas, porém, conseguiram um emprego no sítio do Exército de Terracota — dando autógrafos aos turistas. Ele inclusive ficou famoso por dar um autógrafo a Bill Clinton durante a visita em 1998.[73] Alguns de seus vizinhos também conseguiram mudar com o passar do tempo e se beneficiar do status de celebridades mundiais dos guerreiros: os primeiros trabalhadores da escavação principal depois construíram fornos para criar réplicas dos guerreiros para vender em todo o mundo a preços elevados, enquanto outros vendiam artesanato chinês aos turistas.[74] Mas nem todos se adaptaram. Wang Puzhi, vizinho e companheiro de escavação do poço, pobre e doente, suicidou-se em 1997. Dois irmãos de Yang, também presentes nos dias fatídicos de 1974, morreram cedo depois de não conseguirem dinheiro para os cuidados médicos de que precisavam.[75]

Agora aposentado e sem renda, Yang Zhifa encara com diplomacia a mudança provocada pelos guerreiros no modo de vida da comunidade: "Assim é a vida", diz ele.[76] Contudo, uma das cunhadas de Yang é citada, em 2007, como se perguntando se teria sido melhor que ele e os companheiros deixassem os fragmentos encontrados naquele dia enterrados no chão.[77] A dádiva da imortalidade para o Primeiro Imperador de Qin que Yang Zhifa e seus companheiros lhe concederam por meio de sua descoberta e subsequente revelação dos extraordinários preparativos para a vida após a morte teve seu preço, de muitas maneiras mais alto para os mais próximos da descoberta.

A tumba do Imperador ainda aguarda ser escavada. Em parte, foi deixada intocada por respeito ao local de repouso final de tal (agora) herói da história chinesa, e porque não há outras técnicas científicas de escavação para avançar mais e garantir que estejamos adequadamente preparados e não desperdicemos essa oportunidade única de investigação. Mas em parte, também, conforme Sima Qian nos contou, por receio das armadilhas que esperam os que entram na tumba e da potencial presença letal de mercúrio nos rios subterrâneos no interior dela criados pelo Primeiro Imperador. Talvez ele — em sua busca pela imortalidade — ainda não tenha abatido sua última vítima.

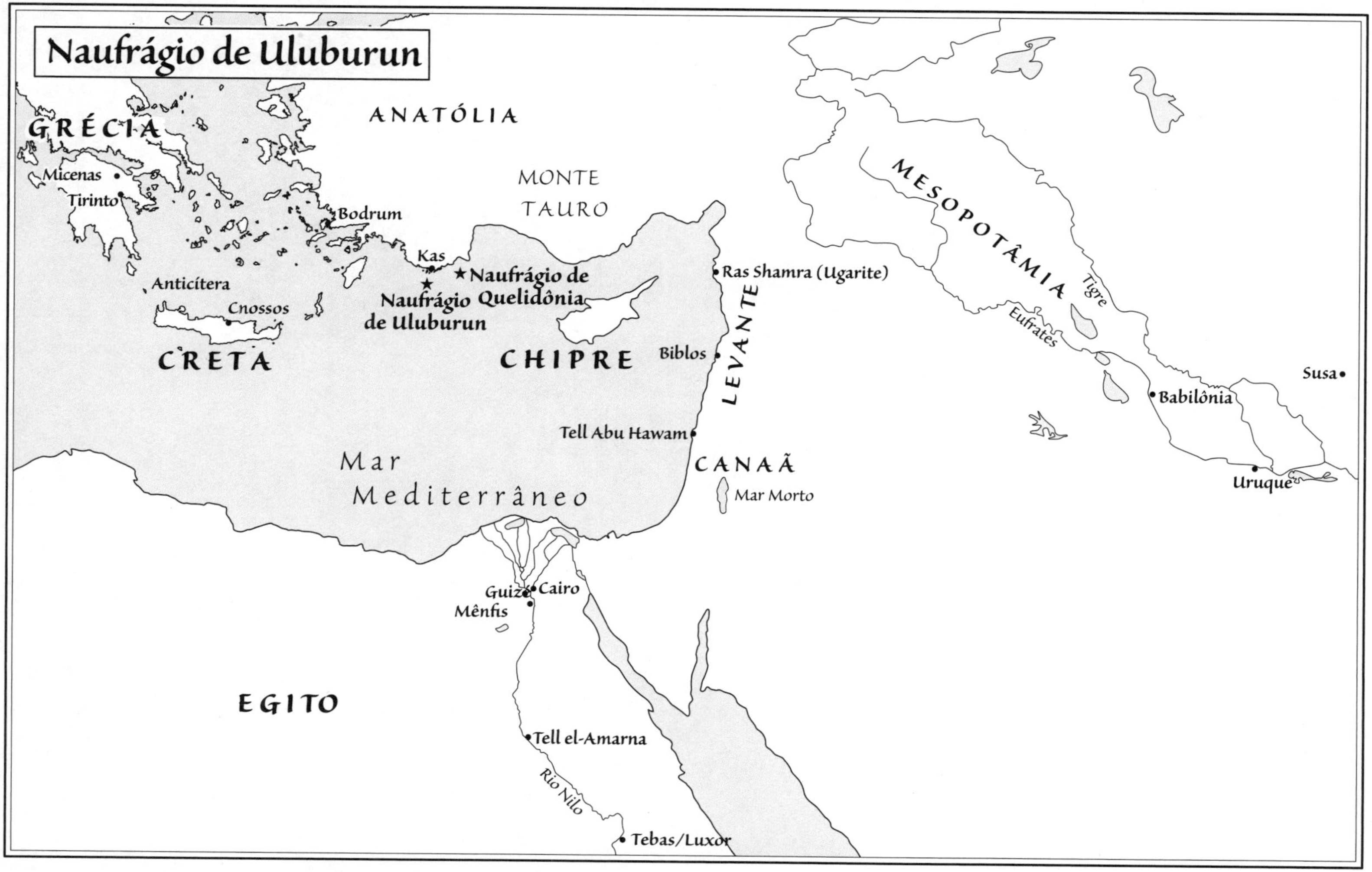
Naufrágio de Uluburun
GRÉCIA
Micenas
Tirinto
ANATÓLIA
MONTE
TAURO
Bodrum
Kas
Naufrágio de Quelidônia
Naufrágio de Uluburun
Anticítera
Cnossos
CRETA
CHIPRE
Biblos
Ras Shamra (Ugarite)
LEVANTE
Tell Abu Hawam
CANAÃ
Mar Morto
Mar Mediterrâneo
MESOPOTÂMIA
Tigre
Eufrates
Babilônia
Susa
Uruque
Guizé
Cairo
Mênfis
EGITO
Tell el-Amarna
Rio Nilo
Tebas/Luxor

6

Biscoitos de Metal com Orelhas[1]

"Um biscoito de metal com orelhas". Foi assim que Mehmed Çakir descreveu ao capitão o que viu em 1982. Mal sabia ele que seu achado levaria à recuperação do que, na época, era a mais antiga embarcação marítima já encontrada. Ao fazê-lo, os arqueólogos que lideraram a investigação seriam levados aos limites da resistência humana. Mas seus esforços mudariam para sempre nossa compreensão do mundo mediterrâneo quando o rei Tutancâmon governou o Egito e confirmaria a criação — e potencial — de todo um novo campo da investigação arqueológica: o subaquático.

O jovem Çakir era um coletor de esponjas de peito largo da cidade de Yaliciftlik. Ela está situada na Turquia, na costa oeste do mar Egeu, perto de Bodrum, e é famosa ainda hoje como o ponto de partida de cruzeiros de luxo em "*gulets**". Mehmed me contou que sempre sentiu uma forte relação com o mar durante a infância. Aos 18 anos, ele praticava mergulho livre em profundidades entre 6m e 15m, à procura de esponjas no fundo do mar. Desde tempos antigos as pessoas procuravam esponjas marinhas naturais devido à sutil combinação de maciez e abrasividade e a extraordinária duração, como o máximo em termos de material para higiene corporal. A demanda por esponjas explodiu no início do século XX como produto essencial para as crescentes classes médias, resultando na coleta em massa excessiva e, depois da Segunda Guerra Mundial, o que restou da frota turca

* Veleiro de dois mastros inventado na Turquia. [N. da T.]

usada nesta tarefa, baseada em portos ao redor de Bodrum, foi obrigada a ir cada vez mais longe para garantir os produtos. Assim, no verão de 1982, o capitão de Çakir levou a tripulação para a costa sul da Turquia, voltada para o Chipre, na esperança de uma boa coleta.

O jovem, então com vinte e poucos anos, me disse que só tinha sido contratado como coletor de esponjas no ano anterior ao impressionar o capitão de um barco com suas habilidades de mergulho. Ao mesmo tempo, havia diferentes meios de coletar esponjas. O primeiro método conhecido apenas como "arrasto", significava que o barco tinha uma rede com uma corrente de metal presa à borda inferior a fim de colher esponjas localizadas no fundo lodoso do mar. Era comum que essas redes recuperassem antigas ânforas (jarros de cerâmica) e, mais raramente, estátuas. Em 1953, uma estátua de bronze da deusa grega Deméter foi puxada do fundo do mar por uma dessas redes na costa de Bodrum, e em seguida largada na praia pelo capitão do navio. Felizmente, a levaram para o Museu de Arqueologia Izmir, onde pode ser vista hoje; essa estátua, entretanto, contou com a sorte.[2] Os capitães daqueles barcos não viam valor nesses objetos antigos. Na verdade, eram vistos como perigosos pela possibilidade de danificar as redes. Muitas vezes, as tripulações eram instruídas a quebrarem ânforas antigas antes de jogá-las de volta ao mar para não poderem ser apanhadas outra vez.

Essa modalidade, o arrasto, é realizada em águas profundas demais para mergulho. Mas em leitos marinhos mais rasos (e em locais rochosos onde as redes são inúteis), os mergulhadores são os únicos que conseguem coletar as esponjas. Quando Mehmet estava aprendendo o ofício, havia três formas de mergulho para coleta em operação. A mais antiga era a do mergulhador de esponjas "nu". Com um telescópio rudimentar para examinar o fundo do mar a partir do barco, a tarefa dele, ao localizar a esponja, era mergulhar sem o auxílio de nenhum aparelho de respiração (esta é a parte "nua") até o fundo, cortar a esponja, guardá-la em um saco e subir à superfície. Um peso farpado preso a uma corda era enviado ao fundo para marcar o local onde a esponja havia sido vista. O mergulhador, segurando uma pedra pesada a fim de acelerar a descida, mergulhava — normalmente sem máscara — usando a corda como guia.[3] Depois de chegar ligeiro ao fundo, ele trabalhava na esponja até sentir que o oxigênio em seus pulmões estava começando a acabar. A parte mais perigosa do trabalho era a subida. Fazê-la depressa demais pode causar a "doença de descompressão" — a formação de bolhas de gases no sangue — causando isquemias, paralisia e morte. Porém, subir muito devagar significa proporcionar pouco oxigênio, causando danos cerebrais — e, novamente, levando à morte.

Alternativamente, havia o método do capacete. O traje de mergulho com elmo, o escafandro, inventado em 1837, era confeccionado em lona com um grande elmo de metal e um peitoral. O escafandro era conectado ao barco na superfície por meio de uma mangueira longa no capacete, a qual uma máquina fornecia ar comprimido ao mergulhador, enchendo o traje até a altura da cintura. Isso era essencial, pois significava que os pulmões do mergulhador eram enchidos de ar com a mesma pressão do ambiente que o cercava (o ar em volta da parte superior do corpo no traje). Sem a mesma pressão dentro e fora do traje na região do tórax, os pulmões do mergulhador, a garganta e as cavidades nasais seriam esmagados.

A grande vantagem desse sistema é que o mergulhador podia passar muito mais tempo no fundo do mar trabalhando nas esponjas, já que recebia oxigênio pela mangueira. Mas as desvantagens também eram muitas. Havia o risco de o mergulhador flutuar para a superfície, em parte porque o segmento superior do traje estava sendo inflado. Para compensar, o mergulhador usava sapatos pesados de chumbo e pesos presos à cintura e à região lombar para mantê-lo submerso. Mas ele também precisava manter a parte superior do corpo ereta o tempo todo, caso contrário, o ar iria para os pés e ele viraria de cabeça para baixo. Era quase impossível manter esse delicado equilíbrio se houvesse correntes fortes, pois o perigo de ser empurrado para a frente (e, assim, ter o corpo virado devido ao desequilíbrio do ar) era muito grande. E o escafandro ainda causava um efeito colateral desagradável — graças aos pesados sapatos de chumbo, o mergulhador destruía quase tudo em que pisava.

Em 1943, uma ideia revolucionária entrou em cena: o aqualung foi inventado pelo explorador e cineasta Jacques-Yves Cousteau e o engenheiro Emille Cagnan. Levado às costas, o aqualung fornecia ar comprimido ao mergulhador e o livrava da mangueira que o prendia à superfície. No entanto, a invenção realmente importante não era o aqualung em si, mas o regulador, que ficava entre o cilindro e o bocal. O regulador alterava a pressão do ar fornecida aos pulmões do mergulhador para garantir que fosse igual à pressão da água à sua volta o tempo todo. Dessa forma, o mergulhador tinha maior mobilidade e, sem os sapatos pesados, não destruía tudo sob seus pés. O ponto negativo era o limite de ar que o traje carregava. Para contornar esse problema, as frotas de barcos para coleta de esponjas passaram a conectar o regulador diretamente a uma mangueira que ia até o barco, em vez de confiar somente no cilindro. O mergulhador podia, assim, mover-se com facilidade e delicadeza e ficar mais tempo debaixo da água.

Mehmed Çaki trabalhou com este último sistema: com o regulador ligado ao barco por meio de uma mangueira. Ele era tão bom na coleta de esponjas quanto um pato na água. Mehmed me contou que estar no fundo do mar era como entrar em um aquário alegre e colorido — mais impressionante e maravilhoso do que qualquer paisagem acima das ondas.

Mergulhadores de esponjas, assim como os capitães dos barcos de coleta, normalmente viam pouco valor em quaisquer artefatos antigos que encontravam em suas jornadas pelo fundo dos oceanos. As esponjas eram muito mais valiosas do que qualquer objeto antigo que pudessem recuperar (e, talvez, vender); assim, embora não quebrassem deliberadamente artefatos antigos que encontravam, em geral não investigavam ou tentavam escavá-los. Contudo, isso não significa que nunca comunicassem os achados. Em 1900, uma equipe de mergulhadores de esponjas mencionou "um monte de estátuas no mar" na costa de Anticítera, uma minúscula ilha grega entre Creta e a península Peloponeso. Na época, não havia clubes de mergulho amador ou profissional — e certamente, nem arqueólogos mergulhadores — disponíveis para investigar mais a fundo (o aqualung seria inventado apenas dali a 43 anos) e, assim, o Ministro da Educação, em Atenas, contratou mergulhadores de esponjas para recuperar as estátuas. Foi dessa maneira que ocorreu a primeira "escavação" debaixo d'água. Com certeza, não faltava coragem aos mergulhadores de esponjas — eles trabalhavam em profundidades superiores a 50m usando técnicas de mergulho com escafandro, de mergulho livre ou em apneia — mas houve consequências terríveis. Um homem morreu por doença de descompressão e dois outros ficaram paralisados da cintura para baixo na busca de relíquias antigas.[4]

Entre 1901 e 1959, os avanços nas técnicas de mergulho, e pela compreensão, após a recuperação bem-sucedida das estátuas em Anticítera, de quanto material da antiguidade poderia ser recuperado, havia um crescente interesse global do que poderia ser aprendido do mundo antigo com os vestígios considerados irrecuperáveis sob as ondas. Por sua vez, esse interesse acadêmico levou à necessidade de se desenvolver técnicas mais seguras não só para coletar artefatos antigos no fundo do mar, mas para conduzir escavações adequadas debaixo d'água. Em 1959, um jovem arqueólogo norte-americano chamado George Bass recebeu a incumbência de seu supervisor de aprender mergulho submarino — o objetivo era auxiliar o fotojornalista Peter Throckmorton a investigar os vestígios de um naufrágio encontrado por mergulhadores de esponjas no cabo Quelidônia, ao sul da costa da Turquia. Com apenas seis semanas de aulas de mergulho, Bass liderou a primeira escavação completa de um antigo naufrágio no fundo do oceano. Foi a primeira vez também que um arqueólogo experiente (embora ainda fosse aluno de doutorado) trabalhara realmente em achados antigos *in situ* debaixo d'água.

Feliz com o sucesso, no início dos anos 1970, o Dr. George Bass deixou (provisoriamente) o cargo na Penn University e vendeu todos seus bens para fundar o Instituto Norte-americano de Arqueologia Náutica, com base no Chipre. O objetivo do instituto era localizar antigos naufrágios e então conduzir escavações completas, como fizeram no cabo Quelidônia. Entretanto, o instituto e a equipe foram expulsos do Chipre depois de uma guerra em

1974, e se estabeleceram em novas instalações nos EUA, na A&M University, no Texas, onde adotaram o novo nome de Instituto de Arqueologia Náutica (INA).[5] O instituto compreendeu o imenso potencial dos mergulhadores de esponjas para identificar naufrágios antigos. Eles calcularam que se falassem com a tripulação de 20 barcos de coleta em um ano, acessariam 10 mil horas passadas debaixo d'água e todo o conhecimento que viria com elas. Precisavam, então, assegurar que os mergulhadores de esponjas pudessem reconhecer todos os sinais reveladores de um naufrágio antigo e sua carga, e saber a quem informar o que viram. Durante os anos 1970, o INA falou com quase todos os mergulhadores de esponjas ativos na Turquia, nos portos e seus barcos, além de visitar as casas durante a baixa temporada. Salvo as fotografias de ânforas, a equipe do INA ainda mostrou aos mergulhadores imagens do principal item de carga a bordo no naufrágio no cabo Quelidônia, escavado durante os anos 1960: lingotes de "couro de boi".**

Talvez você, tal como os mergulhadores de esponja naquela ocasião, esteja espantado com esse termo. Um lingote é um termo técnico para uma fina placa de metal pesando cerca de 25kg. Essa placa de metal sempre tem projeções ou "alças" em cada canto para facilitar seu transporte e os estudiosos chamaram esse formato de "couro de boi" pois era semelhante ao couro seco desse animal. O formato facilitava a tarefa de armazenar (horizontal e verticalmente) e, graças às alças, de transportar. Essa era a forma tradicional na qual o cobre bruto e outros metais eram transportados na Idade do Bronze (no Egeu, por volta do período 3000 a 1200 AEC), e a equipe do INA pediu aos mergulhadores de esponjas turcos que ficassem atentos a esses lingotes, que poderiam fornecer indícios para a descoberta de naufrágios antigos.

*

** Em inglês, "Oxhide": Placas de metal, geralmente de cobre, mas às vezes de estanho, produzidas e distribuídas durante a Idade do Bronze Recente do mar Mediterrâneo. [N. da T.]

Em 1982, Çakir, apenas um ano após começar a trabalhar como mergulhador de esponjas profissional, viajou com a tripulação e seu capitão pelos arredores de Bodrum até a costa sul da Turquia, para um lugar onde uma alga marinha, conhecida por '*puçera*', em turco, crescia em abundância e em volta da qual as esponjas costumavam se desenvolver. Mehmed deu um mergulho bem-sucedido. Segundo me contou, ele já tinha uma rede cheia de esponjas quando, a cerca de 40m de profundidade, notou um item de metal no fundo. Ele disse que tentou pegar, mas não conseguiu movê-lo. Nadou à superfície o mais rápido que podia, sem arriscar a ter a doença da descompressão, e descreveu ao capitão o que tinha visto: um "biscoito de metal com orelhas" — o nome que deu ao lingote de couro. Ele estava localizado a 100km de distância do naufrágio do cabo Quelidônia. O capitão imediatamente pulou na água para ver por si. Poderia ser de outro navio que havia se chocado contra as rochas há um milênio?

Mehmed e o capitão ancoraram no porto de Kas, uma sonolenta aldeia de pescadores ao sul da costa da Turquia depois de um difícil dia de trabalho no mar. Eles discutiam a quem deviam contar a descoberta, o lingote de couro, quando viram um conhecido no café do porto.

O Dr. Bahadir Berkaya, um arqueólogo que trabalhava para o Museu de Arqueologia Aquática, em Bodrum, conhecera muitos mergulhadores de esponjas ao longo dos anos.[6] O Museu de Arqueologia Aquática fora criado como parte do surgimento da arqueologia aquática nos anos 1960 — depois do projeto do cabo Quelidônia, a equipe do INA trabalhara com funcionários turcos para garantir o primeiro financiamento do governo da Turquia para um museu. O edifício onde foi instalado era uma prova tangível da história extraordinariamente rica da região. O que hoje é um museu fora um castelo, construído pelos Cavaleiros de São João no início do século XV em um promontório que se acredita também ter sido o palácio do rei Mausolo, que governou no século IV AEC — um dos antigos reis mais famosos de Bodrum (então conhecida como Halicarnasso). Embora o palácio de Mausolo não tenha sobrevivido, os Cavaleiros de São João usaram o material de outro prédio (sua tumba), construído pelo rei nas proximidades, para o castelo. O túmulo, com 45m de altura, era tão grande e luxuoso que não apenas foi reconhecido como a Sétima Maravilha do Mundo Antigo, mas teve o nome do rei adotado para esse tipo de construção: mausoléu.

Nesse dia de verão de 1982, Bahadir Berkaya me contou que fora enviado pelo diretor do museu para investigar um sítio arqueológico em potencial ao longo da costa sul da Turquia, e que agora seguia de volta a Bodrum, parando em Kas para pernoitar. Foi totalmente por acaso que estava no porto naquela tarde, quando Mehmed pisou em terra. Ao ouvir o que o rapaz tinha a dizer, Berkaya sugeriu que comunicasse a descoberta ao diretor do museu, o Dr. Oğuz Alpözen. Dentro de uma semana, uma equipe foi enviada para o local a fim de confirmar o que Mehmed vira. Berkaya fez parte da equipe, assim como Mehmed, que estava lá para guiá-los para o local exato. Dr. Bahadir se lembra de como o primeiro mergulhador voltou à tona depois de pouco tempo debaixo d'água. Quando viu o homem voltar tão depressa, imaginou que ele não conseguira chegar ao fundo devido a um problema técnico ou que não vira nada. Ele ficou desapontado. Então ouviu os gritos de entusiasmo do mergulhador: "Nós o achamos!"

Com mais dois mergulhos, a equipe compreendeu que não encontrara só um ou dois artefatos, mas todo um navio. No terceiro mergulho, levaram um dos muitos lingotes de cobre que identificaram para a superfície. A presença de um lingote de cobre 'couro de boi' provava que era um navio da Idade do Bronze, e que talvez disputasse com o navio descoberto no cabo Quelidônia a posição de mais antigo já encontrado. O grupo ficou tão eufórico naquela noite enquanto comemoravam na cidade portuária de Kas, que, segundo Berkaya, um deles esqueceu completamente que a mulher ia entrar em trabalho de parto no hospital de Ancara. Um rápido telefonema para o hospital não só confirmou que isso de fato ocorrera, mas que ele era agora o orgulhoso pai de um garotinho. Na mesma hora, ele anunciou o nome do menino: "Tunç", que significa "bronze" em turco, em honra do achado que tinham acabado de confirmar. Hoje, Tunç tem quase a minha idade, e ainda mora em Bodrum, onde dirige uma escola de mergulho.[7]

Após alguns dias do primeiro mergulho e do nascimento de Tunç, George Bass soube do descobrimento por seu colega, o Dr. Cemal Pulak, que fora chamado pelo diretor do Museu Aquático de Bodrum.[8] "Acho que temos outro naufrágio da Idade do Bronze", ele disse a Bass. Contudo, o momento não era oportuno; a temporada de mergulhos caminhava para o fim, e com o clima de outono se aproximando, os dois foram obrigados a esperar até o ano seguinte para realizar a própria pesquisa.[9] Em 1983, Pulak liderou uma inspeção de dez dias do sítio. Ele lembra a água ficar mais fria e escura à medida que descia a cerca de 45m de profundidade para chegar ao fundo — o equivalente a uns dez ônibus de dois andares empilhados um sobre o outro.[10]

Um dos efeitos mais estranhos do mergulho — que vivenciei quando aprendi a mergulhar — é como a água afeta a percepção de cores. Ela absorve progressivamente os diferentes espectros conforme a profundidade aumenta. O vermelho é a primeira a desaparecer, seguida pelo laranja e, depois, pelo amarelo. Só sobra o azul-esverdeado — até seu sangue, se tiver a infelicidade de se cortar. A uma profundidade de 45m, Cemal Pulak estava nesse mundo azul-esverdeado quando viu os destroços pela primeira vez. Na escuridão, fileiras e mais fileiras de lingotes de cobre 'couro de boi' ficaram visíveis. Ele contou 84. Com os lingotes, Pulak viu grandes *pithoi* (jarros de armazenamento) e, depois de afastar a areia com as mãos, descobriu a âncora de pedra do navio a uma profundidade de 51m. O navio tinha parado em uma parte íngreme do fundo do mar com a proa virada para baixo. Ele conseguiu levar à superfície uma coleção de pequenos achados do naufrágio: uma ânfora, um pequeno frasco, um suporte de parede, amostras que depois mostraram ser de estanho e até um galho velho, levado no porão do navio, que se descobriu ser de uma árvore de pistache. As descobertas que Pulak levou revelaram uma primeira data para o navio: entre 1400 e 1300 AEC. Isso o fazia ter entre 3300 e 3400 anos, vencendo o naufrágio do cabo Quelidônia em ao menos um século, talvez dois. Esta foi, na época, a mais antiga embarcação marítima já encontrada.[11]

Logo, a embarcação recebeu o nome do cabo nas proximidades, provavelmente aquele que não conseguira contornar e contra o qual se chocou: cabo Uluburun.[12] A escavação aquática em larga escala do naufrágio de Uluburun começou em 1983 e continuou a cada temporada pelos próximos dez anos. A tarefa era incomensurável. O naufrágio do cabo Quelidônia, que George Bass escavara nos anos 1960, foi considerado até o momento, apesar de tudo, uma realização incrível. A pequena equipe armara a barraca em uma faixa estreita de areia, cercada por penhascos não escaláveis, a 32km da cidade mais próxima. Eles dormiam em um colchão estendido na areia, temendo que rochas soltas os atingissem. Moscas os perseguiam a todo momento e o calor era intenso. Os alimentos chegavam por barco uma vez por semana e não havia como mantê-los refrigerados. E isso tudo antes mesmo de alguém ter entrado na água. Geradores portáteis no barco comprimiam e bombeavam ar por mangueiras para os mergulhadores, com os preciosos reguladores garantindo que a pressão fosse igual à que havia ao redor. Alguém sempre ficava atento a que as entradas de ar dos geradores ou motor do barco nunca ficassem virados a favor do vento, por receio de as descargas de monóxido de carbono entrarem no fluxo de ar enviado aos mergulhadores e os intoxicassem. A câmara de descompressão portátil de emergência da equipe — para ser usada no caso de um mergulhador sofrer da doença de descompressão — ainda estava presa na alfândega em Istambul. Por esse motivo, a duração dos mergulhos era menor e os trabalhadores atuavam em pares para cuidar um do outro, observados por um controlador de tempo na superfície.[13]

A 28m de profundidade, a equipe de mergulho do cabo Quelidônia também precisou lidar com algumas dificuldades inerentes a estar debaixo d'água. Quando aprendi a mergulhar, imaginei que seria possível sentir o peso de toda a água pressionando-o para baixo, causando um tipo de claustrofobia. Em meu primeiro mergulho real, fiquei aliviado ao descobrir que isso não acontecia. Ao contrário, uma imensa sensação de liberdade na água tomou conta de mim. Mas fui confrontado por uma série de efeitos que não esperava: o azul-esverdeado do mundo aquático, por exemplo, e como as propriedades de refração são desorientadoras. Ou como o vidro da máscara de mergulho e o ar que fica entre ele e os olhos se combinam e distorcem a sensação de distância e tamanho, sem mencionar que a máscara proporciona uma visão em túnel. A falta de horizonte — você é cercado pelo mar azul-esverdeado — faz com que perca o senso de direção. Correntes submarinas podem empurrá-lo de um lado a outro. Tudo isso se soma à sensação inquietante de estar em um ambiente desconhecido. Em um mergulho recreativo, admirando os destroços de um navio ou peixes coloridos apenas por um curto período, essas sensações são mínimas e ignoradas com facilidade graças à empolgação da experiência. Todavia, quando os mergulhadores ficam debaixo d'água por longos períodos, repetidamente, a fim de realizar uma série de tarefas, ainda mais no fundo do mar, estudos psicológicos mostraram que a sensação de estar em um ambiente estranho inibe a confiança nas próprias habilidades e pode causar uma redução de desempenho.[14] Com tempo e prática, é claro, os mergulhadores conseguem superar essas dificuldades, mas os mais experientes falam do contínuo respeito pelos perigos do mundo em que nadam. Um mergulhador descuidado é um mergulhador morto.

Mas, ao menos no Egeu, dois fatores auxiliaram a equipe. Primeiro, a grande transparência da água do mar em virtude da ausência de plânctons. Segundo, não era preciso se preocupar com tubarões.

Quando George Bass iniciou a escavação oficial do naufrágio de Uluburun, em 1984, ele sabia que as dificuldades enfrentadas pela equipe do cabo Quelidônia, nos anos 1960, eram poucas em comparação ao que os esperava agora. A diferença crucial era a profundidade. O naufrágio do Quelidônia estava a uma profundidade de 28m. O de Uluburun, de 44m a 55m — quase o dobro. Nessa profundidade, surge uma série de novos problemas. Não apenas a necessidade de períodos mais longos de subida e paradas mais frequentes para descompressão como mais tempo entre os mergulhos para afastar o risco da doença de descompressão; essencialmente, também é o impacto do ar que os mergulhadores respiram. O ar é composto por 80%

de nitrogênio e 20% de oxigênio. Nessas profundidades, o oxigênio pode se tornar tóxico e o nitrogênio, narcótico. Ou seja, em grandes profundidades, o próprio ar que respiramos nos intoxica. Segundo George Bass, a cada 15m de profundidade, o efeito do nitrogênio é equivalente a tomar um martíni. Os mergulhadores em Uluburun começavam o trabalho em um mundo estranho verde-azulado no fundo do mar, com o efeito de três martínis e meio na cabeça.[15]

O trabalho que os aguardava era enorme. A equipe já tinha compreendido que o navio, em Uluburun, tinha a proa virada para baixo, estendido em uma seção íngreme e irregular do leito do oceano. No cabo Quelidônia, por motivos desconhecidos, os vestígios do navio estavam quase todos encarcerados pelo que os escavadores chamaram de "dura concreção marinha". Mergulhadores com antiquados escafandros usaram machados debaixo d'água para quebrar o concreto em segmentos. Essas partes foram então levadas à superfície, montadas segundo os mapas que as equipes criaram do sítio submerso e, então, separadas com cuidado na praia. Porém, em Uluburun, à parte alguns lugares, essa concreção não se formara, de modo que a equipe teve de mapear, desenhar, fotografar e, então, escavar os destroços, item por item *in situ*. Os mergulhadores precisaram realizar um trabalho metódico, cuidadoso e intenso enquanto semi-intoxicados. Mas George Bass sabia que o resultado desse trabalho seria a oportunidade de fazer mais do que apenas revelar um novo trecho do passado. Era a chance de provar, de uma vez por todas, que arqueólogos podiam assumir sérias escavações em águas profundas, sem necessidade de recorrer a mergulhadores profissionais sem conhecimento arqueológico. Até hoje, a escavação de Uluburun continua a ser o projeto de mergulho e escavação de maior profundidade já realizado com equipamento de mergulho convencional.[16]

Ao longo de dez anos de escavação dos destroços de Uluburun, ocorreram 22.413 mergulhos em profundidades entre 42m e 61m, com os mergulhadores passando mais de 6.600 horas no mar, trabalhando em uma área de apenas 250m^2.[17] A prioridade na temporada inicial de escavação foi colocar uma cabine telefônica subaquática junto aos destroços para comunicação com o comando do navio durante os mergulhos. Eles também instalaram um "elevador a ar", um tipo de elevador movido a ar comprimido para levar achados pesados à superfície. O próximo passo crucial foi criar um sistema para registrar o local dos itens no fundo do mar. Em uma escavação normal em terra, seria colocada uma grade com estacas e fios, algo que hoje é feito captando coordenadas de GPS de cada achado em computadores. Mas como fazer isso em uma profundidade superior a 40m na água?

As escolhas da equipe se complicaram ainda mais pelo fato de o navio ter afundado em um declive íngreme e irregular, o que deixou os destroços em um ângulo de 30° e inclinado a 15° a estibordo.[18] Como o navio se desintegrara ao longo dos milênios, seu conteúdo havia deslizado mais adiante no declive. As técnicas mais modernas da época — o uso de uma barra de medição e a fotogrametria — se mostraram insuficientes e a equipe necessitou recorrer à antiquada triangulação com trenas das áreas principais do sítio.[19] Uma série de quadrados de metal de 1,5m por 1,5m foram aparafusados a fim de formar uma rede que cobria todos os destroços, fixados nas bordas ao fundo do mar. Essa grade de metal ajudou a orientar os mergulhadores — importante não apenas devido às condições de baixa iluminação em 44m a 51m de profundidade, mas também pela semi-intoxicação experimentada por eles. O sistema de barras de metal foi essencial para garantir que os mergulhadores não se perdessem e pudessem firmar-se quando necessário.

Na primeira temporada, em 1984, a equipe mergulhou duas vezes ao dia.[20] Cada mergulho era cronometrado — em termos de duração e do descanso exigido entre eles — e a profundidade era monitorada para assegurar que a equipe não fosse exposta a danos de longo prazo. O trabalho era exaustivo. Os mergulhadores tinham de descobrir os achados com cautela, registrar sua posição, desenhá-los com versões de papel e caneta especiais à prova d'água, avaliar suas condições, removê-los delicadamente e protegê-los para o transporte à superfície. Eles precisaram usar longos tubos para aspirar grandes quantidades de areia das partes dos destroços para chegar aos vestígios. E, em certas áreas, também tinha se desenvolvido a sólida concreção marinha que cobrira toda a área no Cabo Quelidônia. Descrita nos relatórios iniciais da escavação como "dura como pedra", ela se formou ao redor de vários objetos que os mergulhadores tentaram retirar com cuidadosas batidas de cinzel.

Nas escavações, tudo ocorre ao contrário de como fazemos as coisas na vida: escavadores encontram primeiro as últimas coisas colocadas no lugar à medida que cavam as camadas. E, nesse caso, os primeiros níveis de armazenamento do navio foram complicados pelo modo como a areia, a água e uma ocasional criatura marinha curiosa haviam empurrado e puxado os objetos ao longo de três milênios no forte declive debaixo d'água. Mesmo assim, os mergulhadores lentamente expuseram um nível de objetos após o outro, atingindo assim o casco do navio de cedro libanês, ainda preservado sob o peso de sua carga.

Quando não estava mergulhando, a equipe se dividia. Metade vivia na embarcação de pesquisa fornecida pelo instituto, que também era o centro de comando dos mergulhadores. Mas o barco não era grande o bastante para a outra metade da equipe, que acampou do lado de fora no primeiro verão e, nos anos posteriores, no rochoso e inóspito promontório próximo, voltado para o sudoeste, contra o qual o navio quase certamente se chocara há quase 3.400 anos. Na borda do penhasco também havia um espaço para o estudo inicial e preservação dos achados trazidos do fundo do mar.[21] Fotografias do acampamento no penhasco revelam que a equipe vivia em uma espécie de amontoado de barracos. Vigas rústicas de madeira, presas em espaços entre as pedras a fim de segurar lençóis rasgados, protegiam as descobertas do sol e do borrifo das ondas que batiam nas rochas abaixo.

Ao final de cada temporada, a equipe tinha de realizar o que deve ter sido uma tarefa penosa. Quando as condições do tempo ficaram difíceis demais para mergulhos e moradia, a equipe, sem dúvida com suspiros de agonia depois de todo o trabalho exaustivo, precisaram cobrir os destroços novamente com toneladas de areia para garantir que não ocorressem pilhagens nos meses anteriores à próxima escavação — toneladas de areia que seriam cuidadosamente removidas no início da temporada seguinte. Assim, no final de cada estação, Uluburun voltava a desaparecer no fundo do mar, como se nunca tivesse sido encontrado.

*

Ao longo de dez anos de escavações persistentes, emergiu um quadro espantoso dessa embarcação e do movimentado corredor do comércio mediterrâneo e da conectividade cultural da qual fazia parte.

O navio naufragado no cabo Quelidônia — datado de 1.200 AEC — tinha apenas entre 9m e 10m de comprimento e levava uma combinação de 34 lingotes de cobre 'couro de boi', lingotes de estanho e ferramentas de bronze quebradas. Em uma extremidade, a área de uma cabine continha os bens pessoais da tripulação, incluindo um par de antigos ossos de cabra, cujo uso talvez fosse para ler a sorte (como as runas) ou simplesmente jogar dados, e mais o selo oficial do mercador do Oriente Próximo (em termos gerais o Oriente Médio atual), que provavelmente comandava o navio. Parece que o negócio desse mercador era comprar refugos de cobre, estanho e bronze para serem vendidos e fundidos novamente para a criação de novas peças de bronze.[22]

Os destroços do Uluburun parecem ter pertencido a uma classe totalmente diferente — tanto no tamanho quanto no conteúdo e no prestígio. Ele media entre 15m e 16 m de comprimento e deve ter levado cerca de 20 toneladas de carga, somando por volta de 12 mil *shekels* de prata de Ugarite, uma das principais moedas para negociação do leste do Mediterrâneo no período. Comparado ao salário médio de um trabalhador da época, o navio de Uluburun levava uma carga que valia o equivalente ao salário de mil anos. Ou, em outras palavras, considerando que a antiga cidade de Ugarite, hoje em ruínas no norte da Síria, tinha uma população na época da existência do navio de cerca de 8 mil pessoas, a carga seria suficiente para alimentar toda a cidade durante um ano.[23]

O elemento mais pesado dessa carga eram aqueles "biscoitos de metal com orelhas" vistos pela primeira vez pelo mergulhador de esponjas Mehmed Çakir. Havia 354 lingotes de cobre 'couro de boi' a bordo do navio de Uluburun (além de 121 lingotes "em forma de pão"), pesando cerca de 10 toneladas. Para se ter uma ideia do quanto isso é grande e extraordinário, o total de lingotes de cobre 'couro de boi' em museus no Chipre, Grécia, Sardenha, Itália, Grã-Bretanha e EUA (e em coleções particulares) é ainda menor que os recuperados dos destroços de Uluburun.[24] Os lingotes, arranjados em quatro camadas, espalhavam-se ao longo do porão do navio em um padrão de espinha de peixe para proporcionar o máximo de estabilidade e reduzir seu movimento no mar. Sob os lingotes havia uma grossa camada de mato e galhos, que protegiam o casco de madeira do atrito do metal. Quando analisado, descobriu-se que o cobre dos lingotes tinha provavelmente vindo do Chipre.[25] Todos os lingotes exibiam marcas gravadas, incluindo algumas imagens artísticas de peixes, um tridente e até um barco.[26] Acreditamos que elas eram as marcas de identificação preferidas de diferentes mercadores, riscados no cobre quando os recebiam, semelhante às atuais assinaturas de grafites.

Além do cobre, também havia 120 lingotes de estanho puro pesando pouco mais de uma tonelada — o outro ingrediente indispensável para a fabricação do bronze. O cobre e o estanho a bordo seriam suficientes para produzir 11 toneladas de bronze. Esse era o produto essencial e de prestígio daquela era: o motivo pelo qual o navio, que naufragou a cerca de 1400 a 1300 AEC, inseriu-se no que os historiadores chamaram de a "Idade do Bronze". A Idade do Bronze começou no Mediterrâneo Oriental por volta de 3300 AEC, quando os habitantes da "Idade da Pedra" anterior aprenderam a construir fornos capazes de atingir temperaturas superiores a 1.000°C, o ponto de fusão do cobre. Daí em diante, as comunidades nas áreas do Oriente Próximo e Levante (o moderno Oriente Médio) aprenderam a combinar cobre e estanho para fabricar o bronze — um material mais duro e durável que qualquer outro então disponível. Com essa vantagem, essas comunidades puderam fabricar armas melhores e criar outras invenções tecnológicas, tornando-as mais bem-sucedidas e significativas. Nesse período, ocorreram ainda avanços na agricultura, na escrita, na arte e no comércio, originando as primeiras civilizações e impérios conhecidos que se espalharam para além do Mediterrâneo Oriental, levando consigo o conhecimento desse progresso tecnológico e cultural. Na época do navio de Uluburun, a Idade do Bronze no Mediterrâneo Oriental já tinha quase 2 mil anos. Grandes civilizações e impérios, muitos dos quais com suas já longas e ilustres histórias, competiam entre si no Mediterrâneo Oriental e na área do atual Oriente Médio: as dinastias do Egito na costa africana do Mediterrâneo; os grandes impérios sumério, babilônico e assírio que cobriam partes do atual Iraque e Turquia; o império hitita abrangendo porções da atual Turquia e Síria, e reinos micênicos da Grécia. Embora muitas vezes em guerra uns contra os outros, eles também comercializavam intensamente — e é aqui que o navio de Uluburun se encaixa na história.

É incrível pensar que o navio de Uluburun e as civilizações e impérios a que servia existiram há tanto tempo. Como referência, sempre acho útil lembrar que o navio de Uluburun navegava em um período de mais de mil anos antes da época do Império Romano. E o conteúdo do navio é uma prova do comércio e das redes incrivelmente diversas e ricas que ligavam essas civilizações nessa ocasião. Por exemplo, a análise do estanho a bordo do navio de Uluburun mostra que ele veio originalmente das minas dos montes Tauro, na Turquia, e também do Afeganistão.[27] Ele viajou uma grande distância por terra antes de começar sua jornada por mar. Na verdade, os lingotes de estanho do navio eram geralmente cortados ao meio e em quartos, possivelmente para facilitar o transporte no lombo de animais de carga nas montanhas e nos campos.[28]

A bordo do navio, o cobre e o estanho eram equilibrados entre outra carga formada de pedras para servir de lastro. Contudo, apesar de o cobre ter mantido a forma e a consistência sob a pressão de tanta água salgada durante os últimos 3 mil anos, o estanho não se saiu tão bem. Cemal Pulak fala da consistência de pasta de dente do estanho que levavam os escavadores aquáticos a extraí-lo com colheres de chá a uma profundidade de 45m...

Pousadas sobre os pesados (e agora pastosos) lingotes, estavam 149 jarros cananeus, reconhecíveis por suas pequenas alças circulares que se projetam como pequenas orelhas em cada lado da grande superfície oval. Os jarros têm esse nome pois esse formato era popular na parte norte do atual Israel/ norte da Síria [antes Cananeia]. A carga do navio levava três tamanhos, o maior deles com capacidade de 26,7 litros. A maioria dos jarros continha uma substância amarelada que foi quimicamente identificada como resina de terebinto, uma goma feita da árvore de terebinto. Essa resina era usada na conservação do vinho, pois ajudava a destruir bactérias que o transformam em vinagre, e para colorir óleos perfumados. O navio levava uma tonelada métrica da resina — o maior depósito antigo do material já encontrado.[30] Análises do pólen extraído da resina indicaram que havia sido coletada de árvores nas regiões ao norte do Mar Morto, em Israel.[31]

Ao lado dos jarros cananeus, havia nove grandes jarros cipriotas de armazenamento conhecidos como *pythoi*. Estes são muito mais bulbosos, assemelhando-se a uma pessoa com um ventre avantajado, e suas alças são colocadas mais ao alto, perto da boca, muito mais larga que a dos cananeus. Essa boca larga os torna ideais para o transporte não de líquidos e resinas, mas de itens sólidos. Em seu interior estavam armazenados potes, jarros, suportes de parede e lamparinas a óleo cipriotas, além de alimentos em conserva em pequenos potes, como azeite de oliva. Havia também 175 discos de vidro (conhecidos como "lingotes" de vidro), pesando um total de 350kg, em quatro cores diferentes — azul-escuro, turquesa, roxo e amarelo — que seriam vendidos e se transformariam em contas ou incrustados em joias, além de 70 mil contas pré-cortadas feitas de vidro ou faiança. Essa continua sendo a maior e mais antiga coleção de lingotes de vidro já escavada.[32]

Tratava-se somente do início da lista. A bordo do navio, havia também 24 troncos de ébano, uma coleção de vasos de casca de ovos de avestruz, anéis de conchas, caixas esculpidas em madeira e marfim, bem como selos cilíndricos da Mesopotâmia cobertos por desenhos que poderiam ser aplicados em argila úmida a fim de produzir um tipo de assinatura administrativa do proprietário do objeto. Além disso, os mergulhadores encontraram a presa de um elefante e 14 dentes de hipopótamo (8 incisivos e 6 caninos). Ainda que as presas de elefante fossem a forma preferida de marfim para ser comercializada nesse período, pois rendia maior quantidade e material sólido para esculturas, os dentes de hipopótamo eram mais facilmente obtidos e — para os não especialistas — pareciam idênticos aos do elefante (embora eu não inveje a tarefa de quem deveria conseguir os dentes de hipopótamo).[33] Um dente incisivo de hipopótamo achado a bordo já tinha sido esculpido na forma de uma trombeta!

As joias encontradas eram feitas de ouro, prata, bronze, estanho, vidro e faiança, e a carga recuperada também incluía estatuetas, vasos e armas fabricadas com os mesmos materiais. Junto às joias, havia uma peça de ouro que causou agitação quando vista: um escaravelho do Egito com a marca da Rainha Nefertiti inscrita nele. Nefertiti era esposa do Faraó Akhenaton (Amenhotep IV), que governou na segunda metade do século XIV AEC. Akhenaton abandonara o padrão tradicional politeísta e passando a reverenciar apenas um deus, Aton, o disco do sol, por quem, segundo ele, em seu Grande Hino a Aton, toda a vida foi criada. Essa nova orientação religiosa não foi amplamente aceita, sendo derrubada após o seu assassinato. Na verdade, alguns dizem que, com a morte do marido, Nefertiti governou sozinha por um curto período antes de passar o poder para o filho, o faraó mais famoso de todos: Tutancâmon, que fez de tudo para apagar a memória de seu antecessor dos registros oficiais. O fato de o escaravelho com a marca de Nefertiti ser encontrado a bordo do navio de Uluburun significa que a embarcação partiu depois (mas não muito) da morte dela, o que, aliado às análises da madeira e cerâmica, ajudou a datar a idade do navio com mais precisão no final do século XIV AEC.[34]

O navio revela que outros objetos também eram comercializados entre as florescentes civilizações da Idade do Bronze que ocupavam o Mediterrâneo Oriental há 3.300 anos. A bordo foi encontrada uma carga de bens perecíveis, bolotas, pinhões, frutas-do-conde, pistaches silvestres, azeitonas, amêndoas, uvas e figos, sem mencionar uma seleção de ervas e especiarias incluindo coentro, cominho preto, sementes de sumagre e cevada torrada, além de várias sementes comestíveis [lentilhas, grão-de-bico]. Uma ânfora de Canaã continha mais de 2.500 caroços de azeitonas grandes.[35] Mas talvez o item perecível mais comum identificado a bordo tenha sido a romã. Vestígios da fruta foram encontrados em 1/4 de todas as áreas onde os escavadores procuraram amostras de alimentos. A romã era um produto exótico vindo do leste da Mesopotâmia que, na época do naufrágio de Uluburun, ainda era relativamente raro na costa do Mediterrâneo, tornando-a uma carga luxuosa, cara e procurada. No entanto, as romãs não eram consumidas só como um alimento raro. Seu óleo facilitava a emulsificação e criava um perfume de aroma intenso, muito popular entre as elites da época para ser usado como unguento ou queimado como aromatizador. Muito mais importante, porém, na Idade do Bronze, a romã estava claramente associada à fertilidade e à morte. Elas são comumente representadas na iconografia funerária ou recriadas em vidro, ou metais preciosos para serem colocadas em túmulos como um item necessário pelo falecido em sua jornada para o Reino da Morte (por exemplo, um vaso de prata em forma de romã foi encontrado na tumba funerária do rei Tutancâmon na mesma época em que o navio de Uluburun navegava). Portanto, as romãs de Uluburun podem ter sido destinadas a satisfazer as necessidades da elite (viva) e dos recém-falecidos.[36]

Ainda foram desenterrados indícios de equipamentos da tripulação: utensílios para cozinhar e beber, lamparinas, apetrechos de pesca, ferramentas para manutenção do navio, além de instrumentos musicais para se entreter durante as longas horas no mar. Mergulhadores encontraram sete conjuntos de balanças e pesos (alguns na forma de animais como leoas, touros, patos, sapos, a Esfinge e até uma mosca) com os quais realizar negócios em diferentes portos em que atracavam. O desenho dos pesos e dos instrumentos sugere que as pessoas que os usavam eram da Fenícia/Cananeia — áreas hoje cobertas pelo Líbano, Israel e Síria. Pudemos até identificar um conjunto de pesos e medidas especialmente decorado, provavelmente pertencente ao capitão (assim como uma cara espada canaanita de bronze com punho de marfim).[37]

Algumas das análises mais recentes sugerem como destino do navio, antes de naufragar, um dos portos do reino Ugarite, Minet el-Beida ou Ras Shamra, hoje encontrados ao norte do porto sírio de Latakia. Esse último ponto de parada foi indicado não só pelos produtos que o navio levava a bordo, mas, surpreendentemente, por um passageiro clandestino involuntário. Escondido entre os lingotes de cobre a 45m de profundidade foi encontrado parte do maxilar de um rato — com um molar ainda fixo no lugar. Associou-se o formato do molar diretamente ao da população de ratos das casas na Síria.[38] Mal sabia seu ancestral que tinha feito uma péssima escolha ao embarcar nesse navio...

O infeliz rato não foi o único animal clandestino a bordo do navio de Uluburun. Os escavadores aquáticos também encontraram, registraram e levaram à superfície 36 conchas de gastrópodes terrestres: em outras palavras, caramujos. Especialistas mundiais nesse tipo de molusco examinaram os achados e relataram no *Journal of Molluscan Studies* (este é o melhor título para um periódico que já vi) que 4 conchas pertenciam a caramujos marinhos locais que acabaram explorando os destroços, mas 32 eram de caramujos terrestres que entraram no navio em diferentes momentos durante a fatídica viagem ao redor da costa do Mediterrâneo Oriental. Parece que alguns ficaram presos na resina de terebinto quando escorreu das árvores e acabaram aprisionados nos jarros canaanitas. De fato, por identificarem as origens de alguns caramujos encontrados na resina (e os resíduos de pólen) os cientistas determinaram de onde a resina viera (a cerca de 50km da costa do Mediterrâneo, perto do Mar Morto, onde hoje fica Israel). Os outros moluscos foram encontrados em arbustos espinhosos, ramos e galhos que foram colocados debaixo dos lingotes a fim de proteger o casco do navio. Cruelmente arrancados de seus esconderijos, esses pobres caramujos — que, ao contrário de seus irmãos na resina, provavelmente estavam bem vivos quando do impacto com as rochas — foram transportados contra a vontade nessa viagem fatal só para acabar no fundo do oceano. Mas, em compensação, ficaram famosos: eles são a primeira evidência direta de caramujos terrestres transportados pelo mar (apesar de inadvertidamente) na antiguidade.[39]

Acredita-se que o barco foi feito e, provavelmente, iniciou a primeira viagem na cidade portuária de Tell Abu Hawam (atual Haifa, em Israel), mas as mercadorias a bordo vieram de entre nove a dez diferentes civilizações antigas ao longo de uma imensa área geográfica.[40] Essa carga diversa e valiosa, de brilhantes contas de vidro a comestíveis preciosos e toneladas de bronze e ferro, deixa claro que o navio representa um retrato das vibrantes ligações comerciais internacionais que se associaram às ricas, diversas e sofisticadas civilizações da Idade do Bronze que viviam ao redor do Mediterrâneo Oriental. De fato, o navio é prova de um dos períodos de comércio mais ativos na Idade do Bronze Mediterrânea. Esse período, no final do século XIV AEC — por volta da mesma época em que os grandes muros ciclópicos foram construídos no palácio de Micenas na Grécia e o rei Tutancâmon governava o Egito, sua famosa máscara mortuária de ouro e joias depois produzida para seu corpo mumificado — é conhecido como a “Idade do Bronze Tardia”. Nessa ocasião, os governos dominantes do Egito, Mesopotâmia, Levante, Anatólia, Chipre e Egeu interagiam intensamente entre si nos níveis diplomático, militar e político, e também no comércio.[41] Podemos mesmo associar o navio de Uluburun a imagens e registros de comércio internacional do período. No governo do faraó egípcio Amenhotep III, cerca de meados do século XIV AEC, um homem chamado Ken-Amum foi o “superintendente dos celeiros”, ou seja, o homem responsável pela despensa real e por manter o nível dos estoques. Na tumba de Ken-Amun, em Tebas, há a imagem gravada de uma frota mercante síria chegando a um porto egípcio, mostrando jarros canaanitas sendo descarregados e vasos *pithoi* no convés, como os encontrados no navio de Uluburun.

Mas a carga do navio de Uluburun não se destinava simplesmente ao comércio — havia algo mais importante ocorrendo ali. Na segunda metade do século XIV AEC, o sucessor de Amenhotep III, Akhenaton, subiu ao poder (o marido de Nefertiti, cuja marca gravada em um escaravelho de ouro, foi encontrado a bordo). Datados a seu reino, 350 tabuletas de argila da cidade egípcia de Tel el-Amarna — hoje conhecidas como as cartas de Amarna — detalham as relações diplomáticas do Egito com governantes assírios, hititas e cipriotas, além de outros na Síria e na Palestina. Esse conjunto de tabuletas de argila mostra como o comércio costumava ser conduzido em nível de governo como parte de um complexo jogo diplomático de troca de presentes reais. As cartas de Amarna revelam como os reis enviavam uns aos outros grandes quantidades de lingotes de cobre (por exemplo, diz-se que o rei do Chipre enviou o equivalente a 200 talentos — cerca de 8 toneladas — ao faraó do Egito), além de ébano, presas de elefantes, ouro e prata: itens que correspondem à carga a bordo do navio de Uluburun.

Assim, os comerciantes a bordo de nosso navio não tratavam apenas de negócios, mas também estavam sob influência e direção das casas reais do antigo Mediterrâneo, que usavam e sustentavam uma rede de comércio de longa distância para facilitar a troca de presentes reais e relações diplomáticas. O navio de Uluburun carregava, portanto, matérias-primas e produtos acabados para essa troca real de presentes de longa distância, assim como outros que eram comercializados pela tripulação nos portos em que atracavam em sua rota.[42]

Podemos imaginar o destino do navio pela natureza da maioria da carga, não originária da região do mar Egeu; isso nos dá a rota de viagem do navio (na direção do Egeu). Se viéssemos do Egeu, esperaríamos uma proporção maior de bens egeus a bordo para serem trocados no Mediterrâneo Oriental. O destino do navio também pode ser deduzido por uma pequena quantidade de bens pessoais e profissionais, e itens de interesse encontrados a bordo. Embora a grande maioria deles tivesse origem fenícia/cananeia, pertencente à tripulação principal do navio, um número menor vinha do Egeu (copos, espadas, facas e placas de vidro) e de áreas mais ao norte e oeste (âmbar do Báltico, por exemplo, e uma espada em estilo italiano). Considerando que vários desses objetos apareciam em pares, os escavadores sugeriram que duas pessoas do Egeu estavam a bordo. É provável, porém, que elas não fossem comerciantes, porque nenhum conjunto de balanças e pesos — essenciais ao comércio — foi encontrado. Em vez disso, eles podem ter sido embaixadores em missão oficial enviados por um governante egeu a fim de supervisionar o transporte seguro de artigos de luxo que iam para o Egeu como parte da troca de presentes entre governos.[43] Montar todas as partes desse quebra-cabeça nos faz acreditar que o navio provavelmente navegava de comunidades antigas baseadas no atual Líbano para reinos micênicos da Grécia.

O navio de Uluburun apresenta um quadro vital do vibrante fluxo de bens e matérias-primas que circulavam pelo Mediterrâneo Oriental e Central Idade do Bronze Tardia, sendo prova do elevado grau de ligação entre diferentes comunidades que viviam como rãs ao redor de um lago gigantesco. Em minha opinião, porém, o mais importante é que ele também nos oferece um vislumbre raro da vida dos homens que tripulavam o navio. Não apenas as escolhas pessoais que fizeram e o formato de seus pesos e balanças (a leoa, o pato, a mosca!); mas também havia instrumentos musicais a bordo, incluindo um alaúde com a caixa de ressonância de casco de tartaruga. Eu me pergunto se um tripulante tocava e os outros ouviam, maravilhados, enquanto contornavam o cabo Uluburun e, depois, foram apanhados pelos fortes ventos do norte e oeste que sopravam na região, e só se deram conta de quanto tinham se aproximado das rochas quando era tarde demais.

Apesar de a tripulação — até onde sabemos — nunca ter chegado ao destino no Egeu, de certa forma o navio chegou: seus restos são conservados, estudados e exibidos no Museu de Arqueologia Aquática de Bodrum, não longe de onde Mehmed Çakir, o mergulhador de esponjas que descobriu os destroços, ainda vive. Mehmed continuou na profissão até 2000, quando se aposentou; ele me contou que encontrar os destroços do Uluburun o deixou tão feliz como quando achou as grandes e mais desejáveis esponjas '*melat*'. Ele foi ver o navio em sua nova morada no museu. Os antigos blocos do mausoléu de Mausolo, agora parte do Castelo dos Cruzados que abriga o Museu de Arqueologia Aquática, tem um novo — e igualmente precioso — corpo para ser guardado pela eternidade. Longe da costa de Kas ainda se criou um parque arqueológico aquático em 2006. Uma réplica da carga do navio de Uluburun foi criada e afundada, e as grades usadas pela equipe de escavação, posicionadas acima dos itens naufragados para replicar o "sítio arqueológico" originalmente explorado por George Bass e sua equipe. Ao mesmo tempo, construiu-se um modelo em escala natural hipotético do navio de Uluburun usando madeira semelhante à disponível no final do século XIV AEC, levado à costa na região de Kas e afundado no parque arqueológico (tanto as réplicas dos achados quanto a do navio foram afundadas, mas desta vez a uma profundidade de cerca de 20m). Isso não apenas permite que os turistas mergulhem e visitem a réplica do "parque arqueológico" e vejam o navio como deve ter parecido após o naufrágio, mas também para os arqueólogos monitorarem o ritmo de deterioração da réplica para oferecer novas ideias no processo de desintegração de antigas embarcações debaixo d'água.[44]

Para mim, entretanto, os elementos mais importantes desta história são a colaboração e os esforços extremos que essa descoberta possibilitou. Arqueólogos compartilharam conhecimento e começaram uma colaboração com tripulações de coletores de esponjas turcas a fim de reunir seus pontos de vista, recursos e cobertura coletivos para aumentar as chances de encontrar tesouros submersos. Essa colaboração possibilitou a descoberta de Uluburun. Ao mesmo tempo, uma equipe internacional de arqueólogos, constantemente inovando e chegando aos limites da resistência humana, e além do que foi tentado antes, garantiu o estudo e conservação da descoberta. Nos pontos mais inóspitos, a 45m de profundidade, durante dez anos de esforço constante, essas ações colaborativas e inovadoras revelaram um quadro detalhado e esclarecedor da vida e interação humana há mais de 3.300 anos. A arqueologia — e os arqueólogos — provaram que a capacidade de revelar o passado deu um grande passo à frente com a escavação do navio de Uluburun. Desde então a arqueologia subaquática caminhou de esforço em esforço — penetrando cada vez mais fundo sob as ondas a profundidades que os seres humanos nunca imaginaram conseguir mergulhar, com a ajuda de tecnologia de escaneamento e aparelhos de controle remoto — para revelar ainda mais exemplos — maravilhosos e, de fato, em alguns casos mais antigos — do desejo do ser humano de cruzar o mar e interagir mutuamente.

A Princesa Altai
RÚSSIA
SIBÉRIA
São Petersburgo
Filippovka
Novosibirsk
EUROPA
ESTEPES OCIENTAIS
Gorno-Altaysk
ESTEPES ORIENTAIS
Planalto Ukok
CASAQUISTÃO
MONGÓLIA
Lago Balcache
ALTAI
MAR NEGRO
MAR CÁSPIO
ÁSIA MENOR
CHINA
ÁFRICA

7

De Volta do Gelo[1]

No sul da Sibéria, em uma região em que as fronteiras da Rússia, China, Mongólia e Casaquistão convergem, está a República de Altai. Ela é parte da Rússia e uma das repúblicas menos habitadas do país, com a maioria de seu território composto por montanhas inóspitas, extensas tundras, prados e lagos alpinos inacessíveis.

Em abril de 2020, quando parte do mundo entrava em um confinamento total, esta era a única área da Rússia que não registrou nenhum caso de Covid-19. Yerzhanat Begenov, o Representante Regional, disse à imprensa que não houve casos entre os cerca de 200 mil habitantes graças à implementação precoce do autoisolamento da república e das restrições de viagens. Além disso, como ele explicou, "temos proteção. O povo Altai reverencia a múmia".[2]

A "múmia" que supostamente oferecia essa proteção, era, na verdade, os vestígios antigos de uma mulher que viveu milhares de séculos atrás na região de Altai. Ela é conhecida por muitos nomes. Na república, muitas vezes é chamada de "Princesa de Altai". Para muitos, ela também é mais que apenas uma princesa. Os poderosos xamãs e idosos das tribos das comunidades da região alegam que a múmia é Ochi-Bala — uma guerreira, heroína do épico altaico, e uma lenda, que defendia a terra e seu povo contra os poderes do mal. Segundo a história transmitida por dezenas de gerações, quando morreu, ela foi enterrada em território Altai para proporcionar uma barreira contínua contra os espíritos malignos do Submundo.[3]

A descoberta da múmia/Princesa de Altai/Ochi-Bala ocorreu em 1993 no planalto de Ukok, um dos campos alpinos mais inacessíveis que formam a região de Altai. Os restos foram escavados por uma equipe russa de arqueólogos que a levou de volta de helicóptero à sua base de pesquisas em Novosibirsk, fora da República de Altai. Seu corpo permaneceu lá nos 19 anos seguintes, submetido a vários exames investigativos e procedimentos de preservação. Durante esse período, muitas pessoas de Altai protestaram, afirmando que a princesa nunca deveria ter sido desenterrada. Falaram sobre uma série de desgraças locais e nacionais que aconteceram nesse tempo, provocadas, segundo elas, porque o local de descanso final da princesa foi perturbado e por ela ser removida da região. Primeiro, houve o desastre de helicóptero quando os arqueólogos tentaram levá-la para Novosibirsk, em 1993; depois, logo após o corpo ser levado, houve um forte terremoto, em seguida a crise constitucional na Rússia no final do ano, quando Boris Yeltsin ordenou que tanques russos atacassem o parlamento. A sua remoção supostamente também levou às posteriores dificuldades econômicas do país e até a uma guerra na Chechênia em 1995.[4]

Tampouco, alegam, o resto do mundo foi poupado. Hillary Clinton, ao visitar a Rússia em novembro de 1997, recebeu a exclusiva oportunidade de ver o corpo da princesa, seguido por um brinde com vodca com o governador local e depois uma reunião com uma família siberiana tradicional. Dois anos após a visita, o governador perdeu o cargo, e a família local se separou e mudou para o Canadá. Antes disso, em janeiro de 1998, estourou o escândalo Monica Lewinsky, levando infortúnio pessoal e político para Hillary Clinton. As manchetes do jornal local de Altai até alegaram que a candidatura dela para a presidência em 2016 estava condenada pela "maldição da múmia" que ela tinha visto em 1997.[5]

A República de Altai ficou tão enfurecida com a escavação e a remoção do corpo da princesa do Planalto de Ukok que a Assembleia Estadual proibiu quaisquer escavações futuras na região — uma proibição que continua vigente até hoje.[6] Depois de décadas de violentos protestos da república, em 20 de setembro de 2012, o corpo da princesa voltou finalmente a Altai para ser colocado no museu nacional em Gorno-Altaysk, a capital.[7] E, embora alguns — incluindo o representante da região — aparentemente agora acreditem no poder e na disposição da múmia de proteger a República de Altai de males tais como a moderna Covid-19, há muitos que ainda acreditam que a múmia *continua* infeliz com seu atual local de descanso no museu. Eles creem que seu descontentamento causou uma série de incêndios florestais, ventos fortes e a pior enchente em Altai nos últimos 50 anos, todos ocorridos desde a volta da princesa à república. "Nua e indefesa", dizem, "Ochi-Bala está congelada por uma vergonha inexplicável".[8]

A solução definitiva, para os que acreditam que a princesa continua infeliz, é tornar a enterrá-la. Em 18 de agosto de 2014, o Conselho de Idosos da Tribo de Altai votou oficialmente para enterrá-la de novo no Planalto de Ukok, a fim de "deter sua fúria, que causa enchentes e terremotos" e também permitir que continue a desempenhar seu antigo papel de manter afastados os maus espíritos do Submundo.[9]

Mesmo entre os que não concordam com a opinião de que a múmia é Ochi-Bala, ansiosa para retomar o papel de guardiã do portal entre os reinos, há muitos que se solidarizam com a necessidade de reenterrar seu corpo simplesmente por decência e respeito pelos (de há muito) mortos. Um dos defensores de seu novo enterro argumentou: "Quem coloca o cadáver nu da mãe em exibição? Ela clama aos nossos corações, pedindo compaixão."[10] A resposta do governo regional (que supervisiona o museu) oferece uma perspectiva diferente: "É possível, por exemplo, enterrar um vaso do Museu Hermitage? Claro que não. A múmia, embora possa parecer ofensivo, ainda é uma peça de exibição de museu; é por isso que não podemos simplesmente enterrá-la."[11]

Chegou-se a um acordo desconfortável: embora os restos da princesa permaneçam no museu e não tenham sido enterrados outra vez, o corpo mumificado em Gorno-Altaysk, por respeito às crenças dos xamãs de Altai, só pode ser visto em época de lua cheia.[12]

*

O local de repouso original da princesa, o Planalto Ukok, é um lugar estranho, sobrenatural. Do planalto, pode-se ver partes dos territórios da atual Rússia, Mongólia, China e Casaquistão. Mas em algum lugar aparentemente no ponto de encontro de muitos mundos, ele é, ao mesmo tempo, separado de tudo. O nome "Ukok" significa "o fim de tudo" — tudo que é humano. Os locais acreditam que o Planalto Ukok representa a "segunda camada do céu" — um lugar acima dos seres humanos e eventos comuns, um portal entre mundos. De fato, desde tempos imemoriais, considera-se um sacrilégio gritar no planalto para não ofender os espíritos que residem nesse ponto de passagem espiritual.[13]

Hoje, só se pode chegar ao Planalto de Ukok de helicóptero ou, em estações mais quentes, por estradas de terra quase intransitáveis que serpenteiam entre precários passos montanhosos. Embora o inverno seja longo e frio, com tais passos cobertos de neve e propensos a avalanches, o verão é curto e ameno, com temperaturas que não chegam a 20°C. Porém, o degelo do verão traz outros problemas para os que tentam ir para lá por terra: lama pantanosa originada pela neve que derrete rapidamente e grandes deslizamentos de terra da montanha.

Se você conseguir chegar ao planalto, se verá em um lugar com um "céu impressionante".[14] Posicionado a cerca de 2.250m acima do nível do mar e cercado por picos que chegam a 3.000m e 4.500m de altura, ele oferece uma abundância de prados mesmo em meio ao inverno; graças aos ventos intensos que impedem a fixação da neve, como se um gigante estivesse se movendo ao redor com um soprador de folhas preso às costas. Mesmo nos severos invernos, os pastores lutam para atravessar os campos com suas ovelhas e cavalos para garantir alimento para o ano todo.

A situação era idêntica há mais de 2.000 anos, durante o primeiro milênio AEC — quando a Princesa de Altai não era um cadáver mumificado, mas um ser vivo. O Planalto Ukok é parte da grande Estepe Eurasiana, um corredor arterial de campos baixos e montanhosos que se estendem do Mar Negro no ocidente até a Mongólia e a China no oriente, onde grandes comunidades nômades (hoje chamadas mais corretamente de pastores nômades) vagavam com seus cavalos e outros animais domésticos. Essas comunidades que viviam nos amplos territórios da estepe no primeiro milênio AEC são, às vezes, um único grupo, chamado citas, ou citas siberianos, ou simplesmente pastores nômades/nômades da Primeira Idade do Ferro. No entanto, na realidade, eles eram uma série diferente de povos com diferentes linguagens e comportamentos culturais, que regularmente interagiam entre si e com grandes impérios que os cercavam a oeste, sul e leste.

O elo em comum, como os termos "nômades" e "pastores" sugerem, é que nenhum desses grupos que vivia nas Estepes formava assentamentos e cidades permanentes como as antigas civilizações sedentárias da Grécia, Pérsia, Ásia Central, Índia ou China que os cercavam. Em vez disso, eles mudavam conforme a estação com seus animais, montando assentamentos temporários para onde quer que fossem.

Ao contrário de seus vizinhos sedentários, eles nunca escreveram quaisquer histórias de suas "comunidades". Tampouco produziram as próprias moedas. Assim, o que sabemos deles vem principalmente de duas fontes importantes. A primeira é o que essas civilizações sedentárias, que interagiam com eles e escreveram suas histórias, pensavam deles. O historiador Heródoto, por exemplo, durante o século V AEC, era fascinado pelos pastores nômades que viviam na borda nordeste do mundo grego, entre os mares Negro e Cáspio. Ele chamou esses povos de "Citas", e narra sua cultura, suas tradições e seus comportamentos. De fato, ele estava de tal modo informado dos costumes deles que descreveu as práticas de sepultamento, revelando como, durante a procissão de um rei Cita realizada pelos grupos tribais sob seu controle, os homens de cada grupo cortavam um pedaço da orelha, laceravam os braços, narizes e testas e introduziam uma flecha na mão esquerda em sua honra. Quando o corpo era finalmente colocado na sepultura, junto a ele era colocado o corpo de sua concubina (recém-estrangulada), além dos corpos de seu copeiro, cozinheiro, camareiro, ajudante, mensageiro e alguns de seus cavalos. Um ano após o enterro, conta Heródoto, 50 servos do rei Cita, assim como 50 cavalos, eram mortos e então posicionados com uma série de estacas de madeira para mantê-los eretos, em um círculo ao redor do túmulo do rei.[15]

Do grande Império Aquemênida persa da Ásia Central e Oriental, que atingiu o ápice entre o século VI AEC e o final do século IV AEC, quando foi conquistado por Alexandre, o Grande, ouvimos das tribos pastorais nômades, conhecidas coletivamente como "Sacas", que percorriam a estepe do norte do mar Cáspio no oeste às montanhas Altai na moderna Rússia. Fontes persas distinguem dois grupos com base no que bebiam e no tipo de adereço de cabeça que usavam, e os consideravam inimigos terríveis contra quem frequentemente guerreavam (na verdade, o lendário rei persa Ciro, o Grande, foi morto durante uma dessas guerras em 529 AEC).[16] Ouvimos também sobre os pastores nômades da extremidade leste da estepe pelo grande historiador chinês da dinastia Han, Sima Qian. Ele escreveu no século II AEC, focando o poderio militar e a ousadia das tribos de rápidos cavaleiros como os Xiongnu na fronteira noroeste Han da China, que frequentemente invadiam o território Han. Em uma tentativa de evitar esses ataques, a dinastia Han (e dinastias anteriores como a Qin) começaram a construir muros, as primeiras versões da Grande Muralha da China. Com o passar do tempo, houve uma trégua frágil na qual os Han compraram uma paz relativa com os Xiongnu oferecendo mercadorias e até uma princesa Han para o governante deles.[17]

Além de relatos contemporâneos de impérios vizinhos, outra fonte importante de informações desses diferentes grupos de pastores nômades vem de seus sepultamentos. Embora essas comunidades não investissem em assentamentos e cidades permanentes, muitas delas investiam em sepultamentos suntuosos e monumentos funerários para suas elites, como mostrado nas descrições de práticas funerárias de Heródoto. Nos últimos dois séculos, exploradores e arqueólogos encontraram e escavaram alguns desses sítios funerários, permitindo-nos não só comparar as narrativas literárias de escritores como Heródoto e outros com os vestígios físicos dessas culturas, mas também examinar essas comunidades de perto pela primeira vez. O que se descobriu não só corrobora muitos detalhes escritos (um chapéu pontiagudo, por exemplo, encontrado em um túmulo Saca em Issyk, ao sul do lago Balcache, do século V AEC, repetindo a descrição persa dos "sacas de chapéu pontiagudo"), mas também fornece uma compreensão mais profunda do incrível nível de interação, especialmente por meio do comércio, que essas comunidades pastoris nômades tinham entre si e com as comunidades sedentárias ao redor. Tumbas citas na extremidade ocidental da estepe estão repletas de adornos de ouro feitos por artesãos gregos, incorporando cenas da vida nômade e da mitologia. De um sepultamento em Filippovka, ao sul dos Urais, foram desenterrados ânforas douradas e um ritão de prata (recipiente para bebidas) de fabricação persa. Várias outras sepulturas revelaram itens de origem persa e saca, incorporando ideias e símbolos de cada cultura, lado a lado.[18]

Tantas vezes no passado, por decidirem não construir cidades e escrever longas histórias, acreditou-se que essas tribos pastoris nômades da estepe tinham uma relação bárbara desfavorável com os impérios sedentários do sul, oeste e leste do mesmo período. Hoje sabemos que isso não poderia estar mais longe da verdade. Não só havia muito respeito mútuo entre as comunidades pastoris nômades e as sedentárias em relação às suas habilidades e capacidades, mas também um fluxo de interação regular e crescente entre as diferentes tribos pastoris nômades, e ainda entre elas e seus vizinhos sedentários, especialmente por meio do comércio. No final do primeiro milênio AEC, as contínuas artérias de comércio que se espalhavam pela estepe do Mediterrâneo à China se estabeleceram como o que agora conhecemos como as Rotas da Seda.

A descoberta de vestígios dos pastores nômades começou na época do Czar russo, Pedro, o Grande, no início do século XVIII. O Czar ficou impressionado com um prato dourado no formato de uma pantera descoberto em um túmulo da região. A alta sociedade russa imitou a reação do Czar, encantando-se com esse tipo de material antigo. Havia o desejo por mais, alimentado por ladrões que rapidamente ficaram exímios em identificar os marcadores de tumbas de pastores nômades na paisagem e saqueando-as à procura do ouro que poderiam conter. O próprio Pedro, o Grande, tentou deter essa onda de roubos, exigindo que todos os achados fossem cedidos (gratuitamente) a recém-construído museu, o Kunstkamera. Ele fundou também a Academia de Ciências da Rússia, em 1724, que lideraria um exame mais profissional desses sítios de sepultamento.[9]

Exatamente dois séculos depois, em 1924, pesquisadores que trabalhavam a 1.600m acima do nível do mar ao leste das montanhas Altai descobriram um novo fenômeno: um túmulo de pastores nômades conservado em gelo sólido. Como essas sepulturas se transformaram em cubos de gelo eternos? Parece que a água da chuva e a neve derretida que se infiltraram na câmara da sepultura, enterrada logo após sua criação, congelaram graças às baixas temperaturas do inverno seguinte. A grande coleção de pedras acima do chão que a cobria defletiu o calor ameno dos verões posteriores, preservando o gelo oculto no interior. Os túmulos, então, se tornaram — e permaneceram assim — grossos blocos de gelo por mais de 2 mil anos. Até 1924, a sobrevivência de materiais antigos nessas sepulturas nômades escavadas do Mar Negro até a China ficaram à mercê das condições naturais do solo e do clima: a maioria de metais resistentes havia sobrevivido, mas materiais orgânicos como roupas foram encontrados apenas ocasionalmente, e nunca foram desenterrados corpos humanos. Agora, aqui, congelada no tempo, no gelo em Altai, havia a possibilidade de descobrir uma tumba com o conteúdo totalmente conservado. A região de Altai continha potencialmente não apenas um, mas toda uma série de freezers esperando para serem abertos.

A primeira dessas tumbas congeladas foi escavada (ou, melhor, derretida) em 1929. Então, entre 1947 e 1949, dois arqueólogos russos, os Drs. Mikhail Gryaznov e Sergei Rudenko, descobriram muitas outras enquanto trabalhavam no coração das Montanhas Altai. Eles exploraram cinco câmaras mortuárias e, embora algumas tenham sido parcialmente saqueadas em algum momento ao longo dos 2 mil anos anteriores, o congelamento garantiu que muitas partes do conjunto ficassem intocadas. Foram encontrados exemplos do que os arqueólogos chamaram de "cultura Pazyryk", seu rótulo específico para um grupo nômade de pastores que habitou a região do Altai na segunda metade do primeiro milênio AEC. O congelamento da sepultura possibilitou que Gryaznov e Rudenko levassem à atenção do mundo um quadro espantosamente rico do sepultamento nômade. Os esqueletos dos cavalos, com arreios elaborados decorados com placas de ouro e bronze, posicionavam-se ao lado das câmaras. Estas eram aposentos quadrados com paredes feitas de camadas duplas de troncos e o piso coberto por feltro ou cascalho. Os caixões em seu interior eram feitos de troncos de larícios cercados por materiais orgânicos colocados nos funerais com os mortos dois mil anos antes, incluindo mesas de madeira; instrumentos de corda; pele de leopardo para botas; seda chinesa bordada; o mais antigo tapete sobrevivente do mundo, rico e intricadamente enfeitado com temas da Ásia Central/ Pérsia e até partes de uma biga chinesa de quatro rodas desmontada.[20]

Mais que isso, as descobertas de Gryaznov e Rudenko nos possibilitaram ver, pela primeira vez, os corpos embalsamados de pastores nômades. Quatro corpos foram encontrados nas sepulturas: dois homens e duas mulheres. Em uma tumba, o corpo feminino tinha sido desmembrado por ladrões, provavelmente em tempos antigos antes de ele ter ficado congelado e sólido. O cadáver masculino, porém, estava preservado o suficiente para os especialistas entenderem que, assim como os egípcios faziam ao mumificar seus mortos há mais de dois milênios, todos os órgãos e músculos haviam sido removidos. Eles preencheram o corpo Pazyryk com ervas e outras plantas a fim de ressecar a carne restante antes de ser costurado e colocado no caixão. O corpo do homem havia sido submetido a um segundo tipo (não intencional) de processo de mumificação, diferente de qualquer outro usado no Egito. Ele tinha sido congelado na tumba por 2 mil anos. Agora, degelado, descobriu-se que, em vida, ele tinha recebido várias tatuagens nos braços, peito, costas e pernas, exibindo animais como cervos, peixes e veados durante o salto, além de animais fantásticos como grifos. O homem e a mulher na outra tumba foram enterrados juntos, embalsamados e tatuados de modo semelhante, usando casacos nos ombros, além de meias e sapatos nas pernas e pés.[21]

Graças a escavações posteriores de Rudenko nos anos 1950, mais tumbas da "cultura 'Pazyryk" foram descobertas em vários sítios diferentes na região de Altai, enriquecendo ainda mais nossa compreensão desse grupo específico de pastores nômades que eram, em meados e na segunda metade do primeiro milênio AEC (aproximadamente dos séculos VI a III AEC), uma parte próspera do amplo continuum de comunidades e tribos que percorriam os vastos territórios da estepe. Entretanto, os Pazyryk são especiais, pois somente nessa região, de toda a estepe, as condições ambientais e práticas antigas conspiraram para criar essa maravilha de tumbas congeladas. Antes de mais nada, os verões eram quentes o *bastante* para o solo degelar o *suficiente* e permitir aos antigos cavarem e instalarem câmaras de sepultamento. Os invernos também eram frios o *suficiente* para garantir que a água, após infiltrar-se nas tumbas, se transformasse em gelo. E foi a prática nômade, específica dessa região, de cobrir a superfície da área do sepulcro com uma série de grandes pedras (conhecidas como "kurgan"), que defletiu o calor nos verões subsequentes e evitou o degelo das tumbas, ao contrário de toda a terra não coberta ao redor.[22]

O resultado é que apenas aqui na região montanhosa de Altai poderia ocorrer — como de fato ocorreu — esse milagre da antiga tecnologia de congelamento. Essa região isolada e quase sobrenatural nos oferece a oportunidade única de vislumbrar a vida de um povo participante de um mundo antigo interconectado muito mais amplo.

*

A Dra. Natalia Polosmak sabia disso melhor do que ninguém. Em 1990, ela trabalhou como pesquisadora do Instituto de Arqueologia e Etnografia, uma extensão da Academia de Ciências da Rússia originalmente fundada por Pedro, o Grande, em Novosibirsk, Sibéria, a mil quilômetros ao norte de

Altai e as tumbas congeladas. Desde as escavações de Rudenko em meados do século XX, o instituto dedicou-se a aperfeiçoar as técnicas arqueológicas de escavação (ou "controlar o degelo", como Natalia gosta de chamá-las) para essas tumbas congeladas. Mas, na verdade, não foram escavadas mais tumbas — nas décadas anteriores o foco foi aumentar o conhecimento e aprimorar as técnicas.

Assim, em 1990, Natalia estava pronta para liderar a volta do instituto ao campo. Ela identificou uma área intocada para começar a busca de novas tumbas congeladas para escavar: O Planalto Ukok, em Altai.[23] Certamente, estava ciente das lendas locais e do significado poderoso de Ukok. Ela também sabia que ninguém tinha escavado ali antes, apesar da importância cultural do local, principalmente devido às dificuldades de acesso; os desafios de trabalhar em tais altitudes (ninguém do instituto trabalhara em escavações naquela altitude); e os perigos potenciais de trabalhar em uma região onde as fronteiras de quatro nações, que nem sempre estavam em bons termos entre si, se juntavam.

Natalia saiu de Novosibirsk de helicóptero no verão de 1990, acompanhada por seu intrépido cocker spaniel Pedro (que recebeu o nome de Pedro, o Grande) e uma equipe de escavadores determinados. Cinco horas depois, pairando sobre o vasto território do Planalto Ukok, o piloto perguntou a Natalia onde queria pousar. Ela simplesmente indicou um ponto ao acaso. Naquela noite, depois da partida do helicóptero (o único meio de saída), acamparam perto de um rio, sentindo-se mais sozinhos do que jamais se sentiram em toda a vida.[24]

Eles acordaram na manhã seguinte com a chegada da patrulha da fronteira do exército russo, que viera para checar a documentação. Natalia perguntou aos guardas se conheciam alguns kurgans nas proximidades — as estátuas de pedra feitas pelo homem que eram indícios de uma tumba Pazyryk. O tenente Mikhail Cheponov, chefe da patrulha de fronteira, respondeu de imediato: "Entre no caminhão, vamos lhe mostrar seus kurgans." Com a ajuda de Cheponov, Natalia achou gelo (dourado), no vale do rio Ak-Alakh, no Planalto de Ukok, a apenas 14km da fronteira da Rússia e da China.[25]

Na temporada de escavação naquele verão, a equipe degelou e escavou uma tumba que continha não apenas os esqueletos de cavalos com bridas magnificamente forjadas e uma série de achados orgânicos impressionante, mas dois corpos preservados — o primeiro encontrado desde as escavações de Rudenko nas décadas de 1940 e 1960. O primeiro era de um homem de quarenta e tantos anos, usando um alegre par de calças vermelho vivo, com um colar de madeira, couro, bronze e ouro (conhecido como "torque") ao redor do pescoço, e uma picareta, uma adaga e flechas a seu lado.[26] Imaginou-se inicialmente que o segundo corpo fosse de uma jovem de 17 anos, mas análises posteriores de DNA mostraram se tratar de um jovem, parente do mais velho (talvez um sobrinho). Ele ainda estava equipado para a guerra.[27]

De volta a Novosibirsk no final da temporada, a equipe do instituto estava radiante. Aquela não fora apenas a primeira escavação bem-sucedida de corpos Pazyryk no gelo desde a época de Rudenko, como eles também haviam atuado com êxito em um ambiente remoto e inóspito. As tumbas em si revelaram o que Natalia chama de "nível médio de nobreza".[28] As pessoas enterradas eram importantes o bastante para receberem uma tumba e terem os cavalos mortos para elas, mas, ao mesmo tempo, não se encontrou ouro nem prata, nem artigos importados. Esses eram o que podemos considerar Pazyryks de "classe média".[29]

Após uma etapa tão bem-sucedida, Natalia voltou ao Planalto de Ukok nos verões seguintes. O entusiasmo causado pelas descobertas iniciais elevou as expectativas, e no primeiro verão subsequente, a equipe de uma televisão japonesa a acompanhou para documentar quaisquer novas descobertas. Mas em 1991 eles não encontraram nada; e, em 1992, acharam só uma sepultura devassada que não possuía um kurgan suficientemente grande para mantê-la congelada. A primavera chegou tarde em 1993: os passos da montanha para o planalto ficaram bloqueados pela neve até o final de maio e mesmo os caminhões de suprimentos não conseguiram passar. Natalia teve de mudar o objeto de estudo para mais perto da rota de comboios, em outra parte do vale do rio Ak-Alakh. Na primeira noite após montar acampamento, houve uma nevasca tão forte que ninguém pôde abrir as portas das cabanas de compensado fino que construíram para se abrigar.[30]

Novamente, Natalia recorreu a seus contatos na patrulha militar russa para conseguir informações sobre kurgans próximos. Desta vez, indicou-se um que estava ao lado de uma cerca de arame farpado. Essa cerca representava a fronteira interna da Rússia. O kurgan do outro lado estava em uma terra de ninguém entre as fronteiras da Rússia e da China. Encorajada pela garantia da patrulha de fronteira de que o grupo estaria ao alcance efetivo de tiro, e poderia ser protegido caso algo acontecesse, a equipe cruzou a cerca em direção àquela área.[31]

O kurgan, com cerca de 18m de diâmetro, estava em más condições — já parcialmente demolido após ter sido usado como base para um sistema de defesa fronteiriça anterior.[32] A equipe levou duas semanas para remover as rochas restantes para abrir o centro do kurgan. O olhar treinado de Natalia viu logo que havia uma área no centro da sepultura de 5m por 4m com terra revolvida, mas com a mesma rapidez viu que ela tinha sido invadida por ladrões de sepulturas, provavelmente na antiguidade. Mais de 25 anos depois, em 2017, Natalia refletiu sobre esse momento em um artigo que escreveu chamado "O Diário de Ukok".[33] Nele, ela explica que ainda não tem certeza do porquê de ter insistido para continuar a escavação naquela época em 1993. Em parte, era prático. Era o início da temporada de escavações e, se o kurgan estivesse vazio, ainda teriam tempo para escavar outro. Mas, em parte, havia algo mais: Natalia sentiu intuitivamente que deveriam cavar ali.

Naquele verão, a equipe era eclética. Com Natalia e seu cocker spaniel havia uma equipe de trabalhadores, especialistas em escavação e estudantes. Um deles, Elena Kunznetsova, era aluna universitária em Novosibirsk, completando o estágio em campo para obter o diploma, e a ida a Ukok foi a primeira vez em que voava em um helicóptero. Outros vieram aparentemente do nada. Natalia não se lembrava de como a forte e capaz Genny, da Universidade de Harvard, passou a fazer parte do grupo, ou como a turista alemã Frau Gerda, por acaso explorando Ukok naquele verão, acabou ficando no acampamento para cozinhar e lavar os achados escavados. Tampouco ela se lembra de onde Tei, um aluno japonês de pós-graduação, ou Karla, uma universitária alemã, apareceram.[34] Mas juntos se uniram para remover as rochas de cima da terra e começaram a cavar.

Muitos integrantes do grupo consideraram uma experiência surreal estar no Planalto de Ukok. A ilustradora do grupo, Elena Shumakova, lembra sentir-se perdida no "imenso prato de servir que era o Planalto, com nada além de estrelas acima dele".[35] Às vezes, os guardas da fronteira apareciam e desapareciam serenamente. O silêncio transmitia paz. Quando não estavam trabalhando, alguns integrantes saíam para colher ruibarbo e faziam sua própria geleia — uma conhecida iguaria de Ukok. Outras provisões chegavam quando um caminhão ou helicóptero conseguiam atravessar. Às vezes, traziam alimentos; em outras, equipamentos para a escavação ou para o acampamento. Certa vez, Natalia lembra no Diário de Ukok, o helicóptero trouxe máscaras de gás, embora ela não atinasse por qual motivo: "era como se estivéssemos em uma ilha perdida no oceano e, às vezes, as ondas jogassem pão, latas e cartas e, um dia, até um refrigerador".[36] À noite, apesar dos meses de verão, a temperatura caía bastante para formar uma camada de gelo no lago próximo ou para que a geada se acumulasse nas flores e relva dos campos alpinos. Isso desaparecia quando o nascer do sol trazia tudo de volta à vida para outro dia, mas assim que escurecia, o gelo e a geada predominavam mais uma vez.[37]

As memórias de Natalia sobre o cotidiano e as questões práticas da sobrevivência no Ukok são nebulosas devido ao crescente foco na sepultura que cavavam. Como explicou mais tarde no diário, "cada minuto de nossa existência pertencia a ela e era o que pulsava em minhas veias".[38] Ela estava em uma espécie de transe: "o mundo se encolhia e se transformava no... sepulcro." A cerca de 1m de profundidade, a equipe descobriu os esqueletos de 3 cavalos, fragmentos de folhas de ouro presas aos ainda sobreviventes arreios, estendidos sobre várias placas de pedra. Constataram ainda que não eram os primeiros a remexer as pedras — antigos ladrões de sepulturas já o haviam feito. Sob as placas havia uma câmara — eles descobriram que o corpo no interior fora inescrupulosamente mexido, despojado e mutilado por saqueadores à caça de itens de valor. Ao lado do que restou do esqueleto revirado havia alguns ossos de ovelhas e um copo de argila, além de facas — evidência da refeição deixada para o falecido na vida após a morte.[39]

Essa sepultura revirada se encontrava sobre vários troncos caprichosamente alinhados. A equipe de Natalia constatou que os ladrões não quebraram esse piso de madeira. Talvez por suporem ser o único sepulcro no kurgan e que os troncos eram seu piso. Quem sabe ainda, porque os troncos estavam congelados, colocados na distância correta debaixo da terra para que o efeito mágico de "congelamento" dos kurgans de Altai entrasse em ação. Mas Natalia se deu conta de que os troncos não eram o piso, mas o teto de algo enterrado — e congelado — mais embaixo. Dali em diante, o grupo abriu caminho até a tumba congelada pelo tempo, não escavando, mas degelando.[40]

À medida que os troncos eram degelados e removidos, revelando um grande bloco sólido de gelo, o próprio universo pareceu colaborar com a escavação: o sol, agora atingindo diretamente o gelo, conferiu-lhe, com delicadeza, uma consistência fofa e granular. De início, a equipe cortou e ergueu os blocos de gelo que se soltavam e os jogava ao lado do sepulcro, e o cão de Natalia, Pedro, continuou a reduzi-los com lambidas. Sombras escuras começaram a aparecer embaixo — os primeiros sinais de objetos presos sob o gelo. A equipe, ciente de que estava se aproximando do centro dessa nova sepultura, começou a usar técnicas de degelo mais sutis. Eles recolheram água no lago próximo, a aqueceram em baldes com maçaricos e então colocaram a água morna em copos e a derramaram lentamente sobre o gelo. A equipe se lembra da incrível imagem de degelar a tumba e estar constantemente com pés molhados, afundados no gelo derretido, cercados por riachos de água que, aquecida, se misturava com a água congelada por milênios.[41]

As sombras escuras começaram a criar formas discerníveis, antes mesmo de ficarem livres do gelo. Um sarcófago de madeira de 2,73m de comprimento feito do tronco de um único larício ficou visível. A seu lado, havia duas mesas pequenas, suspensas no gelo acima do piso da tumba. Quando a água da chuva começou a se infiltrar na sepultura, as mesas devem ter flutuado para cima antes de serem congeladas, como que suspensas no ar. Sobre as mesas, cortes sobreviventes de carne estragada com mais de 2 mil anos, sem apodrecer totalmente devido ao gelo. Em uma estava uma fatia de carne de carneiro e, na outra, carne de cavalo, com uma faca inserida nela como se o morto estivesse prestes a cortar um pedaço. O cabo da faca era enfeitado com focinhos de lobos e chifres de íbex. A equipe passou da intensa sensação de pés molhados ao pungente odor da água aquecida combinada à da carne estragada descongelada de 2 mil anos, criando um caldo que corria pelo chão gelado da tumba.[42]

Eles prosseguiram, derretendo o gelo no resto da câmara, mas ainda deixando o caixão de larício intocado. Objetos mais requintados ficaram à vista, todos suspensos no gelo após terem sido erguidos do chão pela água da chuva que entrou na tumba mais de 2 mil anos antes. Uma taça feita de chifre, tão fina que era transparente; jarros decorados com desenhos gravados e aplicações de couro em forma de galos; um béquer de madeira com uma alça esculpida no formato de dois leopardos da neve; o primeiro exemplar de um bastão de vidro Pazyryk para agitar soluções, usado para preparar o kumis [leite de égua batido], a bebida preferida da região na antiguidade parecida com iogurte, como agora (os restos da bebida foram depois encontrados no béquer). Alguns objetos mostraram sinais de reparo na antiguidade e, assim, de longo uso antes de serem colocados na tumba.[43]

A tumba em si, localizada a quase 3m abaixo da superfície, tinha os quatro lados feitos de troncos de madeira, media 3,6m por 2,3m, com altura de quase 1m: como um chalé suíço em miniatura, enterrado sob a terra. Ao lado da parede norte externa da sepultura, a equipe descobriu mais cavalos: eram seis, estendidos em organizadas camadas de três. O pelo da crina estava intacto, assim como as caudas trançadas, os enfeites dos arreios e até partes das selas. Os restos aquecidos se somaram à pungente combinação de odores na tumba úmida, agravada quando seus estômagos foram abertos para remover o conteúdo para análise. A equipe, Natalia lembra no Diário de Ukok, chamou essa mistura penetrante de "o cheiro do túmulo: o aroma de um mundo antigo."[44]

A notícia da descoberta se espalhou depressa do Planalto de Ukok para a civilização. Quando o grupo estava pronto para abrir o caixão de larício, em 19 de julho de 1993, um mês depois do início da escavação do sítio, ela recebeu não só mais colegas, mas também equipes de televisão da National Geographic, do Museu Real de História da Arte de Bruxelas, além da televisão estatal da Rússia.[45]

Com câmeras gravando, pregos de bronze de 15cm, que mantiveram a tampa do caixão na posição, foram retirados e ele foi aberto, revelando um esquife cheio de gelo branco e opaco. Bem, Natalia pensou, ninguém havia encontrado nem roubado um caixão cheio de gelo — era um prenúncio das condições do corpo congelado em seu interior.[46] Contudo, ela ficou confusa quando, pacientemente degelando o conteúdo com copos de água morna, o terço superior do caixão revelou um contorno negro. O que seria?

Às 10h30, quase no meio do esquife, um maxilar emergiu do gelo com a carne da face ainda presa a ele. O corpo do morto, Natalia se deu conta, ocupava só 2/3 do caixão de quase 2,7m de comprimento; o terço restante era ocupado pela forma negra que ela vira. Conforme o gelo derretia, viu-se que o objeto era um alto adereço de cabeça, de feltro. Muito satisfeita, ela notou que a carne sobre o corpo sobrevivera e, naquela tarde, apareceu um ombro protegido por um cobertor de pele. Carne! Roupas! Natalia prendeu a respiração ao puxar o cobertor revelando a carne do ombro e viu, pela primeira vez, uma brilhante tatuagem azul de um grifo, nítido, na pele ainda pálida.[47]

Nos dias que se seguiram, ficou clara toda a extensão da natureza espetacular do achado. O adereço de cabeça de 90cm era salpicado com fragmentos de folha de ouro que, Natalia descreveu depois, "iluminaram o caixão escuro como velas", e era enfeitado com 15 pequenos pássaros de madeira como se estivessem aninhados em uma árvore alta.[48] Um prato com sementes de coentro também fora colocado no esquife. O corpo não estava apenas protegido pelo cobertor de pele, mas vestido com uma saia de lã marrom e branca presa por um cinto de lã vermelho, uma blusa de seda amarela com uma trança vermelha ao redor do pescoço, além de meias brancas de feltro nas pernas e botas de montaria de couro ainda flexível nos pés. O corpo — assim como o adereço de cabeça, a saia e a blusa deixaram claro — era de uma mulher. Havia um espelho ao lado da coxa esquerda, e também colares de contas. Ela usava brincos de argola e uma gargantilha de madeira na forma de leopardos-das-neves alados com incrustações de folha de ouro. As tatuagens não cobriam só seu ombro, mas também os braços, as mãos e as juntas dos dedos, representando vários animais míticos e reais em tinta azul-escura, contrastando com sua pele clara.[49]

Natalia supervisionou a investigação da tumba e do corpo que ela e a equipe agora chamavam simplesmente "the Lady" [a Donzela do Gelo]. Naquele verão, o Planalto de Ukok nunca vira tantas flores silvestres. Ela sentiu que a natureza exaltava sua descoberta. No início de agosto de 1993, ela supervisionou a transferência do corpo da Donzela do Gelo de seu caixão para uma maca e o cobriu com musselina. Ele então foi erguido na maca para fora do túmulo e levado por seis estudantes, que fizeram às vezes de carregadores de caixão, até uma cabana de compensado no planalto. O helicóptero destinado a transportar a Donzela do Gelo e a equipe de volta a Novosibirsk devia chegar em 2 de agosto, mas devido a uma pesada nevasca atípica que transformou Ukok em um lugar de uma "brancura ofuscante", ele só pode pousar cinco dias depois. Todos se sentiram próximos à Donzela do Gelo, atentos a ela em sua casa de compensado enquanto esperavam que a Natureza lhes permitisse partir.

Depois de finalmente embarcar no helicóptero com a preciosa carga e decolar com tranquilidade, a 140km de Novosibirsk, Natalia ouviu uma explosão. O motor falhou e o helicóptero teve de planar até o chão em um pouso de emergência. Felizmente, todos sobreviveram. A Donzela do Gelo fez o restante do trajeto de ônibus para seu novo lar no instituto de Natalia, onde foi colocada em um congelador.[50]

*

Nas duas décadas seguintes, os mitos que cercavam a Donzela do Gelo começaram a se espalhar no Altai (que ela era Ochi-Bala de Altai, heroína épica com a tarefa de defender o mundo contra os espíritos malignos do Submundo). Então, o debate sobre se ela deveria ser devolvida à sua terra natal se intensificou, e sendo proibidas quaisquer outras escavações no Planalto de Ukok. Histórias do poder místico "da múmia" de prejudicar os que cruzavam seu caminho (desencadeada pela história do acidente do helicóptero) começaram a ganhar força.

Em meio a todos esses fatos, Natalia e a equipe continuaram a usar todos os métodos científicos de investigação possíveis para melhor compreender a Donzela do Gelo e a história de sua vida, além da natureza da antiga comunidade Pazyryk.[51] Ao realizar análises dos troncos das paredes da tumba e do larício do caixão, a equipe se deu conta de que a madeira foi trazida de uma floresta a 24km de distância. A partir dos anéis da árvore, puderam afirmar que ela havia sido cortada (e, assim, ocorreu o sepultamento) por volta do final do século IV AEC — algumas décadas depois que Alexandre, o Grande, conquistou o Império Persa Aquemênida a oeste.[52] Os troncos das paredes do sepulcro foram derrubados alguns anos antes do larício do esquife, provavelmente usados para construir cabanas para os Pazyryk morarem antes de utilizados para construir essa sepultura. Mais especificamente, a equipe de Natalia pôde dizer que o corte do tronco de larício para o caixão ocorreu no início do verão. Isso foi confirmado pelo conteúdo do estômago dos cavalos: uma mistura em parte digerida de capim, galhos, caruma. Para corroborar, um exame atento de seus estágios de crescimento celular e dos resíduos de pólen também verificou a presença de larvas de mutucas, indicando que a última refeição dos animais ocorrera em meados de junho [no verão setentrional]. Eles foram deliberadamente mortos com golpes na cabeça e então colocados organizadamente no espaço ao lado da tumba.[53]

Faz sentido realizar um funeral em junho: essa é a época em que o solo no planalto está descongelado e macio o suficiente para ser cavado. No entanto, quando foi realizado um exame *post-mortem* no corpo da Donzela do Gelo logo após a jornada acidentada a Novosibirsk, os especialistas concluíram a partir do estado da pele que a morte tinha realmente ocorrido de três a seis meses antes do enterro, em meados do inverno. O corpo também foi inteiramente mumificado. Os patologistas descobriram que todos os órgãos internos, incluindo o cérebro e os olhos, e até as membranas mucosas do nariz, foram removidos e seu corpo preenchido com uma combinação de terra, capim seco e pelos de cavalo para ser preservado. Entre o capim seco e os pelos de cavalo havia uma substância semelhante à turfa, que depois se descobriu serem os restos triturados de seus órgãos. A pele foi tratada com uma substância resinosa (mais tarde, constatou-se ser mercúrio) para auxiliar na conservação. A Donzela do Gelo pereceu e seu corpo, mumificado e tratado, permaneceu na comunidade até o solo estar macio o suficiente para ser cavado. Só então foi possível construir a tumba e realizar o ritual funerário.[54]

Natalia tinha certeza de que a Donzela do Gelo era alguém importante para a comunidade. Toda a tumba, incluindo o imenso caixão de tronco de larício, havia sido construída só para ela — com grande esforço da comunidade para buscar, a mais de 24km de distância, a madeira exigida. Ela foi instalada em uma parte proeminente do vale do rio Ak-Alakh, no Planalto de Ukok. Além disso, não se encontrava, como outras tumbas Pazyryk que foram descobertas, em meio a outro grupo de sepulturas como parte de um cemitério, mas totalmente isolada (com exceção do enterro do homem diretamente acima dela). No sepulcro havia uma série de lindos objetos bem feitos e uma refeição magnífica. Seis cavalos saudáveis e com arreios enfeitados foram sacrificados para ela. A Donzela do Gelo, enterrada com um adereço de cabeça magnífico salpicado de folhas de ouro e suas roupas — especialmente a blusa de seda —, indicavam que recebera artigos caros comercializados na estepe (a seda, que se acreditava ser proveniente da China, foi depois identificada como originária do nordeste da Índia).[55] A análise das sementes de coentro encontradas junto à sua cabeça (que antes só haviam sido encontradas em enterros da alta elite Pazyryk) revelou que vieram do oeste da Ásia Menor, talvez até das margens do Mediterrâneo.[56] Os corantes usados para tingir sua saia, tal como os aplicados em muitos tecidos descobertos em outras tumbas de elite, vieram de vários lugares distantes, incluindo o Mediterrâneo Oriental, o moderno Irã, a Índia e a China.[57]

Mais misterioso foi o enterro do homem imediatamente acima dela. Inicialmente, pensou-se que a presença desse corpo indicasse o reuso do kurgan por outro grupo nômade. Porém, um exame mais atento sugeriu que o sepultamento ocorreu simultaneamente ao da Donzela do Gelo, abaixo. O homem, o *post-mortem* revelou, tinha sido intencionalmente morto com um golpe na nuca com um objeto obtuso. A patologia do golpe mostrou que ele estava com a cabeça curvada e não apresentou resistência. Como os cavalos, ele foi provavelmente sacrificado a fim de acompanhar a mulher morta. Uma análise detalhada dos ossos sobreviventes (que foram revirados por ladrões de sepulturas) indicou que, na verdade, originalmente havia duas pessoas na tumba superior: um homem e uma menina entre nove e dez anos (embora fosse impossível identificar a causa de sua morte). Será que não apenas uma, mas duas vidas tenham sido sacrificadas para a Donzela do Gelo?[58]

A Donzela do Gelo não era uma guerreira "amazona" — não foram encontradas armas enterradas com ela. Ela não fazia trabalhos manuais pesados, como o *post-mortem* também deixou claro pelo estudo da condição de sua pele e ossos. As muitas tatuagens no corpo — algo visto apenas na descoberta de outros enterros Pazyryk de elite — a colocam no mesmo nível de importância que o "cacique", com o corpo coberto por tatuagens, encontrado por Rudenko nos anos 1940. Seria ela uma princesa, a filha de um governante? Ou era, como Natalia começou a acreditar, um membro da comunidade Pazyryk reverenciado por seu conhecimento especial: seria talvez uma contadora de histórias ou curandeira?[59]

O estudo do corpo da Donzela do Gelo, especialmente das linhas do crânio, mostrou que ela tinha apenas entre 25 e 30 anos quando faleceu.[60] No entanto, o *post-mortem* realizado logo após o corpo ter sido levado a Novosibirsk não estabeleceu a causa da morte. Apenas mais tarde, uma ressonância magnética das partes sobreviventes de seu corpo revelou o que provavelmente a matou: a Donzela do Gelo tinha um câncer de mama. Ela sofreu durante muitos anos antes de morrer com um tumor na mama direita e que se espalhou para os nódulos linfáticos, parecendo ter finalmente provocado seu falecimento, sem dúvida com muita dor e trauma.[61] Mas isso não era tudo — aparentemente, a Donzela do Gelo ainda tinha ferimentos no lado direito do corpo — na têmpora, no ombro e no quadril — em algum momento da vida, talvez em virtude de uma queda de cavalo.[62] Uma técnica especial chamada fluorescência de Raios X— que possibilita a identificação de minúsculas quantidades (até de um único átomo!) de elementos individuais —, aplicada aos cabelos e às unhas da Donzela do Gelo, revelou que ela não apenas havia inalado vapor de maconha, que produzia um efeito narcótico (talvez ajudando a aliviar a dor), mas também estava se envenenando aos poucos com o vapor de cobre oriundo da queima de ambos em um incensário de bronze.[63]

Tampouco ela foi a única pessoa a ter dor durante a vida. O homem enterrado acima dela (aparentemente sacrificado como parte do funeral), sofria de espinha bífida, o que o impedia de andar ereto sem dificuldade e com sofrimentos incríveis. A pressão em seus ossos e pélvis indica que ele compensava o problema passando a maioria de seus dias montado em um cavalo.[64]

Para Natalia, o trabalho de formar esse quadro definiu sua carreira. Ela acredita que a Donzela do Gelo — devido, quem sabe, à dor e ao sofrimento constantes em consequência de um câncer — era considerada uma espécie de xamã pela comunidade: "A doença, com origem sobrenatural inexplicável, fez com que se destacasse entre os demais."[65] A estudiosa Mircea Eliade, especialista em xamanismo em diferentes sociedades antigas, disse que a figura do xamã era a de alguém que "vivenciava o sagrado com maior intensidade que o restante da sociedade".[66] A Donzela do Gelo talvez fosse, nas palavras de Natalia, tida como "a Escolhida dos Espíritos" devido à doença e provação, tornando-se uma figura respeitada e importante na comunidade, que exigia um enterro magnífico e, de muitos formas, único. Pode ser que isso explique o sacrifício do homem, igualmente sofrendo e, assim, talvez encarado, de certa forma, como outro escolhido dos Espíritos, sepultado com honras acima dela. O dele (e o da menina enterrada com ele) foi um enterro respeitável, se bem que menos elitizado do que o da Donzela do Gelo. Talvez ele fosse seu assistente, acompanhando-a na vida e na morte. Nesse caso, pode-se dizer que ele não só sacrificou a própria vida, mas protegeu-a com êxito após a morte. Afinal, foi a tumba dele que os ladrões encontraram e profanaram, antes de desistir e não se incomodar em procurar mais e descobrir a Donzela do Gelo abaixo.[67]

Natalia acredita que a Donzela do Gelo estava perto da morte devido ao câncer quando a comunidade Pazyryk, no final do século IV AEC, fez a mudança anual de inverno em outubro até o Planalto Ukok para ocupar a relva lá existente durante essa estação. Ela deve ter feito o trajeto a cavalo e, em face do estado adiantado da doença, pode ter caído da montaria, machucando a têmpora, o ombro e o quadril. De outubro até sua morte, provavelmente no mês de janeiro seguinte, ela pode ter ficado acamada a maioria do tempo, sofrendo. Após seu falecimento, a comunidade mumificou o corpo e o guardou, esperando que o solo degelasse em junho para realizar seu sepultamento.[68] É irônico que o enterro e a descoberta, 2 mil anos depois, foram acompanhados por um período forçado de espera: no século IV AEC, pelo verão e o degelo do solo para enterrá-la, e em 1993, depois de uma nevasca inesperada no verão, para as condições melhorarem para levá-la de Ukok até Novosibirsk. Parece que sempre estamos à mercê das condições climáticas.

*

Desde aquele inesquecível verão em 1993, Natalia e sua equipe ficaram no epicentro de uma história extraordinária de descoberta (o primeiro corpo mumificado e tatuado em uma sepultura intocada e congelada, encontrado em Altai em um período de quase 40 anos) e, graças a seu trabalho científico pioneiro, só agregaram valor à descoberta com suas opiniões perspicazes e sensíveis sobre a vida e morte dessa mulher importante e seu assistente. O trabalho foi adequadamente comemorado: em 2004, Natalia foi anunciada como vencedora do Prêmio Estadual da Federação Russa e, em 2006, recebeu o National Heritage Award — dois dos mais prestigiosos prêmios acadêmicos na Rússia. Natalia também dedicou bastante tempo para garantir que a maravilha das descobertas fosse comunicada para além da comunidade acadêmica: por meio de artigos à época da descoberta para a *National*

Geographic, de documentários da TV com a PBS e uma contínua série de artigos na revista *Science First Hand,* voltada para o público em geral explicando cada estágio das investigações científicas sobre a Donzela do Gelo. O que mais me impressiona nesses artigos é a franqueza de Natalia sobre seus pensamentos, sentimentos e emoções ao longo da jornada — do primeiro voo de helicóptero ao Ukok, passando pela intensa experiência da descoberta, até chegar ao paciente, lento e contínuo trabalho de análise científica.

Em razão da natureza espetacular do achado e as formas detalhadas pelas quais Natalia as comunicou ao mundo, talvez não seja surpresa que a escavação, a remoção e o estudo da Donzela do Gelo em particular — comparados aos outros corpos Pazyryk encontrados nessa tumba e em outras no Altai antes e depois de 1993 — serem os que se tornaram foco de tanta consternação, debate e mitos públicos. A Donzela do Gelo — e Natalia — foram vítimas do próprio sucesso. Até certo ponto, Natalia aceita esse fato. Ela compreende, como afirmou em seus escritos, que "a história precisa de personalidades para que nosso passado continue importante na atualidade".[69]

Falei com Natalia por e-mail em maio de 2021 para acompanhar seus últimos avanços referentes à Donzela do Gelo e as reações a eles. Natalia reiterou não se ressentir com a decisão, em 2012, de devolver o corpo mumificado da Donzela do Gelo/Princesa de Altai/Ochi-Bala para o Altai, apesar de não ter comparecido à cerimônia de restituição.[70] Mas ela lamenta que, desde 2012, como resultado, a Donzela do Gelo não só ficou indisponível para mais investigações científicas, mas sendo mantida, em vez disso, como ela me disse, como "objeto de veneração e exibição sensacionalista". Ela se frustra pelo fato de que, à medida que surgem novas perguntas e técnicas de descoberta científica, ela e sua equipe não poderão aplicá-las à Donzela do Gelo: "Não podemos fazer nada", ela diz. Além disso, acredita que a decisão permanente de proibir novas escavações de sepulturas no Planalto de Ukok é "irracional" e "só causou danos".[71]

A proibição no Planalto de Ukok fica ainda mais confusa por uma controvérsia geopolítica que dura quase tanto tempo quanto a Princesa de Altai. Em 2006, a empresa russa Gazprom — a maior produtora de gás natural do mundo — assinou um acordo com a Corporação Nacional de Petróleo da China para construir um gasoduto de 2.600km do noroeste da Sibéria, atravessando o Altai, e especificamente o Planalto de Ukok, até a China. A proposta foi bastante criticada, principalmente devido ao plano de instalar o gasoduto no Planalto de Ukok, considerando a importância espiritual desse local para os idosos de Altai, a proibição de escavações no local e a designação de "Zona de Silêncio" pelo governo regional de Altai, assim como sua designação de Patrimônio Histórico Mundial pela UNESCO. Mas depois que a Gazprom gastou 697 milhões de rublos (em um custo total de 746 milhões) para financiar o novo Museu Nacional de Anokhin, em Gorno-Altaysk, a capital do Altai — o museu que fechou o acordo de retorno do corpo da princesa para o Altai em 2012 — o governo regional deixou de se opor aos planos da Gazprom e lhe deu permissão de começar a construção.[72] Somente desafios legais e regulatórios entre Greenpeace-Rússia e outros evitaram o início da construção. Desde então, a possibilidade de um gasoduto atravessar o planalto paira no cenário de maneira preocupante.[73] Embora a Gazprom diga, atualmente, que não tem planos nesse sentido, em 2019 abriu o gasoduto "Força da Sibéria", que atravessa a China mais para o leste, como parte de um acordo de US$400 bilhões com a China para abastecimento de gás nos próximos dez anos. Para fornecer a quantidade de gás acordada, a Rússia terá que construir mais gasodutos.[74] O gasoduto "Força da Sibéria 2" deve atravessar o Altai e, possivelmente, o Planalto de Ukok.

Esta não é a única ameaça que paira sobre o Planalto de Ukok. As mudanças climáticas estão desestabilizando o ciclo do *permafrost** no Altai. Isso provoca uma série de impactos problemáticos na ecologia e na biodiversidade da região, mas há também a ameaça especial às tumbas congeladas e ainda não escavadas exclusivas dessa região. O aquecimento gradativo do planeta ameaça o delicado equilíbrio na região do Altai que, por mais de 2 mil anos, mantém congeladas as sepulturas enterradas sobre os kurgans. As tumbas, congeladas por tanto tempo, estão começando a derreter nos meses de verão. Isso significa que seu conteúdo — conservado em condições

* Tipo de solo existente na região do Ártico, no extremo norte do planeta, que, em tese, não derrete. [N. da T].

originais até agora, como o da sepultura da Donzela do Gelo, durante tanto tempo — iniciará um processo de deterioração. O potencial de descoberta sobre as comunidades que vagaram por essa importante parte do mundo na antiguidade está, literalmente, escapando por entre nossos dedos.

Projetos de pesquisa urgentes procuraram identificar tumbas ainda congeladas no Altai (mais de 9 mil foram identificadas) como um primeiro passo em direção à potencial conservação artificial de seu estado sólido usando tecnologia de resfriamento até que elas (ou, ao menos algumas delas) possam ser escavadas. Tudo isso coloca um ponto de interrogação na utilidade da proibição vigente de escavação no Planalto de Ukok, que, não obstante, procure proteger seu subsolo, pode bem, se não se chegar a um consenso, acabar nos obrigando a ficar nos bastidores enquanto os vestígios do passado preservados por tanto tempo, agora derretam e se deteriorem.[75] De fato, Natalia comentou, quando conversamos, que ela não tem certeza se podemos supor que ainda existam tumbas congeladas intocadas pelas mudanças climáticas.[76] O tempo, sem dúvida, corre solto.

Natalia, quando viu o corpo da Donzela do Gelo pela primeira vez, recém-saído de seu casulo gelado em 1993, lembra-se de dizer "Perdoe-me", ao perturbar o sono de um milênio da princesa.[77] Ela ainda se preocupa com seu papel de despertar tal atenção mundial para a Donzela do Gelo. Um amigo etnógrafo lhe disse: "Se ela (a Donzela do Gelo) não quisesse ser encontrada, você nunca a teria encontrado."[78] Natalia concorda, mas ainda se pergunta por que a Donzela do Gelo gostaria de ser encontrada. Seria para ressurgir como uma figura de poder místico, amaldiçoando os que entrassem em contato com ela e protegendo seu reino dos males modernos, como a Covid-19? Ou para surgir novamente como símbolo do Altai em um período em que se encontra sob ameaça da política nacional e mundial, sem mencionar as mudanças climáticas?[79] Ou, ainda, porque, como Natalia acredita, para nos dizer algo sobre seu mundo do passado?

Natalia diz que nossa tarefa, não só como arqueólogos, mas como parte da humanidade em geral, é escutar.[80] Ela escutou o que a ciência lhe dizia sobre o corpo da Donzela do Gelo e seus efeitos. Desde 2012 e a volta da

Donzela do Gelo a Altai, ela combinou o que a princesa revelou, com o conhecimento conseguido em outras escavações Pazyryk para compreender melhor sua cultura. E, embora o Planalto de Ukok continue fora dos limites, as investigações recentes de Natalia a levaram até a Caxemira, na Índia, seguindo evidências arqueológicas e antropológicas apontando para essa parte do mundo como um dos pontos de origem do povo Pazyryk.[81] Quem sabe o que ela descobrirá em seguida?

O caso da Donzela do Gelo é claramente importante na evolução do debate de como, onde e por quem o passado deve ser tratado e cuidado. Essencialmente, ele pôs em evidência o contínuo exercício de equilíbrio muito difícil e delicado exigido após um objeto ser devolvido ao local de descoberta: entre o estimulante interesse do público em geral no passado, agindo sobre crenças e desejos das comunidades locais e a preservação do espaço para pesquisas contínuas. E, para mim, a Donzela do Gelo no 21° milênio, muito depois de 2 mil anos de sua morte, destacou outro elemento crucial para considerar nesse exercício de equilíbrio contínuo. A história de sua sobrevivência e descoberta demonstra como descobertas do passado — e, talvez, do futuro — estão à mercê de mudanças geopolíticas mais amplas e, agora, climáticas, que afetam não só quando e como elas serão reveladas e estudadas, mas mesmo se ainda sobreviverão. Resta saber se escolheremos escutar a Donzela do Gelo a tempo.

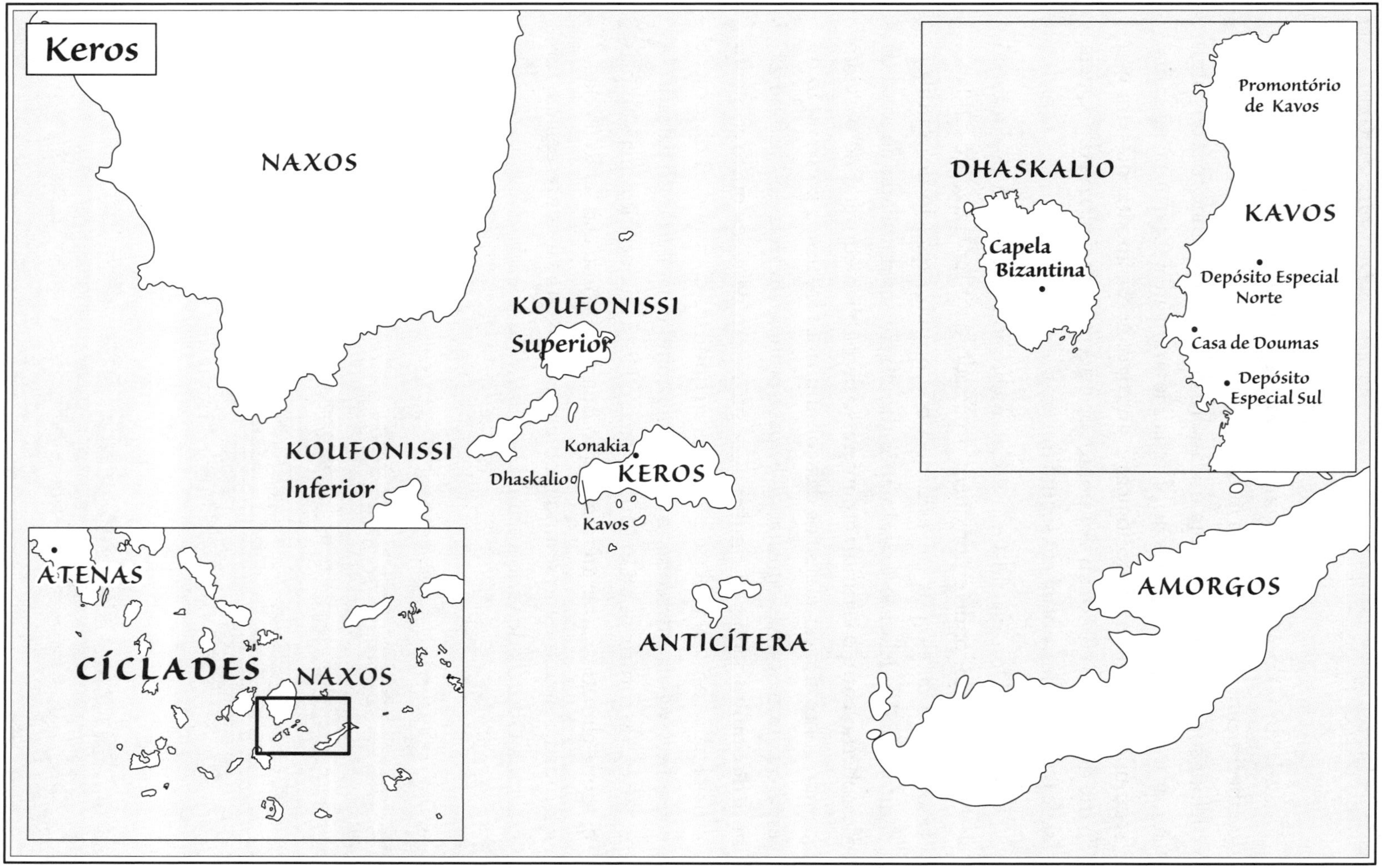
Keros
NAXOS
KOUFONISSI
Superior
KOUFONISSI
Inferior
Konakia
Dhaskalio
KEROS
Kavos
ANTICÍTERA
AMORGOS
DHASKALIO
Capela
Bizantina
Promontório
de Kavos
KAVOS
Depósito Especial
Norte
Casa de Doumas
Depósito
Especial Sul
ATENAS
CÍCLADES
NAXOS

8

Um Achado ao Longo do Tempo[1]

No Museu do Louvre, em Paris, há um objeto misterioso e antigo. É algo fascinante, maravilhoso de se ver: uma cabeça oval de quase 30cm de altura esculpida em mármore liso e brilhante na qual somente o nariz se projeta na frente e duas pequenas orelhas se sobressaem nas laterais; fora isso, ela não teria rosto. A superfície lisa é marcada apenas por uma fissura no mármore acima do maxilar inferior direito, como se tivesse levado um soco em uma briga recente. A cabeça foi esculpida com delicadeza e atenção aos traços humanos e essa representação um tanto simplificada e enobrecida da "essência" da humanidade levou a comparações com a obra de escultores e pintores modernos como Matisse e Henry Moore.

Contudo, esse fragmento de mármore está longe de ser moderno — foi afetuosamente esculpido no terceiro milênio AEC e ficou desconhecido na ilha de Keros, uma minúscula rocha nas Cíclades Gregas até 1873, pouco mais de 50 anos após hieróglifos terem sido decifrados graças à Pedra de Roseta. Chamamos esse período no Mediterrâneo durante o terceiro milênio AEC, quando essa cabeça de mármore foi criada, de "Idade do Bronze Inicial". Nesse período, as grandes civilizações palacianas minoicas e micênicas de Creta e do continente grego estavam apenas em seu estágio embrionário; e isso foi mais de mil anos antes que o cargueiro de Uluburun partissem em sua viagem ao redor do Mediterrâneo Oriental (cerca de 1300 AEC) ou os gregos micênicos se reunissem para cercar Troia (cerca de1250 AEC).

Em 1884, uma década após esse primeiro fragmento ser descoberto, Ulrich Köhler, diretor do Instituto Arqueológico Alemão, em Atenas, encontrou mais duas estatuetas em Keros. Desta vez, elas não eram grandes como a cabeça que se encontra no Louvre, mas minúsculas. Mas seu tamanho e detalhes requintados espantavam. Uma retratava um tocador de lira sentado e a outra, um tocador de flauta dupla em pé; ambos, como a cabeça do Louvre, datados do terceiro milênio AEC.[2]

Ninguém imaginava que culturas tão antigas conseguissem tais criações. Na década após essas descobertas, foi criado o rótulo "Civilização Cicládica" — considerando que Keros faz parte das ilhas Cíclades do Egeu — para descrever o povo que criou essas maravilhas. Mas nenhuma fonte literária sobrevivente falou do significado e propósito das estatuetas. Eram elas associadas a cultos religiosos? Ou obras "artísticas", parte do cotidiano?

Apesar dessas descobertas misteriosas, não foram realizadas outras investigações em Keros, em parte porque ninguém acreditava que fosse um centro cultural importante. Hoje, Keros é uma das maiores ilhas desabitadas do Mediterrâneo, lar de coelhos e lebres selvagens, pombos-das-rochas, arbusto denso e zimbros-anões. Existe apenas uma menção sobre Keros em todas as fontes escritas da antiguidade: uma ilha que pagava tributos como parte do Império de Atenas no século V AEC: a quantia irrisória de 10 dracmas e 3 óbolos.[3] Aparentemente insignificantes para a narrativa histórica, até seu nome, Keros, só foi oficialmente notado pela primeira vez desde a antiguidade, 30 anos depois da descoberta da cabeça do Louvre. E durante grande parte do século XIX a ilha pertenceu ao monastério em Amorgos, uma ilha maior próxima, que a usava como pasto para suas ovelhas e cabras. Não era exatamente uma referência de civilização.

Contudo, um homem em especial, com a ajuda de uma crescente equipe de especialistas, mudaria o conhecimento — e a reputação — de Keros para sempre e com isso abriu nossos olhos para as extraordinárias realizações das primeiras civilizações mediterrâneas.

*

Em 1949, Colin Renfrew, com 12 anos, viajou com os pais no MG esportivo vermelho do pai de sua casa em Stockton-on-Tees, perto de Newscastle, até a França e a Itália para as férias de verão. Era o primeiro passeio de Colin para o Continente. Eles visitaram o Louvre, em Paris, e Colin ficou diante da cabeça de mármore de Keros. Quando conversei com o agora professor Lorde Colin Renfrew, pelo Zoom, em fevereiro de 2021, ele lembrou desse momento como o primeiro em sua vida em que esteve frente a frente com a Idade do Bronze Inicial.[4]

A jornada deles os levou à Itália, rumo a Pompeia e Herculano. Quando o motor do MG quebrou, passaram o tempo esperando pelo conserto visitando o sítio etrusco de Cerveteri. Colin ficou fascinado pelo passado. De volta ao lar, ainda como estudante, participou de escavações na Cantuária durante as férias, e ele e o pai visitavam igrejas paroquiais medievais de bicicleta, sempre que possível.[5]

Contudo, como muitas vezes acontece, Renfrew sentiu-se pressionado a estudar algo mais imediatamente "relevante" para o mundo. Ele focou ciências nos últimos anos de escola e, em 1958, após completar o serviço militar na RAF (Força Aérea Britânica), dedicou-se ao estudo de Ciências Naturais, em Cambridge. Mas apenas precisamos de um momento para inclinar a balança para outra direção na vida. Renfrew passou o verão de 1960 em um intercâmbio com a Universidade de Perugia. Inspirado pela visita improvisada a Cerveteri quando tinha 12 anos, decidiu assistir a uma série de palestras sobre os Etruscos. Ele me contou, rindo, como surpreendeu a todos quando voltou a Cambridge no outono, com a ousada e incomum decisão de largar as Ciências Naturais e estudar arqueologia e antropologia.[6] Keros foi afortunada por esta decisão.

No censo grego de 1928, Keros registrou apenas 12 habitantes. Utilizada por soldados gregos e italianos como refúgio durante a Segunda Guerra Mundial, sofreu uma série de terremotos no final dos anos 1950 que cortou o acesso à maioria das fontes de água natural da ilha, dificultando ainda mais a moradia ali. Em 1961, o censo grego registrou apenas 8 habitantes em Keros.[7] Mas isso não foi o pior a acontecer à ilha.

Os anos 1950 foram um período crucial para o reconhecimento mundial da beleza — e do valor hoje em dia — das estatuetas cicládicas antigas. Em parte, o resultado inevitável de um foco mais amplo no estudo acadêmico está na descoberta e na escavação da civilização ("cicládica") da Idade Inicial do Bronze, que começou com a descoberta da primeira cabeça de Keros, em 1873. Porém, também foi graças ao modo como o foco e a paixão do mundo da arte moderna nos anos 1950, fascinado como era pela obra escultural abstrata de artistas como Henry Moore, Jean Arp e Constantin Brâncusi, se harmonizaram com o estilo das estatuetas cicládicas enigmáticas e encantadoras. Compradores particulares agora queriam essas peças antigas, inspirados pelo modo pelo qual essas esculturas com milênios de anos correspondiam aos ideais modernos da essência da beleza e da humanidade. Negociantes suspeitos estavam dispostos a vendê-las. Os ladrões agora tinham um mercado a quem as repassar. O roubo de sítios arqueológicos não protegidos onde essas estatuetas foram encontradas decolou.

Keros, já conhecida como origem de alguns exemplares maravilhosos de estatuetas cicládicas e quase inabitada e decididamente desprotegida, era o alvo preferido para pilhagem. Fotos de reconhecimento aéreo tiradas durante e depois da Segunda Guerra Mundial mostram que, entre 1945 e 1960, áreas de vegetação densa na extremidade oeste da ilha foram ousadamente desmatadas por ladrões para facilitar as escavações ilegais.[8] Em um recente documentário da TV grega, habitantes idosos da ilha próxima de Koufonissi Superior, que eram crianças nos anos 1950, lembram-se das sinistras idas e vindas de barco à noite.[9] Era uma ocorrência comum, que foram aconselhados a ignorar. Às vezes, eles até ganhavam estatuetas cicládicas de mármore para brincar e para as quais fazer roupas, "como bonecas".[10] Keros, com a população em queda e sem ninguém para defendê-la ou às antiguidades enterradas nela, foi, pelo que parece, sistematicamente saqueada.

Renfrew, agora no final do curso de arqueologia e antropologia, ainda não sabia o quanto sua vida se interligaria com Keros. Em 1962, ele procurava um tema para o doutorado. Pensou primeiro nos Etruscos — o motivo pelo qual estudou arqueologia. Mas, como sempre, o curso da vida às vezes depende de momentos únicos. No verão de seu último ano, Renfrew visitou o Museu Nacional de Arqueologia, em Atenas, e viu, pela primeira vez, a quantidade de estatuetas cicládicas do acervo. Sua reação foi emocional e intelectual: como me explicou em nossa entrevista no Zoom, ele foi cativado por sua beleza e também inspirado pela falta de conhecimento concreto sobre elas e a cultura que as produziu.[11] Ali estava um tema com que um ambicioso jovem estudioso poderia se destacar.

O primeiro trabalho seria investigar todos os sítios conhecidos nas ilhas Cíclades em que essas estatuetas foram escavadas e conhecer mais sobre elas e os contextos em que se inseriam. O orientador do doutorado de Renfrew apresentou-o a Christos Doumas, que desde 1960 era parte do Eforato (o Departamento Arqueológico grego) responsável por Atenas e as ilhas Cíclades. Durante um jantar em Atenas, Doumas mencionou a Renfrew a ilha de Keros como um sítio a ser visitado, apesar de ele mesmo nunca ter estado lá.[12] Mas amigos dele — os filantropos gregos muito ricos Nikolaos e Dolly Goulandris, que viram como o solo havia sido revirado a bordo de seu luxuoso iate enquanto navegavam pelas ilhas — lhe contaram o fato.[13] Dolly e Niko, como eram conhecidos, se interessavam — e se preocupavam — com sítios Cicládicos, tendo recentemente começado, com a permissão do governo grego, a própria coleção particular de arte cicládica. Se Keros era um sítio que atraía saqueadores, como as observações de Dolly e Niko pareciam sugerir, então era um local sobre o qual as autoridades arqueológicas gregas queriam saber mais. Os recursos, porém, eram parcamente distribuídos pelas várias ilhas — cerca de 220, pela última contagem. Pedir a Renfrew incluir o sítio em sua pesquisa de doutorado era uma boa maneira de cobrir mais terreno.

Assim, em 24 de julho de 1963, Colin Renfrew alugou um pequeno barco para levá-lo da ilha de Koufonissi Superior, naquela época sem eletricidade, até a ilha menor de Keros. Ele aportou em Konakia, uma área no lado norte da ilha, onde um pequeno grupo de pessoas ainda vivia durante o verão. Renfrew perguntou como chegar à área onde a escavação ocorrera. Eles foram "afáveis", ele registrou depois em seu diário, mas não sabiam como ajudar.[14] Reduzido a explorar a parte oeste da ilha sozinho, após uma hora de busca sob o sol quente, ele encontrou o que Dolly e Niko Goulandris viram do mar. Na encosta íngreme da costa oeste da ilha, encontrou o epicentro da atividade dos saqueadores. Renfrew ficou espantado com a ainda abundância de material antigo espalhado na superfície — ao contrário de qualquer outro sítio cicládico que havia visitado em suas pesquisas.[15] Em uma visita à parte, em outro momento, Christos Doumas descreveu a cena como uma "verdadeira Waterloo", com fragmentos de estatuetas antigas e outras peças de cerâmica espalhados pelo local "como batatas".[16] Renfrew registrou a cena em seu diário de modo mais prosaico, como "muito rica, muito trágica". Armado com a autorização de recolher amostras na superfície, ele coletou o que pôde, lavou-as, registrou-as e as entregou ao Museu Naxos (o centro das coleções cicládicas). Por um lado, a abundância de material em mármore sugeria que esse sítio deveria ter sido uma antiga oficina. Por outro, considerando que este era o material que os saqueadores deixaram para trás, espalhado no chão, que tipo de achados extraordinários eles haviam feito e levado?[17]

Pouco tempo depois da visita de Renfrew a Keros, no verão de 1963, Christos Doumas, como parte do Serviço Arqueológico Grego que supervisionava as Cíclades, foi incumbido de voltar à ilha devastada. Ele retornou em setembro, financiado por Dolly e Niko Goulandris, para realizar uma breve escavação na área saqueada. Ele, como Renfrew, continuou a encontrar vários fragmentos de estatuetas espalhadas no terreno. No entanto, jogou sua rede mais longe, escavando em diferentes pontos no topo dessa região a oeste da ilha, mas também cruzando até uma minúscula ilha no formato de uma bala a 90m da costa ocidental de Keros, chamada Dhaskalio, para procurar vestígios antigos. Na costa oeste, ele encontrou os vestígios de um pequeno prédio antigo, que a partir daí passou a ser conhecido apenas como "a casa de Doumas". Em Dhaskalio, no topo, ele encontrou os vestígios de uma capela bizantina (de um período posterior).[18] Será que, Doumas pensou, o sítio da beira oeste de Keros era um antigo cemitério? Essa poderia ser a resposta para o grande número de estatuetas enterradas no solo — talvez se tratasse de oferendas para honrar e acompanhar os mortos.

Keros estava se tornando um local de interesse — talvez pela primeira vez desde a Idade do Bronze. Em novembro de 1966, um rápido levantamento de toda a ilha foi conduzido pelos Serviços Arqueológicos Gregos e, em 1° de julho de 1967, uma equipe completa de escavação acampou ali por mais de três semanas. Durante esse tempo, ficaram também surpresos com a quantidade de material antigo cicládico retirado daquele pequeno trecho de terreno íngreme no lado oeste da ilha. Ao final de cada dia de escavação, a equipe enchia várias caixas grandes de madeira — normalmente usadas por pescadores egeus para guardar o produto do dia — com fragmentos de estatuetas, tigelas e outros recipientes, e as enviavam para serem guardadas na matriz dos Serviços Arqueológicos no museu na ilha de Naxos. Mais de 15 mil peças de cerâmica antiga foram escavadas legalmente no minúsculo sítio nesta ilha quase desabitada entre 1963 e 1967 — superando em muito as quantidades conhecidas de qualquer outro cemitério antigo do mesmo período.

Mais intrigante, nenhuma reveladora "placa de xisto" — placas que normalmente eram usadas para cobrir os túmulos nesse período — foram descobertas. E, ainda mais intrigante, quase não havia ossos humanos. Se aquele era um cemitério, onde estavam os restos dos que foram enterrados? E por que estatuetas, tigelas e outros recipientes estavam tão fragmentados? Alguns argumentaram que isso foi resultado dos saques — do descuido de escavadores negligentes. Mas outros na equipe acharam que essa poderia não ser a única resposta — afinal, ladrões queriam peças bonitas para vender. Não interessava a eles quebrar tudo que encontrassem.[19]

Essas perguntas exigiam respostas, mas ninguém as tinha, nem tampouco o dinheiro ou o tempo para realizar mais investigações. Doumas também ficou bastante ocupado a partir de 1968 com o sítio de Akrotiri na ilha de Santorini, uma escavação que, por sua vez, ele dirigiria a partir de 1975, além de se tornar professor de Arqueologia na Universidade de Atenas. O

Serviço Arqueológico Grego tinha, praticamente, um mar cheio de ilhas para cuidar.

No entanto, Keros continuava a aparecer — infelizmente em circunstâncias mais sombrias. Em 1967, houve uma exposição sobre a "Arte e Cultura das Cíclades", no Badisches Landesmuseum, em Karlsruhe, Alemanha, que incluía peças "de Keros", supostamente de uma coleção maior sediada na Basileia, na Suíça. Os colecionadores da Basileia compraram os objetos de um negociante anônimo. Não demorou para que essa coleção fosse chamada de o "Produto do Saque de Keros" — quase certamente itens roubados nos anos de 1950.[20] Keros — e todos os materiais antigos preciosos ainda escondidos em seu solo — continuaram desprotegidos e não interpretados, suas costas intocadas por outras investigações — legais — desde 1967. Compreender o que Keros significou para a Idade do Bronze — e, assim, o que há para ser protegido no local — estava se tornando mais urgente.

*

Em 1983, Colin Renfrew era agora professor da cátedra Disney* de Arqueologia na Universidade de Cambridge — uma das mais conceituadas posições em arqueologia do mundo.[21] Ele conduziu escavações em vários sítios em outros pontos das Cíclades, assim como no norte da Grécia e até nas Ilhas Órcades. Quando não está escavando ou lecionando, publica intensamente: sobre os sítios nos quais escava; sobre as novas técnicas de datação por radiocarbono e sua aplicação a antigas culturas egeias; sobre modelos que explicam o desenvolvimento das sociedades ancestrais; sobre o reconhecimento de "culturas" especiais de povos no Egeu por meio de diferentes formas pelas quais eles esculpiram suas estatuetas cicládicas; e também sobre o quadro mais amplo do desenvolvimento da primeira civilização no Egeu. Muitos de seus livros tornaram-se referência no campo, e o conhecimento e as percepções de Renfrew são requisitados em todo o mundo. E, ao longo desse tempo todo, ele não voltou a Keros desde sua visita 20 anos antes.

---

* John Disney, advogado e antiquário inglês, criador da cátedra na Universidade de Cambridge. [N. da T.]

Keros, porém, se tornou cada vez mais importante para os debates acadêmicos sobre a natureza das civilizações que existiram na Idade do Bronze Inicial. Em 1983, Renfrew participou de uma conferência no Museu Britânico centrada no propósito e significado das estatuetas cicládicas. A conferência reuniu em um aposento todos os participantes mais importantes associados a Keros nos últimos 20 anos: Renfrew, Doumas, Photeini Zapheiropoulou, do Serviço Arqueológico Grego, que conduzira as escavações de 1967, além de um grupo de estudiosos com conhecimento em diferentes sítios ao redor do Egeu. A atenção despertada por Keros pelas recentes revelações dos achados saqueados da ilha só serviu para concentrar ainda mais as mentes na tentativa de compreender o que era esse sítio. Era um cemitério? Nesse caso, onde estavam os ossos? Onde estavam as indicadoras placas de xisto que cobriam os túmulos? Era um assentamento? Se assim fosse, onde estavam os prédios e outros sinais de habitação? Era uma espécie de santuário religioso? Possível — mas a grande quantidade de materiais encontrados (além do que foi perdido para os ladrões) o tornava diferente de tudo já visto em qualquer ponto do Egeu. E por que tudo estava tão quebrado?

Renfrew ressaltou em nossa conversa por meio do Zoom como ele ainda se lembra da disposição no final dessa conferência: todos concordavam que precisava ser feito algo a mais sobre Keros. Ela não poderia continuar a ficar no final da lista dos afazeres de todos.[22] Um plano foi elaborado para ligar Keros à ilha próxima de Amorgos (cujo mosteiro controlara Keros durante o século XIX) e incluí-la em um novo projeto de escavação prestes a ser realizado nessa ilha. Em agosto de 1987, uma equipe, liderada por Doumas, Renfrew e Lila Marangou, uma arqueóloga grega que já tinha trabalhado extensivamente em Amorgos, passou duas semanas escavando em Keros.

Os últimos habitantes semipermanentes de Keros partiram nos anos 1970. A ilha agora era usada para pastagem ocasional e caça de animais. Ela era basicamente silenciosa, sem acesso fácil a fontes de água potável, abrigo, drenagem ou suprimento de alimentos. Como escavar em uma ilha dessas? O grupo decidiu criar uma base na ilha próxima de Koufonissi Superior e repetir o que Renfrew fizera em sua primeira visita a Keros: eles contrataram Rousetos Prasinos, o capitão local de um pequeno barco, para levá-los a Keros todas as manhãs e buscá-los à tarde, quando ficavam em um pequeno hotel de propriedade da família Platis, usando um de seus quartos como laboratório improvisado para o estudo dos achados. Renfrew adorava a ida de barco matutina até Keros, que partia às 6h. Atravessar as águas calmas e transparentes do Mar Egeu, enquanto o sol nasce no horizonte e aquece o ar ao redor, disse ele, "faz você sentir que cada dia é um recomeço".[23]

A equipe tinha duas prioridades.[24] Primeiro, investigar adequadamente a área assolada pelos saqueadores e depois brevemente examinada nas visitas e escavações posteriores nos anos 1960; e, segundo, realizar um levantamento completo da superfície nessa extremidade oeste da ilha a fim de obter um contexto para a área de escavação. Esta primeira tarefa era ingrata. A meta de uma escavação é mapear — em três dimensões — exatamente onde os objetos são encontrados para que a "estratigrafia" — os diferentes níveis de uso do sítio — possa ser estabelecida e a evolução do sítio melhor compreendida. Em resumo, tenta-se criar uma imagem da área como se fosse um bolo do qual se cortou uma fatia e se olha para as diferentes camadas de recheio empilhadas uma em cima da outra. Imagine fazer isso em uma área onde anos de saques, além de várias escavações anteriores, criaram mais confusão no sítio do que um gigante em uma caixa de areia (ou até mesmo um bebê que pôs as mãos no bolo!).

Já a segunda prioridade — o levantamento da extremidade oeste da ilha — inspirou a esperança de que esclareceria o que Keros fora na antiguidade. No entanto, ambas as tarefas, no fim das contas, contribuíram mais para o mistério que cercava a ilha e para o debate que a envolvia. Renfrew liderou a escavação da área saqueada/escavada, agora chamada de "depósito especial" pela quantidade de estatuetas e fragmentos de cerâmica encontrados. Em razão de o local ter sido tão revolvido, a equipe não pôde dizer nada sobre a estratigrafia do depósito especial. Mas eles não encontraram traços de qualquer tipo de estrutura ou de sepulturas. Por outro lado, continuaram a encontrar novos fragmentos de estatuetas e cerâmica — que se somaram à imensa quantidade do que havia sido escavado ali nas décadas passadas (isso sem mencionar o que fora roubado antes disso, seja lá o que for). A equipe de levantamento ainda encontrou uma abundância de artefatos antigos — cerâmicas e outros materiais — na superfície oeste da ilha. No total, 18.398 pedaços de cerâmica foram coletados em 1987 a partir do levantamento e da escavação. Contudo, o mais intrigante foi que a análise mostrou que uma grande porcentagem das peças tinha realmente sido levada a Keros de outro lugar na antiguidade.[25]

Essa nova informação trouxe mais dúvidas e incertezas do que antes. A equipe não chegou a um concenso sobre o que esses fatos revelavam da natureza das atividades na antiga Keros, exceto pela sua óbvia e significativa importância na antiguidade. O mistério da ilha foi promovido a "Enigma de Keros".

Ao longo do tempo, três explicações antagônicas continuaram a ser defendidas pelos membros da equipe. Doumas argumentou que o sítio pode ter sido considerado um ponto de entrada misterioso ao Submundo na antiguidade, dessa forma atraindo a entrega de tantas estatuetas, mas talvez menos enterros de fato.[26]

A equipe de levantamento apresentou uma explicação mais prosaica: que o "depósito especial" era um cemitério e as áreas vizinhas, considerando a abundância de cerâmica encontrada, podiam muito bem ter sido um assentamento. Eles explicaram os elevados níveis de importações com base em que esse assentamento em Keros era um centro crucial de comércio, uma das fundamentais ilhas de comercialização do período.[27] Para eles, Keros era um sítio importante, mas não um enigma, de modo nenhum.

Todavia, Renfrew estava cada vez mais convencido de que o sítio tinha pouco a ver com os mortos ou com o comércio. Para ele, a qualidade e quantidade dos achados de estatuetas, tigelas e vasos antigos, assim como a ausência de sepulturas e estruturas óbvias de assentamentos, significava que o sítio parecia mais um santuário, um local de culto religioso. E o fato de que tanto material veio de outro lugar o fez pensar que se tratava de um santuário que atraía pessoas de locais muito além de Keros e das ilhas próximas. Mas, o que dizer de tanto material quebrado?

Renfrew percebeu que a única forma de encontrar uma solução era examinar cada fragmento e analisá-los em detalhe. Assim, ele começou o processo meticulosamente lento de examinar os pontos de quebra das milhares de estatuetas encontradas desde os anos 1960. Renfrew examinou manualmente cada uma com todo cuidado, tentando determinar se a quebra se dera em tempos modernos (nas mãos de saqueadores ou devido a uma perturbação do sítio) ou em tempos antigos. Para ele, as provas eram claras: quase todas as estatuetas foram quebradas na antiguidade. Em Keros, ele estava olhando — acreditava ele — para um sítio de rituais ao qual as pessoas iam em grande número, de vários lugares, para depositar intencionalmente fragmentos quebrados de estatuetas e cerâmicas caras.[28] Tal prática ritual era desconhecida no Egeu. Para Renfrew, o enigma de Keros alcançava agora uma magnitude ainda maior: Quem eram essas pessoas que iam a Keros, de onde vieram e o que pretendiam ao quebrar cerâmicas?

A resposta ao Enigma de Keros teve de esperar o novo milênio. Em 2004, Renfrew atingiu um novo ponto alto em sua já brilhante carreira ao ser agraciado com o prêmio Balzan. Esta não é uma comemoração cerimonial comum — cada prêmio é acompanhado de um cheque de cerca de €700 mil. Renfrew tinha 67 anos e acabara de se aposentar da Cátedra Disney de Arqueologia em Cambridge. Para muitos, este seria o ponto, após uma carreira ilustre e plena, para relaxar. Mas Renfrew ficou ansioso por usar esse novo tempo livre e o dinheiro do prêmio adequadamente. Após gastar parte dele criando um posto de pesquisa em arqueologia em Cambridge, usou o resto para planejar uma nova investida ao Enigma de Keros.

Assim, em 3 de maio de 2006, uma nova equipe de Cambridge fez a jornada de barco em uma tranquila manhã no mar Egeu até Keros, desta vez capitaneado por Kostas Prasinos, filho de Rousetos, que levou a equipe em 1987. O grupo ficou em Koufonissi Superior, outra vez no mesmo hotel pertencente à família Platis onde Renfrew se hospedara como parte da campanha de 1987.[29] Eu cursava o doutorado na época e trabalhava na British School, em Atenas, a base para a equipe Keros de Cambridge antes de saírem para as ilhas. Vi de perto os cuidadosos preparativos para a expedição. O foco principal foi a comida. Keros ainda era desabitada, não tinha fontes de água potável, abrigo, sombra ou drenagem. A equipe ficaria na ilha do amanhecer até o meio da tarde, todos os dias, durante seis semanas. Em Keros, cada membro teria que se responsabilizar por seu suprimento de comida e água. Isso significava sardinhas em lata — em grande quantidade. Renfrew, como me contou com um sorriso na entrevista no Zoom, é grande adepto do valor nutricional, sabor e facilidade de uso de sardinhas em lata.[30] Como resultado, vi empilhadas na British School, em Atenas, centenas de latas de sardinha prontas para serem levadas a Koufonissi Superior com o equipamento arqueológico necessário à escavação. Portanto, cada membro da equipe levaria a bordo suas ferramentas, tomates e pães frescos, além de garrafas de água e, claro, uma lata de sardinhas.

Determinado, Renfrew tinha um plano claro para essa primeira temporada em 2006: desvendar o Enigma de Keros de uma vez por todas. O levantamento de superfície em 1987 indicara um potencial ponto de acesso a achados a cerca de 110m ao sul da área do "depósito especial" que investigara naquele ano.[31] Depois de enviar uma equipe para retirar os arbustos da área a fim de expor o solo para ser cavado (como os saqueadores fizeram em alguns momentos entre 1945 e 1960 na área ao norte), os escavadores iniciaram os trabalhos.[32] Essa foi uma escavação difícil. Isso sem mencionar o transporte diário de e para Koufonissi ou os desafios de ter uma grande equipe efetivamente abandonada em uma ilha todos os dias, durante seis semanas, vivendo à base de sardinhas, pão e água. A área que pretendiam escavar era uma encosta rochosa com um desnível entre 14°e 18° que descia para o mar, sem sombra e perfeitamente posicionada de modo a ser exposta aos fortes ventos *meltemi* do Egeu. Os ventos eram tão fortes que o melhor amigo da equipe — depois das sardinhas em lata, claro — eram os elásticos. Foram necessários vários sacos deles para prender tudo e evitar que fossem levados pela forte ventania ao redor da ilha — principalmente as páginas preciosas de notas que cada membro tomava de tudo o que achava. Havia dias em que os ventos, forte e intensos, levantavam a poeira, terra e areia da encosta exposta e as jogavam sobre a equipe. Muitos decidiram usar óculos de natação para proteger os olhos enquanto escavavam.[33]

Todavia, o que viram através daqueles óculos no primeiro dia de escavação, em 2006, os fez pular de alegria. Na área que decidiram investigar, começaram a achar estatuetas antigas, tigelas de mármore e outros recipientes.[34] Era outro "depósito especial" — mas aparentemente nunca encontrado pelos saqueadores e, portanto, intocado. Isso era tudo que Renfrew esperara, e quando falei com ele pelo Zoom em fevereiro de 2021, a empolgação da descoberta ainda era especial: desde quando se tem sucesso no primeiro dia de uma escavação?[35]

Agora a equipe tinha a oportunidade de conduzir uma escavação adequada de uma área não devastada e assim, talvez, de encontrar respostas ao Enigma de Keros. Ao longo da primeira temporada de escavação, em 2006, seguida por uma segunda e uma terceira, entre 2007 e 2008, a equipe registrou com cuidado cada achado à medida que era encontrado: criando uma estratigrafia importantíssima em 3D — ou fatia de bolo — do recém-descoberto "depósito especial". Mas eles ainda pegavam quantidades regulares de terra escavada e a sujeitavam à técnica de peneiração com água — estarem totalmente cercados pelo Egeu finalmente se mostrou útil. Isso lhes possibilitou lavar a terra de maneira efetiva e encontrar pequenos fragmentos de material que nunca teriam ficado visíveis a olho nu (ou com óculos) nas valas escavadas. A equipe queria garantir que não estavam perdendo nada para que pudessem saber precisamente o que era esse novo depósito especial e — tão importante quanto — o que não era. E foi o material que não estava lá que falou com mais clareza a Renfrew. No decorrer da escavação, a equipe não encontrou ossos nas valas. Ossos, é claro, podem se deteriorar, mas dentes humanos esmaltados sobrevivem por muito mais tempo. A peneiração com água, porém, não revelou nenhum dente. Além disso, nenhum item de metal ou objetos de adorno pessoal foram encontrados — tudo o que deveria estar lá se a área fosse usada como cemitério.[36] Esta hipótese foi descartada.

A essa nova área de depósito especial deu-se o nome de "Depósito Especial Sul", e ao "depósito especial" original dos anos de 1960–1980, de "Depósito Especial Norte". O Depósito Especial Sul mostrou-se uma descoberta ainda mais impressionante do que o Norte. Entre 2006 e 2008, foi recuperado um total de 53.639 pedaços de cerâmica, 550 fragmentos de estatuetas, 2.236 vasilhas de pedra, 3.452 fragmentos de obsidiana, além de um número menor de vários tipos de material antigo.[37] Em consequência, o Depósito Especial Sul rendeu mais estatuetas e fragmentos de vasilhas de mármore do que jamais tinha sido encontrado em escavações arqueológicas nas Cíclades.[38] O material era composto de artefatos de valor elevado — ou feitos de materiais caros, ou o resultado de significativo investimento humano por meio de esculturas e decoração. Análises microscópicas posteriores das cerâmicas mostraram — como ocorreu com o material recuperado em 1987 — que a surpreendente maioria não havia sido feita em Keros, mas veio de outros locais do Egeu e até da Ática e do Peloponeso, na Grécia continental.[39] E, crucialmente, tudo — estatuetas, tigelas e vasilhas de mármore — estava quebrado em vários pedaços.

Para Renfrew e sua equipe, essas quebras, assim como as observadas no material do Depósito Especial Norte, parecem ter ocorrido na antiguidade. Entretanto, desta vez, a equipe pôde avançar um pouco. Como o Depósito Especial Sul não havia sido saqueado, eles tiveram a certeza de ter escavado toda a área. Assim, a equipe tentou montar as estatuetas e pedaços de vasilhas recuperadas. Não conseguiram — nenhuma estatueta ou vasilha pôde ser completada com os pedaços.[40] Isso significou que cada item já estava quebrado quando colocado ali. Além disso, a peneiração com água não revelou nenhuma lasca minúscula de mármore ou outro material que se esperaria ver caso os objetos tivessem sido quebrados no sítio. Isso significava apenas uma coisa: esses objetos antigos não só foram trazidos para essa área, mas foram quebrados em outro local e então trazidos para a região para serem colocados no solo. A pergunta que agora intrigava a equipe era: Por quê?

Além do trabalho do Depósito Especial Sul, a equipe ainda investigou a área vizinha aos depósitos especiais no lado oeste da ilha, hoje conhecida como "Kavos". As escavações revelaram a presença de um longo terraço de pedra natural mais ou menos paralelo ao mar voltado para a minúscula ilha de Dhaskalio, que parecia marcar a fronteira leste dos Depósitos Norte e Sul, com uma encosta natural da ilha subindo significativamente acima desse terraço. Nenhuma estrutura construída — exceto a casa de Doumas, descoberta em 1983 — foi encontrada. O que se via era um anfiteatro natural circundando as encostas onde os depósitos especiais estavam situados, espremidos entre o mar Egeu e os altos penhascos. "Kavos" era um palco natural para o desempenho desse ritual de deposição nunca visto de objetos quebrados trazidos de longe.

Agora alerta ao palco natural criado na extremidade oeste de Keros, a atenção se voltou para a ilhota de Dhaskalio. Esse pontinho de rocha estava voltado para o palco de desempenho ritual em Kavos. Seria ele a plateia? Christos Doumas escavou brevemente em Dhaskalio nos anos 1960 e encontrou uma capela bizantina. A equipe de levantamento esteve lá em 1987 e indicou que não havia mais nada a ser encontrado. Mas ninguém esperava o que aconteceu em seguida.

*

Em 2007, outro acadêmico britânico, o Dr. Michael Boyd, então trabalhando em Sheffield, no Reino Unido, respondeu ao anúncio de Renfrew em busca de um auxiliar de pesquisa para as escavações em Keros. A primeira temporada dele no trabalho foi em 2008. Quando conversei com ele e Renfrew no Zoom em fevereiro de 2021, ele me contou como se lembra de ter ouvido sobre o "Enigma de Keros" em seus estudos e, então, o choque e a admiração de ver o sítio pela primeira vez.[41] Nessa etapa, a equipe começara a se dar conta da magnitude do que havia revelado, mas estavam a anos de publicar suas descobertas ao mundo. Boyd era o mais novo membro da equipe que participou de seu segredo.

O papel de Boyd era administrar o trabalho em Dhaskalio — uma tarefa ainda mais desafiadora do que a escavação em Keros, visto que a ilhota tinha encostas ainda mais íngremes em todos os lados e era separada de Keros por 90m de mar — era uma ilha desabitada perto de outra ilha desabitada. No entanto, os esforços foram recompensadores. No final da temporada de 2008, a equipe descobriu que Dhaskalio — essa minúscula e humilde rocha — havia sido o local preferido de assentamento dos que vinham a Keros na antiguidade. E não um assentamento qualquer — mas monumental. Do outro lado de seu ponto mais alto, eles descobriram os vestígios de um grande saguão, além de um recinto menor e até um pátio aberto, criados no cume rochoso. Nos lados norte e leste da ilha, em especial, acharam vários terraços feitos pelos homens e sinais de densa ocupação e assentamento, com caminhos planejados interligando o local com os grandiosos edifícios do cume. Os prédios eram feitos de mármore. E 99% desse mármore não era de Keros; estudos microscópicos mostraram que ele veio de Naxos, a uns 10km de distância.[42]

Talvez o mais importante que as escavações em Dhaskalio proporcionaram à equipe, graças à combinação de estruturas construídas e achados de cerâmicas, foi a oportunidade de criar uma estratigrafia definitiva — a visão essencial do sítio como fatia de bolo — permitindo-lhe registrar as datas durante a construção e uso do sítio. As fases dessas datas puderam então ser aplicadas ao material encontrado nos dois depósitos especiais, onde a ausência de estruturas construídas impedira a possibilidade de identificar com segurança o intervalo de tempo entre os materiais encontrados. Os resultados foram extraordinários. A primeira fase de atividade em Dhaskalio e Kavos ("Fase A") eram datados de 2750 a 2550 AEC, a segunda fase ("Fase B"), foi datada de 2550 a 2440 AEC e a fase final ("Fase C"), de 2400 a 2300 AEC.[43] Isso significa que as pessoas começaram a ir para Keros antes de as Grandes Pirâmides de Gizé terem sido construídas no Egito ou o famoso círculo de Stonehenge ser erigido no Reino Unido, e que todo o ciclo de vida das fases de atividade em Keros aconteceu antes da construção dos palácios Minóicos, em Creta, no final do terceiro milênio AEC. O Egeu — no auge da atividade em Keros — apenas despertava para a Idade do Bronze e começava a desenvolver comunidades, artes e arquitetura complexas. E, ainda mais surpreendente, os depósitos especiais pareciam ser o primeiro exemplo em todo o Egeu de um centro de rituais, atendendo uma ampla comunidade regional de outras ilhas e da Grécia. Considerando que as pessoas tinham de ir a Keros por mar a fim de realizar o ritual, Keros agora pode afirmar ser o mais antigo santuário marítimo conhecido em todo o mundo.[44]

Logo foi revelado outro fato espantoso, nunca antes percebido: Dhaskalio e Keros eram, no terceiro milênio AEC — quando as pessoas iam para a ilha depositar suas estatuetas quebradas — unidas por uma passagem natural, hoje coberta pelo mar.[45] Para Colin Renfrew, Michael Boyd e o restante da equipe Keros de Cambridge, a tarefa agora era reunir os infinitos fluxos de dados disponíveis para criar um quadro do que era esse local no terceiro milênio AEC e, também, porquê as pessoas se juntarem ali para depositar essas lindas estatuetas quebradas.

Ao cruzar o Mar Egeu a partir das ilhas próximas e longínquas, os visitantes ancoravam seus barcos na passagem entre Dhaskalio e Keros. Dependendo da direção dos temperamentais ventos do Egeu, o lado norte ou sul da passagem proporcionava um ponto protegido para aportar os barcos no coração do sítio. Eles então se dirigiam à área dos depósitos especiais em Kavos. Com eles, traziam coleções de estatuetas de mármore quebradas e cerâmicas valiosas, que depositavam — provavelmente ainda nas "sacolas" que as trouxeram — no chão (onde os depósitos especiais estão hoje).[46] Depois, navegavam de volta às suas casas do outro lado do Egeu.

Não há provas da regularidade com que vinham. Uma vez ao ano? Uma vez a cada quatro anos? Tampouco, há qualquer indício de que esse ritual era realizado para reverenciar uma divindade em particular. Em vez disso, os depósitos especiais em Kavos parecem ter sido um local de peregrinação — um local ao qual as pessoas de outras ilhas e até do continente, na Grécia, eram atraídas. Um local de "atração simbólica", de "culto comunitário".[47] Talvez, como Renfrew argumentou, os pedaços de estatuetas e cerâmica que trouxeram com elas fossem, durante sua vida material, acessórios importantes em rituais conduzidos por esses visitantes em suas comunidades de origem. Quando sofriam danos, perdiam a perfeição ou simplesmente eram substituídos, as comunidades, em vez de apenas descartar esses objetos valiosos e simbólicos, os quebravam em um ritual e levavam ao menos alguns pedaços para serem colocados nos depósitos especiais em Kavos, na ilha de Keros.[48] Ao fazê-lo, e indo para essa única ilha repetidamente de diversos lugares para participar da mesma ação ritual — a colocação de estatuetas de mármore e cerâmicas de alto valor intencionalmente quebradas — esses visitantes desenvolveram um senso de comunidade uns com os outros. Embora viessem de diferentes áreas geográficas, talvez com comportamentos sociais e políticos diversos, eles ainda ficavam cada vez mais unidos pela prática ritual comunitária, um elo fortalecido a cada visita a Keros.[49]

Renfrew nomeou esse desenvolvimento de sensação comunitária centrada ao redor de Keros de a "Confederação de Keros", repetindo como outra ilha do Egeu — Delos — iria, mais de 2 mil anos depois, criar uma força comunitária centrífuga semelhante no primeiro milênio AEC durante a época dos mundos gregos clássico e helenístico, a época da democracia ateniense, o Partenon, Platão e Alexandre, o Grande.[50] Ele também destacou como esse fenômeno de rituais de congregação, sem a necessidade de uma divindade especial em seu centro, parece ter sido uma característica importante das primeiras sociedades produtoras de alimentos no mundo: de Göbekli Tepe, na Turquia (por volta de 9.000 AEC), a Caral, no Peru (cerca de 3000 AEC), a Stonehenge, na Inglaterra, a partir de meados do 3º milênio AEC, ou o mais ou menos contemporâneo Círculo de Brodgar, na Escócia.[51] No entanto, ao contrário desses sítios, definidos como centros de congregação ritual pelos enormes monumentos erguidos neles, o marcador em Keros não foi uma grande estrutura, mas o ato de depositar materiais simbólicos. Renfrew observa que o tipo mais comum de estatuetas cicládicas quebradas e depositadas em Keros é aquele em que os braços estão cruzados.[52] Talvez essa fosse a marca, o símbolo, da comunidade criada ao redor de Keros.[53]

Keros, basicamente desabitada e, em geral, ignorada desde a antiguidade, teve seu passado enigmático explorado primeiro pelos ladrões. Felizmente, isso atraiu a atenção da comunidade arqueológica e, por fim, causou uma investigação completa no sítio. Em decorrência, a ilha hoje é o santuário marítimo mais antigo do mundo e um dos exemplos essenciais das primeiras formas de comportamento ritual da humanidade, do nosso desejo de congregar e criar uma comunidade. É uma jornada marcante de transformação para essa ilha desinteressante. E uma jornada que não terminou — as revelações só aumentaram a partir de então.

Colin Renfrew e Michael Boyd, depois das temporadas de escavações de 2006 a 2008, tinham mais perguntas sobre Keros e a região vizinha. Após passar quatro anos estudando o material escavado e preparando a publicação das escavações iniciais, a equipe lançou o Levantamento da Ilha de Keros. Eles queriam saber se poderiam encontrar indícios de as estatuetas terem sido quebradas em outro lugar na ilha e ainda descobrir se havia outros sítios usados ao redor ou se Dhaskalio/Kavos eram as únicas. Embora não tenham encontrado provas de quebra, o levantamento indicou vários sítios até hoje totalmente desconhecidos de ocupação desse período ao redor de Keros.[54] Eles aguardam para serem explorados.

Em 2015, os dois também começaram o projeto Keros Naxos Seaways [Vias Aquáticas Keros Naxos]. Naxos, hoje, é a maior e mais ativa ilha perto de Keros, mas o levantamento confirmou que, no 3° milênio AEC, Keros era a mais densamente povoada. Parece que naquele milênio Keros era o centro da atenção de todos.

Depois de estabelecer o contexto da natureza única de Keros e Dhaskalio, Colin Renfrew e Michael Boyd iniciaram novas escavações em Dhaskalio em 2016. Uma década depois de Colin Renfrew e a equipe Keros de Cambridge (impulsionados por aquelas sardinhas enlatadas) descobrirem o Depósito Especial Sul em 2006, a equipe voltou para se concentrar em compreender o desenvolvimento cronológico das estruturas construídas em Dhaskalio, o relacionamento da ilhota com os depósitos especiais em Kavos e a evolução do sítio Dhaskalio/Kavos na totalidade. De certo modo, pouco mudou nessa década. O barco de Koufonissi Superior a Keros ainda saía às 6h todas as manhãs e Renfrew, agora com 79 anos, sempre era o primeiro a aparecer no ancoradouro para embarcar.[55] O barco ainda era capitaneado por Kostas Prasinos, que transportara a equipe em 2006 a 2008, embora agora seu filho, Rousetos (com o nome do avô que capitaneara o barco que levou Renfrew em 1987), também assumia o leme de vez em quando. Renfrew e Boyd me contaram que o jovem Rousetos tinha de ouvir seu pai lembrá-lo constantemente de que ele, o pai, era o melhor barqueiro.[56] A equipe ficou no mesmo hotel administrado pela família Platis e usou alguns de seus quartos como laboratório do trabalho de campo. Os arqueólogos têm orgulho da forte conexão que criaram com a comunidade local em Koufonissi Superior, e satisfação ainda maior do trabalho que desenvolveram para mudar as opiniões locais sobre Keros de um sítio que os habitantes se dispunham a ver (talvez até ajudar) saqueado, para um pelo qual sentem um forte sentimento de orgulho local e regional, no qual querem investir e proteger. O antigo prédio da escola em Koufonissi (algumas das salas Colin e Michael usaram como laboratório de trabalho de campo na campanha de 2006 a 2008) hoje é um museu público dedicado a Keros.[57] Uma investigação arqueológica, em muitos aspectos iniciada em resposta à pilhagem de um sítio ancestral, contribui na atualidade para garantir que ele — e, espera-se, outros — não sofram da mesma forma no futuro.

Mas algumas coisas mudaram. Em 2016, em parte para lidar com os fortes ventos que açoitam Keros, a equipe deixou as notas de papel e os elásticos e entrou na era digital usando iPads e rastreamento por GPS para registrar todos os achados. Instrumentos digitais mudam como a arqueologia é realizada, possibilitando análises mais rápidas e profundas do material encontrado. Contudo, como Michael Boyd comentou ironicamente em nossa entrevista pelo Zoom, não existe alternativa digital para os problemas de ter uma equipe de mais de 70 elementos presa em uma minúscula ilha íngreme e desabitada o dia todo. De ter de levar seu almoço (sardinhas são opcionais), a lidar com indisposições (o barco de Prasino pode provocar enjoo em alguns) à simples questão de onde todos vão ao banheiro enquanto em Dhaskalio, essa continua sendo uma operação logística de grande complexidade — mesmo antes de a equipe lidar com a arqueologia em si.[58]

No transcurso de mais três temporadas de escavações, de 2016 a 2018, Colin e Michael revelaram mais informações notáveis em Dhaskalio/Kavos. A primeira foi acrescentar detalhes da relação entre as duas áreas. Visitantes levavam material aos depósitos especiais em Kavos de 2.750 AEC (o início da "Fase A" do sítio). Nessa época, não havia prédios monumentais em Dhaskalio e o desenvolvimento começou em algumas estruturas; também existem muitos indícios de processamento, aquecimento e consumo de alimentos.[59] Durante a "Fase B" (2550 a 2400 AEC), aproximadamente quando a pirâmide de Gizé estava sendo construída no Egito, os depósitos especiais continuaram a ser usados e a maioria dos edifícios do assentamento foi construído em Dhaskalio, onde também há evidências de mais armazenamento e transporte de alimentos e outros artigos do que antes.[60] Mas na Fase C (2400 a 2300 AEC), houve rara interação entre os depósitos especiais em Kavos, nessa que foi a época em que o saguão, o recinto no cume e a área do pátio foram construídos em mármore no pico de Dhaskalio; jarros de armazenamento e transporte representam mais de 57% de todos os recipientes encontrados.[61]

Observa-se, assim, várias mudanças nos motivos para as pessoas irem a Keros. Isso começou por volta de 2750 AEC, quando as pessoas eram atraídas para lá como um sítio de deposição ritual de estatuetas e cerâmicas quebradas. Ao longo do tempo, à medida que essa atividade criava um senso de comunidade e congregação, tendo como resultado o aumento da importância de Keros como "atrativo simbólico" na região. Dhaskalio se tornou lar de uma pequena comunidade permanente, se desenvolvendo com a finalidade de proporcionar suporte, acomodação e espaços comunitários para a maioria das pessoas que vinham realizar periodicamente a deposição ritual em Kavos.[62] Em 2008, a equipe que investigava Dhaskalio mapeou o canto de uma parede na base da ilhota, exatamente onde a equipe provara existir uma antiga passagem entre Dhaskalio e Kavos. Quando B**oyd** e Renfrew voltaram em 2016, discutiram investigar precisamente essa área com uma vala de escavação completa. Boyd descreveu o fato simplesmente como "ter tido um pressentimento".[63] O resultado foi a descoberta de uma escadaria cerimonial monumental (com todo um sistema de drenagem debaixo dela) que levava da passagem em direção ao ponto mais alto de Dhaskalio, ligando-a a Kavos. Visitantes que chegavam e atracavam ao norte ou ao sul da passagem, dependendo do vento, agora tinham uma escadaria cerimonial para auxiliar a locomoção entre os dois locais. Boyd admitiu que gostou de subir pela escadaria, imaginando antigos visitantes fazendo o mesmo há 4.500 anos.[64]

Está claro que quando esses visitantes antigos iam de Dhaskalio a Kavos, se locomoviam entre dois espaços muito diferentes em termos de uso e significado. Dhaskalio tinha um número cada vez mais expressivo de estruturas construídas. Kavos somente teve uma construção (a casa de Doumas). Dhaskalio estava pontilhada com detritos provenientes do processamento, consumo e cozimento de alimentos. Não havia nenhuma evidência de fogo na área de depósitos especiais.[65] Nenhuma estatueta com os braços cruzados foi encontrada em Dhaskalio em comparação às centenas nos depósitos especiais em Kavos.[66] Igualmente, em Dhaskalio encontraram-se evidências de trabalho com metais — de fundição de antigos objetos.[67] Esse tipo de indício não foi encontrado na área de depósitos especiais, embora em um terreno de 120m ao norte do Depósito Especial Norte, conhecido como o "promontório de Kavos", haja muitas evidências de fundição de metais antigos (os fortes ventos neste local teriam ajudado a atingir as altas temperaturas necessárias para o processo de fundição). A área do promontório, como Dhaskalio, também não revelou estatuetas (ou qualquer artefato de mármore).[68] Ao considerar que todos os minérios para serem fundidos em Keros precisariam ser importados, surge uma pergunta: Por que se dar ao trabalho de levá-los até lá? Michael Boyd acredita que a resposta está na emergente posição central de Keros no Egeu graças a seu uso como sítio de deposição ritual. Como as pessoas iam a Keros para fazer algo durante um longo período, o sítio tornou-se uma boa opção para a realização de várias coisas. Apoiada em sua reputação como atrativo simbólico, Dhaskalio tornou-se, assim, potencialmente, "o maior assentamento no Egeu na época" — ela evoluiu para se tornar não só um sítio de deposição ritual, mas um poderoso centro de recursos e manufatura.[69] Essa é a história de um desenvolvimento do tipo "bola de neve" que imita as histórias de origem de muitos grandes centros urbanos das civilizações ao redor do mundo. Um dos objetos de metal fundido em Dhaskalio, cujo molde a equipe encontrou nas escavações de 2016 a 2018, foi uma ponta de lança.[70] Parece irônico que uma ilha que inicialmente atraía pessoas para se unirem e construírem relações comunitárias ao depositar objetos quebrados no fim de sua vida útil também se tornou, com o passar do tempo, uma ilha para a qual valia a pena levar matérias-primas no intuito de fabricar objetos novos — com potencial de ferir os outros.

Parece que, no final, Dhaskalio venceu. A atividade nos depósitos especiais diminuiu na Fase C, 2400 a 2300 AEC. Mas é dessa fase que os grandes edifícios cerimoniais no ponto mais alto de Dhaskalio são datados.[71] A vila superou a necessidade dos depósitos especiais para atrair pessoas de Keros — agora ela mesma as atraía. No recinto do cume, datado da Fase C, aparenta-se ter iniciado uma nova prática de deposição ritual de seixos, os quais, a análise nos mostra, eram expressamente levados da ilha próxima de Koufonissi Superior para Dhaskalio.[72]

Mas se você acha que o Enigma de Keros foi completamente desvendado, se enganou. Seixos não eram a única coisa trazida para Dhaskalio pelo mar; o mármore brilhante usado para construir as grandiosas estruturas também vinha de outro lugar. Na verdade, hoje se calcula que os 60 edifícios em Dhaskalio construídos nas Fases B e C exigiram mais de 11 mil toneladas de mármore. Sabe-se agora, que este mármore veio do sudeste de Naxos, a cerca de 10km de Keros.[73] Transportar essa quantidade pelo mar, de Naxos a Keros, dado o tamanho dos barcos disponíveis na época, exigiria por volta de 3.500 viagens de ida e volta, cobrindo um total de mais de 40 mil milhas náuticas, todas percorridas a remo, pois os veleiros ainda não existiam.[74] Kavos, em Keros, pode ser o local do primeiro santuário marinho do mundo, mas Dhaskalio hoje é vista, segundo afirmou um recente documentário da TV grega com Renfrew e Boyd, como o epicentro do "maior (ato de) transporte marítimo pré-histórico do mundo", realizado há muito mais de mil anos antes que o navio de Uluburum levantasse âncora.[75]

Ao longo da vida de Renfrew, Keros foi reabilitada de uma ilha desabitada e desimportante, deixada como alvo de saqueadores, a um lugar de importância global: é o local do primeiro santuário marinho do mundo, que atraía pessoas do outro lado do Egeu para participar de rituais de congregação e desenvolvimento comunitário. Desenvolveu-se como o maior assentamento e centro de produção de sua época no Egeu graças ao grande ato de transporte marítimo pré-histórico antes de qualquer outro lugar do mundo. Essa transformação completa de nossa compreensão da importância de Keros só foi possível devido aos esforços, durante mais de seis décadas, de equipes de arqueólogos de diversas nações do mundo aplicando as mais recentes técnicas científicas para analisar os achados de escavações esporádicas. Não obstante a aura de liderança de Colin Renfrew, muitas, mas muitas pessoas contribuíram, cada uma com sua fração de compreensão, para deixar completa a história de Keros. Como Michael Boyd ressalta, nunca ele esteve envolvido em uma escavação em tal escala e complexidade.[76]

Ao mesmo tempo, a história de nosso interesse em Keros, que remonta aos primeiros achados ali no século XIX, evidencia o quanto a disciplina da arqueologia se desenvolveu nesse meio tempo. Não apenas nas técnicas e tecnologias de escavação, mas igualmente em resposta à evolução do debate sobre como, onde e por quem as descobertas devem ser mantidas e exibidas. A equipe de Keros, especialmente em seus esforços renovados desde 2006, trabalha lado a lado com as autoridades arqueológicas gregas, além de, em essência, com a comunidade local na vizinha Koufonissi Superior para criar o entendimento e o orgulho atual pelo passado de Keros. Isso envolveu não só a criação de um museu para exibir ali mesmo os achados principais, mas um processo contínuo de discussão e envolvimento públicos que, esperamos, garanta que a comunidade desempenhe, no futuro, um papel ativo na manutenção e proteção de seu passado. O comprometimento da equipe em se envolver com as discussões locais, mas também mais amplamente sobre o sítio e o que ele representa (por meio de documentários de TV, palestras e obras escritas) ainda é um símbolo importante do quanto a disciplina compreende a necessidade de participar constantemente dos discursos acadêmico e público sempre em evolução do significado e valor de Keros.

No âmbito da compreensão do Enigma de Keros, Colin Renfrew sorri quando lembra de como a ilha foi apresentada a ele e à equipe "como um monte de problemas".[77] Com simplicidade, ele diz, "leva tempo para compreender a verdade".[78] E a busca está longe de terminar. A equipe, atualmente, trabalha na publicação das últimas séries de escavações, mas o plano é voltar a Keros. Renfrew, com 84 anos, cogita escavar uma caverna acima do anfiteatro natural em Kavos que, segundo ele, oculta ainda mais mistérios.[79] Boyd ainda quer entender melhor como o assentamento em Dhaskalio se desenvolveu junto aos rituais comunitários em Kavos.[80] E ainda há dúvidas mais importantes, para as quais Renfrew e Boyd admitem que talvez nunca encontrem as respostas. Em especial: Por que Keros?[81] Por que, em 2.750 AEC, as pessoas escolheram Keros, entre todas as outras ilhas, como o local para iniciar a deposição ritual comunitária de estatuetas quebradas?

Parece que Keros sempre manterá parte de seu mistério — apesar de todos os nossos esforços durante as últimas três décadas e o peso cumulativo do desenvolvimento da disciplina da arqueologia durante esse período. Para mim, é assim que deve ser. O mistério é algo do qual o passado nunca deve desistir por completo. Ele é a essência de nosso caso de amor com ele: nunca poderemos conhecer tudo que jaz sob nossos pés, ou ter certeza de saber toda a história à nossa frente. O passado sempre estará um passo adiante.

Epílogo

O Futuro de Nosso Passado

De certo modo, este livro pode ser encarado como um livro de receitas — que mostra o que exatamente é necessário para preparar uma descoberta. Enquanto acompanhamos nossos descobridores pelo tempo e pelo mundo, em meio a todos os tipos de condições climáticas e paisagens, procurando diferentes espécies de objetos, assentamentos e civilizações, aprendemos que — como bem disse Indiana Jones — o X nunca marca o local (embora possamos afirmar que os kurgans sobre as sepulturas no Altai chegam bem perto disso!). Contudo, acredito que nessas oito histórias de descoberta ficou claro que existe uma receita para um grande achado.

Os primeiros ingredientes essenciais são os fatores que influenciam nossos descobridores a procurar detalhes específicos em locais específicos em momentos específicos. Como argumentado no início deste livro, não podemos procurar tudo, então tudo que procuramos é resultado de uma escolha ativa. Essa escolha, porém, foi moldada para nós. Nos primeiros capítulos, vimos que descobertas como a Pedra de Roseta, no Egito, os infindáveis achados de Marc Aurel Stein no deserto de Taklamakan e os de Hiram Bingham, em Machu Picchu foram possibilitados devido a mudanças no foco da geopolítica que despertaram o interesse e a escavação nessas regiões nesses momentos específicos. Em relação à Pedra de Roseta, no Egito, o foco geopolítico da França era o desejo de equilibrar o poder britânico na Índia com o controle do Egito (somado à fascinação francesa pela egiptologia).

Porém, no caso de Stein, foi o desejo britânico de mapear e conter a disseminação da influência russa e chinesa nas fronteiras de seu Império indiano no Taklamakan, uma das últimas "partes desconhecidas do mundo". No caso de Bingham, foi o renovado interesse dos Estados Unidos pela América do Sul como valioso parceiro político e cultural que revigorou o interesse arqueológico pelas civilizações do passado do continente do sul. A esta lista podemos acrescentar a circunstância incomum do Exército de Terracota, no qual a mudança de atitude nacional em relação à dinastia Qin possibilitou não só a descoberta, mas a *sobrevivência* dos primeiros Guerreiros de Terracota, e o posterior estudo e escavação desse Exército. Sem essa mudança — embora a descoberta ainda pudesse ter ocorrido — é provável que os achados continuassem desconhecidos e não acompanhados.

Ao longo dos capítulos posteriores, vimos um certo recuo dessas forças geopolíticas e nacionais à medida que a arqueologia e a antropologia se transformaram em disciplinas e amadureceram para criar seus planos de interesse com maior grau de independência em relação às políticas e aos conflitos nacionais e internacionais. Mas essas forças não eram — nem são — menos poderosas que as geopolíticas que as antecederam. Quer tenha sido o intenso debate das origens geográficas do homem primitivo na África que ajudou a focar os esforços dos Leakeys na Tanzânia e no Quênia, ou a gradativa aceitação do valor (e seriedade) da arqueologia subaquática que galvanizou a equipe que encontrou o naufrágio de Uluburun; ou a redescoberta gradativa da importância das culturas ancestrais na estepe, por tanto tempo ignoradas, que encorajou a investigação das sepulturas no Altai; ou a demorada e, ao mesmo tempo, premente necessidade de entender mais sobre as civilizações que não deixaram registros escritos, que motivou a investigação de seis décadas em Keros, no Egeu — provavelmente nenhuma dessas descobertas teriam sido feitas se as agitadas forças das discussões, debates e divergências acadêmicas não tivessem priorizado essas questões e, assim, a procura de evidências que ajudariam a esclarecê-las.

No entanto, definir uma agenda é só um ingrediente da receita para uma grande descoberta. Esta precisa que um descobridor atenda ao chamado. E esse descobridor — ou, em décadas mais recentes, muitas vezes uma equipe internacional — terá provavelmente gasto anos reunindo as capacidades, a perícia, as tecnologias e a experiência para agregar a combinação exata de informações, ideias e habilidades para desvendar os segredos do passado, ultrapassar as fronteiras de seu objeto de interesse e desafiar nosso sentido de aceitação de nós mesmos e nosso passado. Para mim, eles são um grupo de seres humanos extraordinários, muitas vezes desconsiderando o próprio bem-estar, impelindo-se a feitos de resistência e desconforto que poucos suportariam ou aceitariam, na busca (quase sempre paciente) do conhecimento, da descoberta e, claro, da glória individual (e da equipe).

Felizmente, ao longo dos duzentos e tantos anos tratados nas histórias deste livro, vimos o papel do descobridor cada vez mais desempenhado por mulheres. No último meio século, também vimos indivíduos e pequenos grupos, em lugar de simplesmente sair de sua terra natal e realizarem eles mesmos o trabalho, agirem em parceria com especialistas locais na descoberta. E as escavações mais recentes são caracterizadas por equipes internacionais maiores de homens e mulheres que levam cada vez mais técnicas especializadas para fazer as explorações. Às vezes, sentimos que as características desses descobridores, especialmente nas primeiras histórias de descobrimento que vimos, geralmente não contribuem para produzir personagens admiráveis com os quais teríamos muito em comum ou, de fato, com quem desejaríamos passar algum tempo. Certamente, como em muitas de nossas histórias, eles fazem escolhas que hoje não admiramos e que, mais recentemente, visamos reverter. Mas sem eles a receita não dá certo.

Porém, há outro ingrediente essencial sem o qual o processo de descoberta está condenado: sorte e/ou acidente. Forças geopolíticas e prioridades acadêmicas orientaram as pessoas com todas as habilidades e experiência necessárias para procurar partes específicas do passado ao redor do mundo continuamente; mas elas não fizeram as descobertas que realmente desafiam e produzem uma mudança de atitude em nosso sentimento com relação ao passado sem um pouco de sorte. Mary Leakey tinha a "sorte de Leakey", que produziu vários achados extraordinários e também, ocasionalmente, uma descoberta no exato momento em que uma equipe de filmagem estava por perto para registrá-la. A Dra. Natalia Polosmak foi levada a um determinado kurgan ao acaso por um soldado russo (depois de escolher um ponto aleatório no Altai para começar o levantamento e as escavações). Talvez seja melhor chamar essa sorte de acidente, principalmente quando se considera resultados mais ambíguos da descoberta para os descobridores. Por exemplo, pense no soldado que encontrou a Pedra de Roseta ao procurar material para reconstruir um muro de defesa, mas acabou perecendo em batalha a milhares de quilômetros de distância. Ou nos agricultores que escolheram cavar um poço em um local específico e encontraram o Exército de Terracota, mas cujas vidas pessoais pouco melhoraram depois disso. E, claro, existe a linha ambígua entre um palpite baseado em informações, uma boa preparação e a sorte. Por exemplo, teria Mehmed visto o "biscoito de metal com orelhas" enquanto mergulhava em busca de esponjas se a equipe arqueológica subaquática não tivesse passado tanto tempo colaborando com as tripulações de mergulhadores de esponjas, informando-as sobre o que procurar? Independentemente do formato, a sorte e/ou acidente sempre desempenham um papel importante na descoberta.

Se a sorte é o principal ingrediente final, há mais uma coisa que molda a descoberta em algo que penetra e se enraíza na consciência global: um fator "eXtra". Como disse a Dra. Natalia Polosmak, "a história precisa de personalidades". Descobertas que realmente definiram algumas eras, como as encontradas neste livro, têm esse fator extra que as torna sensacionais. Às vezes, esse impacto vem por uma janela que se abre para um momento intensamente humano do passado, como o corpo "da Donzela do Gelo" com tatuagens semipreservadas cercado por seus objetos de sepultamento. Em outras, é a incrível escala do achado, como o do Exército de Terracota, que nos torna humildes ao reimaginarmos totalmente nosso senso do poder e das habilidades de sociedades passadas. Ou, talvez, como no caso da Pedra de Roseta, é como um achado pode oferecer a "chave" para revelar várias linguagens e, assim, culturas ancestrais. Ainda, como em Machu Picchu, esse sensacionalismo não é, necessariamente, gerado na época da descoberta e é mais um produto do que o mundo decide ser seu significado. Machu Picchu, afinal, como sabemos hoje, era somente um local de férias para um rei Inca que abrigava cerca de 750 pessoas. No entanto, por meio das lendas criadas ao seu redor, como a "cidade perdida" e o modo como inspirou diferentes comunidades ao longo do tempo, ela se tornou um dos principais símbolos da civilização humana.

Esses são os principais ingredientes da receita para a descoberta, mas, para mim, as histórias deste livro esclareceram uma questão muito maior e mais intrigante: O que exatamente significa descobrir algo? Quanto ao Exército de Terracota, a questão de "quem o descobriu" é bastante contestada — entre os agricultores que o "encontraram" e o arqueólogo que "compreendeu" o que era. Mehmed "encontrou" os biscoitos de metal com orelhas e soube reconhecer sua importância e relatar o achado, mas foi a equipe arqueológica aquática que, ao longo dos anos, investigou, estudou e publicou a descoberta que obteve o reconhecimento. Mehmed é, portanto, mencionado nas primeiras linhas dos relatórios de escavação, mas não necessariamente recebe o crédito como descobridor. O inverso ocorre com Machu Picchu. Ela nunca esteve perdida: muitos habitantes locais a conheciam, alguns viviam dela e parece que alguns visitantes antigos a visitaram. Contudo, coube a Bingham, levado a ela pelos habitantes que a conheciam, trazê-la à atenção do mundo e, assim, não raro é citado como seu descobridor (ele certamente se colocou nessa posição em seus escritos sobre sua "cidade perdida"). No entanto, no sítio em si, em uma tentativa de ressaltar a diferença, ele é mencionado como o "descobridor científico" de Machu Picchu. Podemos até fazer essa pergunta sobre Keros, onde o saque de objetos arqueológicos na ilha despertou interesse e investigação arqueológica significativa. De quem é essa "descoberta"?

Está em jogo apenas o que queremos dizer com descoberta: é quando o objeto é encontrado, ou quando seu significado e importância são revelados? É o conhecimento local de sua existência, ou o reconhecimento global de sua relevância? E também há a questão do tempo. Muitas histórias neste livro cobrem décadas, se não uma vida inteira, de investigação dos objetos no centro de seu interesse. A Pedra de Roseta foi encontrada em 1799, mas seu código hieroglífico só foi decifrado em 1822 e, como vimos, ainda estamos descobrindo nuances do texto antigo que nos oferecem novas percepções sobre as circunstâncias políticas de sua criação em 196 AEC. Os achados de Stein no Taklamakan no início do século XX ainda são estudados atualmente. E só a partir dos anos 1980 os estudiosos realmente começaram a analisar com seriedade os achados removidos de Machu Picchu por Bingham nos anos 1910 a fim de garantir a verdadeira natureza de Machu Picchu como local de férias do rei. O estudo da "Donzela do Gelo" no Altai continuou por décadas, e o de Keros, por mais de seis décadas (até agora!). A descoberta nem sempre é o momento em que se "acha" o objeto, ou o momento "eureca" de compreensão. Ela pode ser um processo longo, cuidadoso, paciente — talvez interminável. Como Colin Renfrew falou em relação à Keros: "Leva tempo entender a verdade." Meu exemplo preferido disso é, com certeza, o dos crânios encontrados por Mary Leakey. Ela os encontrou, montou e estudou — todos os excelentes elementos de uma "descoberta". Entretanto, o debate ainda continua, principalmente em termos do crânio do "Dear Boy"/*Zinjanthropus*/Homem Quebra-nozes/*Australopithecus*. O que exatamente *é* o crânio descoberto? De que era e qual estágio evolutivo data a descoberta? Temos o achado, mas não conseguimos concordar sobre o que ele é. De fato, às vezes, uma descoberta pode ser muito capciosa.

Se o que realmente constitui uma descoberta é um alvo em mais movimento do que acreditávamos, eu espero, acima de tudo, que as histórias deste livro tenham ressaltado o quanto as descobertas nos desafiam. Todas as que acompanhamos aqui aprofundaram em muito nossa ligação com o passado, tornando-o mais real e humano. Mas também, com frequência, elas desafiaram nosso conhecimento atual e nos obrigaram a repensar o que acreditávamos saber. Ao mesmo tempo, essas descobertas nos desafiaram repetidamente a aprimorar nossas ferramentas e competência na tentativa de revelá-las. Dos kurgans congelados do Altai ao naufrágio do Uluburun a mais de 40m de profundidade, ao ato de peneirar a terra e analisar os vestígios microscópicos em Keros com cuidado, o passado exigiu o desenvolvimento de novas técnicas e métodos de análise para revelarmos seus segredos.

Contudo, talvez o maior e mais importante desafio que a descoberta nos apresenta seja nos obrigar a questionar continuamente como, onde e por quem achamos que o passado deve ser estudado, discutido, mantido e exibido. Ao longo dos capítulos deste livro, vimos como a disciplina da arqueologia evoluiu ao abordar todas essas questões e, em alguns casos, corrigiu ações passadas que hoje concordamos que foram erradas. Mas o desafio se tornou ainda mais complexo. Como podemos garantir um envolvimento contínuo entre a evolução das discussões acadêmicas e públicas sobre o significado e importância da descoberta? Como devemos tratar do delicado ato de equilíbrio exigido entre honrar a opinião da comunidade e manter o espaço para futuras pesquisas? Como podemos assegurar um futuro para o passado em face das imensas forças das mudanças geopolíticas e globais que, em algumas situações, ameaçam a sobrevivência do passado?

A ideia de o passado nos desafiar é algo que aprecio e acho ser o sustentáculo de seu valor para nós hoje. Naturalmente, o passado traz conforto, orgulho e senso de pertencimento. Mas ele também deve sempre nos desafiar e se manter imprevisível. Em certas circunstâncias, achados até apresentaram o desafio de se devemos, de fato, realizar descobertas. A Dra. Natalia Polosmak pediu à Donzela que a perdoasse quando removeu seu corpo do local de descanso. A tumba do Imperador Qin, na China, continua sem poder ser escavada. Ao descobrir o passado, agora compreendemos a necessidade de primeiro nos desafiarmos sobre o direito de fazê-lo. E se avançamos para revelá-lo, o que fica claro em todas essas histórias é que o passado assume uma vida e um significado próprios. De debates sobre seu significado e valor no passado, a discussões sobre seu valor, significado e lugar no presente e no futuro, os objetos e locações que encontramos neste livro continuam a desafiar seus descobridores e o mundo. Esses são debates pelos quais todos — não só os que têm a tarefa de revelar o passado — deveriam se interessar e se manifestar, independentemente de quão grande é o desafio que apresentará. Afinal, o passado fala e pertence a todos.

Agradecimentos

Meus sinceros agradecimentos a Anna Baty, da Hodder & Stoughton — que, em um incrível capricho do destino, me procurou por ter uma ideia que coincidiu exatamente com o que eu queria lhe falar sobre escrever — pelas discussões e feedback fantásticos que tivemos no processo de iniciar este livro. Meu profundo agradecimento a Rupert Lancaster e Ciara Mongey, da Hodder, por seu apoio, feedback e insigths para levar o livro à sua conclusão, enquanto Anna estava de licença atrás de um diferente tipo de aventura — a maternidade! Meus calorosos agradecimentos também a toda a equipe da Hodder & Stoughton pelo trabalho de levar o livro à gráfica e, especialmente, a Nick Fawcett pela revisão do texto do manuscrito com tanta habilidade e bom humor. Como sempre, durante toda a jornada de escrever o livro, também estou em dívida com Patrick Walsh e a equipe da PEW Literary pelo apoio e encorajamento contínuos. Este livro foi uma expedição pelos continentes, eras e gêneros de investigação arqueológica. Foi um privilégio partilhar as diferentes jornadas de descoberta por meio das fontes de materiais disponíveis e, em relação às descobertas mais recentes, de contatar e falar com os realmente responsáveis por elas. Agradeço a todos que me concederam seu tempo para conversar e compartilhar suas ideias comigo. Por fim, mas certamente não menos importante, sou grato à minha família pelo interminável estímulo para fazer o que mais gosto: partilhar nosso passado extraordinário com o maior número de pessoas.

Notas

Introdução: Quem Liga para o Passado?

1. Suetonius, *Life of Augustus*, 18.
2. Cassius Dio, *Roman History* 51.16.5. Para as discussões de como Augusto e imperadores romanos posteriores trataram o corpo de Alexandre, veja Andrew Erskine, 2002, "Life After Death: Alexandria and the Body of Alexander", *Greece and Rome* 49(2): 163–79.
3. Por favor — não me fale — ou a qualquer outro acadêmico envolvido no estudo do passado — de como Indiana Jones parece nunca ter publicado seus achados, marcado o trabalho de seus alunos, realizado várias tarefas acadêmicas administrativas ou, de fato, ter tido um cronograma de aulas! De diversas maneiras, Indiana Jones é a antítese do que significa — ou deveria significar — trabalhar com arqueologia ou ter uma instrução superior!
4. Arrian, *Anabasis* 1.11 e 4.9.
5. Herodotus, *Histories* 2.11–12.
6. Cf. Adrienne Mayor, 2000, *The First Fossil Hunters: Dinosaurs, Mammoths and Myth in Greek and Roman Times*, Princeton: Princeton University Press.
7. Platão, *Hippias Major* 285d. Cf. Dionísio de Halicarnasso, que escreveu em grego uma *archaiologia* de Roma, a história de Roma desde seu início mítico: *Roman Antiquities* 1.8.2.
8. Pausanias, *Description of Greece* 5.20.8.
9. Virgil, *Georgics* 1.493–7.
10. Cf. John Boardman, 2002, *The Archaeology of Nostalgia: How the Greeks Re-created their Mythical Past*, Londres: Thames & Hudson.

11. Tucídides (*History of the Peloponnesian War* 1.10.2) argumentou que ninguém no futuro compreenderia, apenas observando seus vestígios físicos, o quanto Esparta foi importante e poderosa, enquanto o poder de Atenas seria provavelmente exagerado se avaliado a partir de suas ruínas magníficas.

12. Pausanias 4.26.7–8.

13. William Faulkner, 1919, *Requiem for a Nun*, Londres: Chatto & Windus, Ato 1, Cena 3.

14. Cf. Josephus"s *Antiquities of the Jews* escrito no final do século I EC, que contou a história do povo judeu desde o início do mundo. Ironicamente, Josefo, (como Dionísio de Halicarnasso) originalmente escreveu em grego, chamando sua obra de *Archaiologia of the Jews*, mas o título foi traduzido para seu público romano (e então, ao longo do tempo, para nós) como *Antiquities of the Jews*.

15. Cf. A formação em Londres da *Society of Antiquaries,* em 1717, substituindo o anterior College of Antiquaries, fundado por volta de 1586, depois abolido pelo rei Jaime I.

16. Paralelo a esse desenvolvimento do antiquarianismo e o subsequente (re) nascimento da arqueologia também houve a separação no estudo acadêmico entre os que estudavam o passado por meio de fontes literárias sobreviventes ("história") e os que o estudavam por meio das fontes materiais sobreviventes (antiquários /arqueólogos). Essa divisão, hoje, é desafiada por estudiosos que argumentam que, embora, naturalmente exista um conjunto específico de habilidades exigidas para trabalhar com e compreender determinados tipos de evidências (literárias ou físicas), também precisamos reunir todos eles a fim de criar uma compreensão do passado o mais profunda e completa possível.

17. O personagem de Hollywood, Indiana Jones, com sua permanente atitude de que objetos "pertencem a um museu", embora exibido como uma figura heroica que ajuda seus adversários de usá-los para ganho pessoal, de muitas maneiras simplesmente reafirma a abordagem colonial à apropriação de artefatos escavados (naturalmente, junto às muitas outras formas pelas quais os filmes criam uma série de comparações desagradáveis entre Oriente e Ocidente). Para mais discussões sobre a complexa relação entre arqueólogos modernos e o personagem de Indiana Jones, veja Marilyn Johnson, 2014, *Lives in Ruins: Archaeologists and the Seductive Lure of Human Rubble*, Londres: HarperCollins.

18. E.g., C. e G. Scarre (eds), 2012, *The Ethics of Archaeology*, Cambridge: Cambridge University Press; G. Scarre e R. Coningham (eds), 2013, *Appropriating the Past*, Cambridge: Cambridge University Press.

Capítulo 1

1. Lesley e Roy Adkins, 2000, *The Keys of Egypt: The Race to Read the Hieroglyphs*, Londres: HarperCollins, 35.
2. Jason Thompson, 1992, *Sir Gardner Wilkinson and His Circle*, Austin: University of Texas Press, 22 (*Courier de l"Egypte* 37 (le 29 fructidor, an VII)).
3. Há divergências consideráveis nas fontes sobre como a pedra foi originalmente encontrada (meio enterrada na areia ou construída em um velho muro que precisou ser demolido para abrir caminho para novas fundações para melhorar o forte), e quem exatamente estava envolvido na descoberta do potencial da Pedra de Roseta, assim como para onde foi levada inicialmente. Alguns relatos incluem Lancret, outros falam de Bouchard como informando o achado diretamente ao General Menou (um dos principais generais da campanha francesa no Egito). Outros dizem que a pedra foi diretamente para o Cairo, e outros ainda que ela foi levada para Alexandria como bem pessoal de Menou, somente mais tarde sendo transferida para o Cairo por ordem de Napoleão.
4. Adkins e Adkins, *The Keys of Egypt*, 2–3; Toby Wilkinson, 2020, *A World Beneath the Sands: Adventurers and Archaeologists in the Golden Age of Egyptology*, Londres: Picador Press, 11–13.
5. Ibid., 13–14.
6. Citado em Charles Gillispie e Michael Dewachter (eds), 1987, *Monuments of Egypt: The Napoleonic Edition – The Complete Archaeological Plates from la Description de l'Égypte*, Princeton: Princeton Architectural Press, 3.
7. Wilkinson, *A World Beneath the Sands*, 24.
8. Ao levar *les savants,* não há dúvidas de que Napoleão viu o potencial de comparação entre sua expedição ao Egito e a de Alexandre, o Grande, que também levara intelectuais em sua conquista da Pérsia: Adkins e Adkins, *Keys of Egypt*, 11.

9. Ibid., 10–11.

10. Ibid., 24.

11. Wilkinson, *World Beneath the Sands*, 25; Joyce Tyldesley, 2005, *Egypt: How a Lost Civilisation was Rediscovered*, Berkeley: University of California Press, 48.

12. Foi para o Instituto, por exemplo, em sua segunda reunião em 28 de agosto de 1798, que um de seus membros, Monsieur Monge, leu um artigo explicando pela primeira vez o fenômeno da *miragem* — a falsa visão de água no deserto do Egito — que atormentou o exército francês em sua marcha de 200km de Alexandria ao Cairo e provocou um estado de loucura tal que vários soldados cometeram suicídio: Charles Coulston Gillispie, 1989, "Aspects of the French Egyptian Expedition 1798–1801", *Proceedings of the American Philosophical Society* 133(4): 447–74.

13. Wilkinson, *World Beneath the Sands*, 27.

14. Assim chamado, apesar de estar na metade sul do Egito. O Nilo corre do sul para o norte de suas nascentes em Uganda e Sudão do Sul em direção ao Mediterrâneo e, assim, essa parte do país abriga a metade "superior" do Nilo.

15. Adkins e Adkins, *Keys of Egypt*, 31.

16. Ibid., 34.

17. Sem mencionar as duas comissões de *les savants* que Napoleão mandou de volta ao Alto Egito para registar em detalhes todos os monumentos vistos pelo exército durante a marcha para o sul no final de 1789 e início de 1799.

18. E. A. Wallis Budge, 1913, *The Rosetta Stone*, Londres: British Museum Press; Wilkinson, *World Beneath the Sands*, 39.

19. Adkins e Adkins, *Keys of Egypt*, 17.

20. Ibid., 37.

21. Gillispie, "Aspects of the French Egyptian Expedition".

22. Ibid.

23. Wilkinson, *World Beneath the Sands*, 40.

24. Matthew Raper, S. Weston et al., "Rosetta stone, brought to England in 1802: Account of, by Matthew Raper; with three versions: Greek, English translation by S. Weston, Latin translation by Prof. Heyne; with notes by Porson, Taylor, Combe, Weston and Heyne", *Archaeologia* 16 (1812): 208–63.

25. https://blog.britishmuseum.org/everything-you-ever-wanted-to-know-about-the-rosetta-stone/.

26. http://www.bbc.co.uk/ahistoryoftheworld/objects/awwjbIoORU-aQXm9LmiTz8A.

27. A *Gentleman's Magazine*, 1802, Vol. 71, p. 1194. A história de como a Pedra de Roseta foi recuperada do General Menou pelos britânicos e transportada para a Inglaterra, com as primeiras traduções do texto em grego, também foi publicada em uma edição especial da revista *Archaeologia* em 1812: Raper, Weston et al., "Rosetta stone".

28. https://blog.britishmuseum.org/everything-you-ever-wanted-to-know-about-the-rosetta-stone/.

29. Tyldesley, *Egypt*, 56. Os 29 caracteres foram apresentados em uma longa carta do acadêmico sueco Johan David Åkerblad a seu colega francês, o estudioso do Oriente Silvestre de Sacy, intitulada *Lettre sur l'Inscription Égyptienne de Rosette, Adressée au C.en Silvestre de Sacy* (publicada em 1802).

30. Versões digitalizadas da *Gentleman's Magazine* do período 1802–1803 estão disponíveis aqui: https://catalog.hathitrust.org/Record/006056643.

31. Agora você pode ver uma versão digitalizada da *Description de l'Égypte*: http://descegy.bibalex.org/.

32. Wilkinson, *World Beneath the Sands*, 52–5.

33. Ibid., 59.

34. Andrew Robinson, 2006, *The Last Man Who Knew Everything, Thomas Young, The Anonymous Polymath who Proved Newton Wrong, Explained How We See, Cured the Sick and Deciphered the Rosetta Stone, Among Other Feats of Genius*, Nova York: Pi Press, 1.

35. Essa ideia também se originou do estudo dos chineses, no qual nomes estrangeiros semelhantes também foram destacados com o uso de "car-

tuches". Infelizmente, o estudioso que desenvolveu a ideia, Joseph de Guignes, professor de siríaco no College of France, em Paris, argumentou que isso poderia significar que a civilização chinesa começara como uma colônia egípcia e, assim, que a língua chinesa poderia guardar o segredo para a tradução dos hieróglifos! Suas teorias foram muito populares na época e enviaram muitos estudiosos em uma busca tola na tentativa de traduzir os hieróglifos usando o chinês: Adkins e Adkins, *Keys of Egypt*, 61.

36. "Egypt" – Suplemento da *Encyclopaedia Britannica* Vol. IV, Parte 1, 1819.

37. Com base em que Champollion pode não ter atribuído ideias com honestidade aos acadêmicos que as tiveram originalmente: Robinson, *The Last Man Who Knew Everything*, 158.

38. Embora essa sugestão tenha sido feita por antigos estudiosos (em comparação aos que pensaram que os chineses podem ter tido relação com os hieróglifos), Champollion seria quem provaria a ligação: Adkins e Adkins, *Keys of Egypt*, 63–5.

39. Wilkinson, *World Beneath the Sands*, 63; Andrew Robinson, 2012, *Cracking the Egyptian Code: The Revolutionary Life of Jean-François Champollion*, Londres: Thames & Hudson, 49.

40. Wilkinson, *World Beneath the Sands*, 64–5.

41. Para mais discussões sobre o papel de Bankes: Richard Parkinson, 2013, *A Little Gay History: Desire and Diversity Across the World*, Nova York: Columbia University Press.

42. Wilkinson, *World Beneath the Sands*, 66.

43. Ibid., 47–8, 66–7; Adkins e Adkins, *Keys of Egypt*, 1–6. Veja também Richard Parkinson, Whitfield Diffie, Mary Fischer e R. S. Simpson, 1999. *Cracking the Code: The Rosetta Stone and Decipherment*, Berkeley: University of California Press, 31–41.

44. Jean-François Champollion, 1822, *Lettre à M. Dacier, relative à l'alphabet des hieroglyphs phonétiques*, Paris: Firmin Didot Père et Fils. Reproduzido por Hachette Livre em cooperação com a Bibliothèque de France.

45. Wilkinson, *World Beneath the Sands*, 68.

46. Carta de Thomas Young a Sir William Hamilton, 29 de setembro de 1822. Cf. Robinson, *The Last Man Who Knew Everything*, 209; Parkinson, Diffie, Fischer and Simpson, *Cracking the Code*, 36.

47. Thomas Young, 1823, *An Account of Some Recent Discoveries in Hieroglyphical Literature, and Egyptian Antiquities, Including the Author's Original Alphabet, As Extended by Mr Champollion*, Londres: John Murray, 43.

48. Young, *An Account of Some Recent Discoveries*, ix.

49. Robinson, *The Last Man Who Knew Everything*, 219.

50. Jean François Champollion, 1824, *Précis du système hiéroglyphique des anciens Égyptiens, ou Recherches sur les élémens premiers de cette écriture sacrée, sur leurs diverses combinaisons, et sur les rapports de ce système avec les autres méthodes graphiques* égyptiennes, Paris: Treuttel et Würtz, 327. É uma prova do quanto Champollion estava disposto a se dobrar aos ventos da política e como foi extraordinário o avanço que ele fez ao reivindicar para a França a capacidade de ler hieróglifos egípcios, que ele, antigo apoiador de Bonaparte, agora dedicava seu *Précis* ao reconduzido Rei Luís XVIII e que este o recebeu em audiência privada e lhe enviou presentes em homenagem a seu trabalho: Wilkinson, *World Beneath the Sands*, 72.

51. Richard Parkinson, ex-curador do Museu Britânico: http://www.bbc.co.uk/ahistoryoftheworld/objects/awwjbIoORUaQXm9LmiTz8A.

52. Uma versão digitalizada completa com referências dos textos sobre a Pedra de Roseta pode ser acessada em: http://rosettastone.hieroglyphic-texts.net/. Para aprender a ler hieróglifos: Mark Collier e Bill Manley, 1998, *How to Read Egyptian Hieroglyphics: A Step-by-Step Guide to Teach Yourself*, Londres: British Museum Press.

53. Parkinson: http://www.bbc.co.uk/ahistoryoftheworld/objects/awwjbIo ORUaQXm9LmiTz8A.

54. Ilona Regulski, Curadora de Cultura Egípcia Escrita do Museu Britânico: https://blog.britishmuseum.org/inheriting-the-most-iconic-object-at-the-british-museum/.

55. Como o antigo escritor Políbio afirmou, cortesãos "acreditavam que o reino teria um certo grau de firmeza e um novo impulso em direção à

prosperidade, caso se soubesse que o rei tinha assumido a direção independente do governo", Polybius *Histories* 18.55.3–6.

56. British Museum: *History of the World in 100 Objects: The Rosetta Stone* (podcast).
57. Regulski: https://blog.britishmuseum.org/inheriting-the-most-iconic-object-at-the-british-museum/.
58. Robinson, 2012, *Cracking the Hieroglyphic Code*, 235.
59. O papel de Bankes na história da Pedra de Roseta foi recentemente reconhecido pelo Museu Britânico, em especial, que incluiu a pedra em suas excursões temáticas LGBTQ+ do museu: https://www.theguardian.com/culture/2020/jun/25/rosetta-stone-to-be-added-to-british-museum-lgbtq-tours.

Capítulo 2

1. Susan Whitfield, 2004, *Aurel Stein on the Silk Road*, Chicago: Serindia Publications, 9–10; Annabel Walker, 1995, *Aurel Stein: Pioneer of the Silk Road*, Seattle: University of Washington Press, 11.
2. Marc Aurel Stein, apesar de família judia, foi batizado na Igreja Luterana, em Budapeste (recebendo o nome de Marc), pois, em 1862, direitos civis e políticos não eram concedidos a judeus no Império Austro-húngaro. Depois, em suas obras, Aurel sempre publicava (e assinava) seu nome como M. Aurel Stein. Assim, ele é chamado de Stein neste capítulo.
3. Éva Apor, 2004, "Sir Aurel Stein and His Hungarian background", em Helen Wang (ed.), *Sir Aurel Stein: Proceedings of the British Museum Study Day 2002*, Londres: British Museum Press Occasional Paper No. 142, 1–4.
4. Walker, *Aurel Stein*, 13.
5. Whitfield, *Aurel Stein on the Silk Road*, 11–13.
6. Walker, *Aurel Stein*, 13.
7. Apor, 'Sir Aurel Stein'.
8. Whitfield, *Aurel Stein on the Silk Road*, 16–18. Transcrições em pinyin de nomes chineses foram usados neste capítulo.

9. Carta de Stein a seu irmão Ernst, datada de 11 de setembro de 1898 (Correspondência Familiar de Sir Aurel Stein 1885–1925, British Academy, Boxes I and II).

10. Traduções dos relatos de Xuanzang, e os de um monge budista antigo, Faxian, que viajou ao ocidente no século IV CE, só ficaram disponíveis no Ocidente após meados do século XIX: Whitfield, *Aurel Stein on the Silk Road*, 19.

11. Ibid.

12. Ferdinand von Richthofen, 1877–1912, *China, Ergebnisse eigener Reisen und darauf gegründeter Studien*, Berlim: von Dietrich Reimer (5 vols + atlas).

13. Whitfield, *Aurel Stein on the Silk Road*, 22.

14. Sven Hedin, 1898, *En färd genom Asien 1893–97* (2 vols), Stockholm: Bonniers; Fernand Grenard, 1897–8, *J.-L Dutreuil de Rhins: Mission scientifique dans la Haute Asie 1890–95* (3 vols), Paris : Lerous; Rudolf Hoernle, 1897, "Three Further Collections of Ancient Manuscripts from Central Asia", *Journal of the Asiatic Society of Bengal* 66(4): 213–60.

15. Em 1807, Napoleão tinha sugerido ao Czar russo, Alexandre I, que deveriam invadir a Índia juntos por terra a partir da Ásia Central. A ameaça não se concretizou (porque Napoleão acabou tentando invadir a Rússia), mas, em seguida à derrota de Napoleão, a Rússia iniciou a própria campanha de lenta expansão para a Ásia Central: Peter Hopkirk, 1990, *The Great Game: On Secret Service in High Asia*, Londres: John Murray, 2–4.

16. Ibid., 319.

17. Ibid., 321.

18. Ibid., 322–5. Durante os anos 1870 e 1880, vários livros notáveis e influentes também foram publicados na Grã-Bretanha e na Rússia analisando os motivos e resultados desejados dos dois participantes na Ásia Central: Colonel M. A. Terentiev, *Russia and England in the Struggle for the Markets of Central Asia* (esta tradução inglesa do original russo foi publicada em 1876, em Calcutá); Charles Marvin, 1885, *Russia's Power of Attacking India*, Londres: W. H. Allen e Co.; Arminius Vambery, 1885, *The Coming Struggle for India*, Londres: Cassell.

19. Um desses governantes locais, com quem britânicos e russos vinham negociando para garantir seu apoio, foi um homem chamado Yakub Beg, que assumira o controle de Casgar à força e se declarou seu governante em 1865: Hopkirk, *The Great Game*, 322–5.

20. Ibid., 451–71.

21. Ibid., 499.

22. Cf. Jeanette Mirsky, 1977, *Sir Aurel Stein: Archaeological Explorer*, Chicago: University of Chicago Press, 107–92.

23. Walker, *Aurel Stein*, 89.

24. M. Aurel Stein, 1903, *Sand-Buried Ruins of Khotan: Personal Narrative of a Journey of Archaeological and Geographical Exploration in Chinese Turkestan*, Londres: Fisher and Unwin, 112.

25. Ibid., 119.

26. O sucesso de Stein em conquistar a confiança das autoridades chinesas nesse período não deve ser subestimado, principalmente porque suas negociações e o Levante dos Boxers contra a influência estrangeira na China ocorreram ao mesmo tempo, provocando uma série de confrontos militares em e nos arredores de Pequim, ao leste.

27. Stein, *Sand-Buried Ruins of Khotan*, 131.

28. Ibid., 145.

29. Ibid., 168.

30. Ibid., 292.

31. Ibid., 323.

32. Ibid., 338.

33. Ibid., 368–9.

34. Ibid., 374–7.

35. Stein, *Sand-Buried Ruins of Khotan* (1904 reimpresso por Hurst eBlackett, Londres).

36. M. Aurel Stein, 1907, *Ancient Khotan*, Oxford: Clarendon Press.

37. Cf. Mirsky, *Sir Aurel Stein*, 225–330, para a segunda expedição de Stein.

38. Helen Wang (ed.), 2002, *Sir Aurel Stein in The Times*, Londres: Saffron Books, Eastern Art Publishing, 13.

39. Hopkirk, *The Great Game*, 517–19.

40. Walker, *Aurel Stein*, 139–42. O próprio Stein escreveu para a *Royal Geographic Society*, em 1906, pedindo equipamentos rapidamente "porque o risco de ser ultrapassado pela oposição estrangeira nos sítios que tenho em vista é muito grande" (Bodleian Library MAS 297: 18–20, Stein to Keltie, Srinagar, 6 de janeiro de 1906).

41. *The Times*, 8 de dezembro de 1906 (Wang (ed.), *Sir Aurel Stein in The Times*, No. 7).

42. *The Times*, 25 de maio de 1907 (Wang (ed.), *Sir Aurel Stein in The Times*, No. 8).

43. Walker, *Aurel Stein*, 91, 155. Para discussão de versões resumidas do *The Times*, veja Wang (ed.), 2002, *Sir Aurel Stein in The Times*, 22.

44. Lilla Russell-Smith, 2004, "Letters, Reports and Bestsellers: Stein's Accounts of His First and Second Expeditions", em Wang (ed.), 2004, *Sir Aurel Stein*, 9–14.

45. *The Times*, 15 de outubro de 1907 (Wang (ed.), *Sir Aurel Stein in The Times*, No. 9).

46. M. Aurel Stein, 1912, *Ruins of Desert Cathay: Personal Narrative of Explorations in Central Asia and Westernmost China*, Vol. 2, Londres: Macmillan and Co., 159.

47. Ibid., 164.

48. Ibid., 165.

49. Ibid., 166.

50. Ibid.

51. Ibid., 167.

52. Ibid.

53. Ibid., 169.

54. Ibid., 170.

55. Ibid., 172.

56. Ibid.

57. Ibid., 174.

58. Ibid., 178.

59. Ibid., 179.

60. Ibid., 180.

61. Ibid., 181.

62. Ibid., 190.

63. Ibid., 191.

64. Ibid., 193.

65. Ibid., 194.

66. Walker, *Aurel Stein*, 175. Stein admitiu que teria oferecido 40 ferraduras de prata/5 mil rúpias — e até o dobro, se necessário: Stein, *Ruins of Desert Cathay*, 192.

67. Whitfield, *Aurel Stein on the Silk Road*, 88.

68. Declaração da Comissão Nacional de Preservação de Antiguidades, Pequim, China, citada em Shareen Brysac, 2004, "Sir Aurel Stein's Fourth 'American' Expedition", em Wang (ed.), 2004, *Sir Aurel Stein*, 17–22.

69. Stein, *Ruins of Desert Cathay*, 191.

70. *The Times*, 21 de setembro de 1907; 16 de outubro de 1908, 12 de novembro de 1908, 28 de novembro de 1908 (Wang (ed.), *Sir Aurel Stein in The Times*, Nos. 11–14); Walker, *Aurel Stein*, 181.

71. *The Times*, 29 de janeiro de 1909 (Wang (ed.), *Sir Aurel Stein in The Times*, No. 15).

72. Whitfield, *Aurel Stein on the Silk Road*, 77. Dash II foi deixado para uma aposentadoria precoce com amigos na Inglaterra e infelizmente foi atropelado por um ônibus em Oxford em 1918.

73. Wang (ed.), *Sir Aurel Stein in The Times*, 16.

74. Carta de Lorde Curzon para a reunião da *Royal Geographic Society*, publicada no jornal *The Times*, 9 de março de 1909 (Wang (ed.), 2002, *Sir Aurel Stein in The Times*, No. 19).

75. Mu Soeng, 2000, *The Diamond Sutra: Transforming the Way We Perceive the World*, Boston: Wisdom Publications, 58.

76. Whitfield, 2004, *Aurel Stein on the Silk Road*, 117.

77. *The Times Literary Supplement*, 7 de março de 1912, "Review of *Ruins of Desert Cathay*" by J. O. P. Bland (Wang (ed.), *Sir Aurel Stein in The Times*, No. 34).

78. Whitfield, *Aurel Stein on the Silk Road*, 88.

79. M. Aurel Stein, 1921, *Serindia*, Oxford: Clarendon Press. O relato completo de sua terceira expedição foi publicado em 1928: M. Aurel Stein, 1928, *Innermost Asia*, Oxford: Clarendon Press.

80. Whitfield, *Aurel Stein on the Silk Road*, 122.

81. Os levantamentos geográficos completados por sua equipe nas cordilheiras de Pamir e Caracórum e do Taklamakan ainda são usados.

Capítulo 3

1. Hiram Bingham III, 1913, "The Discovery of Machu Picchu", *Harper's Monthly* 127: 709–19; Deborah Kops, 2009, *Machu Picchu: Unearthing Ancient Worlds*, Minneapolis: Twenty-First Century Books, 21–2.

2. Lucy C. Salazar, 2004, "Machu Picchu: Mysterious Royal Estate in the Cloud Forest", em Richard L. Burger e Lucy C. Salazar (eds), *Machu Picchu: Unveiling the Mystery of the Incas*, New Haven: Yale University Press, 21–47.

3. Hiram Bingham III, 1908, "On the Route of Bolívar's Great March", *Geographical Journal* 32: 329–47.

4. Hiram Bingham III, 1907, "The Possibilities of South American History and Politics as a Field for Research", Artigo apresentado à American Political Science Association. O amplo interesse em melhorar a relação entre a América do Norte e a América do Sul (por motivos políticos e econômicos para ambas) é enfatizado pelo fato de que o artigo de Bingham foi imediatamente republicado no mais popular *Monthly Bulletin of the International Bureau of the American Republics* (Vol. 26 (Fevereiro de 1908): 281–99). Na introdução geral da publicação (Vol. 26 (Fevereiro de 1908): 253) alegou-se que o texto de Bingham era "recheado de va-

lioso material original e interessante para todos os estudantes e pessoas preocupadas com aquela parte do mundo".

5. Hiram Bingham III, 1911, *Across South America: An Account of a Journey from Buenos Aires to Lima by way of Potosí*, Nova York: Houghton Mifflin.

6. Hiram Bingham III, 1909, *Journal of an Expedition Across Venezuela and Columbia: An Exploration of the Route of Bolívar's Celebrated March of 1819, and of the Battlefields of Boyaca and Carabobo*, New Haven: Yale Publishing Association; Hiram Bingham III, 1911, *Across South America: An Account of a Journey from Buenos Aires to Lima by way of Potosí*, Nova York: Houghton Mifflin.

7. Anônimo, 1909, "Review of A Journey Across Venezuela and Columbia", *Nature* 81: 453–4.

8. "Eles me tentaram a ir e ver o que havia além." Nas famosas palavras de Rudyard Kipling havia 'Algo oculto! Vá e encontre-o! Vá e olhe além dos limites — Algo oculto atrás dos limites. Perdido e esperando por você. Vá!' Hiram Bingham III, 2003 (1948), *Lost City of the Incas: The Story of Machu Picchu and Its Builders*, Londres: Weidenfeld & Nicolson, 132. The *Lost City of the Incas* foi publicado várias vezes por várias gráficas diferentes. Ele foi originalmente publicado em Nova York: Duell, Sloan e Pearce. Todas as referências de páginas, porém, neste capítulo, a *Lost City of the Incas,* são da versão de bolso de 2003 publicada por Weidenfeld & Nicolson em Londres (com introdução de Hugh Thompson).

9. Hugh Thompson, 2003, "Introduction to *Lost City of the Incas*", em Hiram Bingham III, *Lost City of the Incas*, Londres: Weidenfeld & Nicolson, xxi–xxii.

10. Em uma carta à *Yale Alumni Weekly* em 10 de março de 1911, Bingham argumenta que tais buscas poderiam melhorar a qualidade do ensino e instrução sobre a história latino-americana nas universidades como Yale: Salazar, "Machu Picchu", 21–47.

11. Kops, *Machu Picchu*, 14.

12. Ibid., 15.

13. Cusco é a grafia moderna mais reconhecida no Peru atualmente. Cuzco é a alternativa mais antiga, comum em muitos livros.

14. Hiram Bingham III, 1909, "Cuzco and Sacsahuaman", *Records of the Past* 8(5): 223–41.

15. Mark Rice, 2018, *Making Machu Picchu: The Politics of Tourism in Twentieth-Century Peru*, Chapel Hill: University of North Carolina Press, 12–13.

16. O Império Inca, em sua maior extensão no início do século XVI, era mais ou menos equivalente em tamanho ao Império Romano do Ocidente no final do século IV EC. A despeito de seu tamanho significativo, porém, o império Inca não era o maior do mundo na época — a dinastia Ming, na China, e o Império Otomano, na Ásia, por exemplo, foram muito maiores.

17. Uma lenda alternativa diz que o primeiro governante Inca, Manco Cápac, emergiu do lago e viajou por túneis submersos até Cusco: Nigel Davies, 1997, *The Ancient Kingdoms of Peru*, Londres: Penguin Books, 110–11.

18. Ibid., 136.

19. Setecentos pratos de ouro foram levados do Templo do Sol pelos conquistadores espanhóis como parte do resgate do governante Inca Atahualpa oferecido por sua libertação em 1533. O peso total do ouro recolhido no Império Inca para pagar o resgate chegou a 11 toneladas, que foram então distribuídas entre os cavaleiros espanhóis (cada um recebeu 40kg) e os soldados (que receberam 20kg): Davies, *The Ancient Kingdoms of Peru*, 189–90.

20. Ibid., 149–51.

21. Ibid., 146–7, 149–51.

22. Kops, *Machu Picchu*, 5–6.

23. Ibid., 6.

24. Veja, por exemplo, os relatos de Sarmiento de Gamboa em 1572 contratado pelo Vice-rei Toledo (que foi responsável pela captura e morte do último governante Inca), que retrata os Incas como usurpadores, em comparação a relatos de Garcilaso de la Vega, em 1609, que os descreve como governantes muito mais benevolentes. Cf. Davies, *The Ancient Kingdoms of Peru*, 117–18.

25. Por exemplo, a estrada Inca que se estende pelo deserto do Atacama por uma distância de 108km. Ela tem 3m de largura e 32 postos de paragem. A estrada mais impressionante, contudo, é a Cusco-Quito, nas montanhas, que foi uma artéria central na rede do Império Inca. Essa estrada tem largura que varia entre 4m e 14m: Davies, *The Ancient Kingdoms of Peru*, 168–70.

26. Kops, *Machu Picchu*, 8.

27. Davies, *The Ancient Kingdoms of Peru*, 127–35, 185–90.

28. Kops, *Machu Picchu*, 8–9.

29. Davies, *The Ancient Kingdoms of Peru*, 191–203.

30. Hiram Bingham III, 1912, "The Discovery of Pre-historic Human Remains Near Cuzco, Peru", *American Journal of Science* 33: 297–305. Entretanto, quando Bingham voltou com uma nova equipe a Cusco, em 1912, incluindo um especialista em ossos, George Eaton, a equipe, tendo reestudado os ossos e o cascalho onde foram encontrados, concluíram que eles não eram muito velhos: Kops, *Machu Picchu*, 38–9.

31. Bingham III, 1913, "The Discovery of Machu Picchu".

32. Ibid.

33. Kops, *Machu Picchu*, 17–19; Rice, *Making Machu Picchu*, 21. Como Bingham observa em seu artigo de 1913 na *Harper's Monthly*, as informações de Giesecke também condiziam com a menção publicada das ruínas no vale Urubamba chamado "Huaina Picchu ou Matcho Picchu" por Wiener em seu volume de 1875 *Pérou et Bolivie;* Bingham III, "The Discovery of Machu Picchu".

34. Ibid.

35. Ibid.

36. Rice, *Making Machu Picchu*, 21.

37. Bingham III, "The Discovery of Machu Picchu".

38. Ibid.

39. Ibid.

40. O nome moderno do sítio que Bingham imaginou ser Vilcabamba é Espiritu Pampa. Ele foi confirmado como Vilcabamba pelo trabalho

de um explorador norte-americano, Gene Savoy, só em 1964. O nome moderno do sítio identificado por Bingham como Vitcos é Rosaspata: Kops, *Machu Picchu*, 68.

41. Ibid., 33.

42. É notável que todas as publicações de Bingham de 1912 sobre a expedição de 1911 se concentram na escalada ao Monte Coropuna, suas descobertas de ossos antigos em Cusco, ou na descoberta das últimas capitais dos Incas em Vitcos e Vilcabamba. Raramente ele menciona Machu Picchu: Jerry Patterson, 1957, "Hiram Bingham, 1875–1956", *The Hispanic American Historical Review* 37(1): 131–7.

43. Um desses sítios — Llactapata — foi apenas redescoberto subsequentemente por uma equipe internacional em 2003: Kops, *Machu Picchu*, 47–51, 68.

44. Equipes locais arquelógicas peruanas também trabalharam em Machu Picchu em janeiro de 1912 e nessa época o Peru tinha aprovado uma lei que proibia a exportação de artefatos: Rice, 2018, *Making Machu Picchu*, 22.

45. Kops, *Machu Picchu*, 51.

46. Ibid., 61.

47. Hiram Bingham III, abril de 1913, "In the wonderland of Peru", *National Geographic Magazine* 24(4): 388–573.

48. A expedição de 1912 foi patrocinada por várias empresas norte-americanas ansiosas por ver seus produtos associados com explorações e descobertas (como a Kodak, mas também a Winchester Repeating Arms Company), além de companhias norte-americanas que trabalhavam no Peru, ávidas para melhorar sua reputação nos dois países (por exemplo, W. R. Grace and Co.): Rice, *Making Machu Picchu*, 22.

49. Kops, *Machu Picchu*, 61; Rice, *Making Machu Picchu*, 22. A extensão até onde isso era uma "descoberta" foi questionada: em 8 de setembro de 1916, foi publicada uma carta no *Times* (embora sem nenhuma documentação para sustentá-la) do engenheiro alemão Carl Haenel que dizia ter acompanhado o explorador J. M. von Hassel à área em 1910.

50. Bingham III, "The Discovery of Machu Picchu".

51. Ibid.

52. Hiram Bingham III, 1922, *Inca Land: Explorations in the Highlands of Peru*, Nova York: Houghton Mifflin Company, Capítulos 9 e 10. O livro pode ser lido online em: https://www.gutenberg.org/files/10772/10772-h/10772-h.htm.

53. Ibid., Capítulos 16, 17e 18.

54. Ibid., 338.

55. "Review of *Inca Land: Explorations in the Highlands of Peru*", *Nature* 111(665) (1923).

56. Hiram Bingham III, 1930, *Machu Picchu: A Citadel of the Incas*, New Haven: Yale University Press.

57. J. Leslie Mitchell, 1931, "Review of Machu Picchu: A Citadel of the Incas", *Antiquity* 5(18): 263–4. Cf. também, *New York Times*, Review, 4 de maio de 1930, "An Ancient City of the Incas: Dr Bingham sums up the results of the Machu Picchu Expedition" by Philip Ainsworth Means.

58. Hiram Bingham III, 2003 (1948), *Lost City of the Incas*, 270.

59. Kops, *Machu Picchu*, 61–2; Rice, *Making Machu Picchu*, 23.

60. Ibid., 24.

61. Ibid., 29, n. 83.

62. "Cuzco Celebrates Fourth Centenary", *New York Times*, 24 de março de 1934.

63. Rice, *Making Machu Picchu*, 65.

64. Hiram Bingham III, 2003 (1948), *Lost City of the Incas*, 179.

65. Ibid., 185.

66. Ibid., 187.

67. A diferenciação atualmente aceita é que, enquanto outros sabiam e visitaram Machu Picchu antes de Bingham, ele foi o "descobridor científico" do sítio, reconheceu sua importância e o primeiro a assumir seu estudo e revelação sistemáticos: Peter Eisner "Who Discovered Machu Picchu?", *Smithsonian Magazine*, março de 2009.

68. Citado como "Praise for Lost City of the Incas", em Hiram Bingham III, 2003 (1948), *Lost City of the Incas.*

69. Mary Anne Potts, 2010, "Finding Machu Picchu: A Look at Explorer Hiram Bingham, a Real-Life Indiana Jones", *National Geographic Online* (26 de maio); Christopher Heaney, 2011, *Cradle of Gold: The Story of Hiram Bingham, a Real-Life Indiana Jones, and the Search for Machu Picchu*, Londres: Palgrave Macmillan.

70. Rice, 2018, *Making Machu Picchu*, 100.

71. Citação de *El Comercio de Lima*, 16 de julho de 1972: Rice, *Making Machu Picchu*, 121.

72. Ibid., 137–40.

73. Ibid., 141–2; Kops, *Machu Picchu*, 62.

74. Para a descoberta da documentação e fontes espanholas originais: John Howland Rowe, 1987, "Machu Picchu a la luz de los documentos del siglo XVI", *Kuntor* 4: 12–20; Bernabé Cobo, 1979 [1653], *History of the Inca Empire*, traduzido por R. B. Hamilton, Austin: University of Texas Press, 135–7. Para mais discussões: Richard L. Burger e Lucy C. Salazar, 2004, "Introduction", in Burger e Salazar (eds), *Machu Picchu*, 2; Salazar, "Machu Picchu".

75. Ibid.

76. Ibid.

77. Ibid., 21–47.

78. Salazar, "Machu Picchu".

79. Ibid.

80. Alfredo Valencia Zegarra (trad. Richard L. Burger), 2004, "Recent Archaeological Investigations at Machu Picchu", em Burger e Salazar (eds), *Machu Picchu*, 71–82.

81. Richard L. Burger, 2004, "Scientific Insights into Daily Life at Machu Picchu", em Burger e Salazar (eds), *Machu Picchu*, 85–106.

82. Ibid.

83. Rice, *Making Machu Picchu*, 155.

84. Ibid.

85. Jorge A. Flores Ochoa (trad. Richard L. Burger), "Contemporary Significance of Machu Picchu", em Burger e Salazar (eds), *Machu Picchu*, 109–23.

86. Rice, *Making Machu Picchu*, 166; Flores Ochoa, "Contemporary Significance of Machu Picchu".

Capítulo 4

1. Mary Leakey, 1984, *Disclosing the Past: An Autobiography*, Londres: Doubleday, 173–4.
2. Ibid., 178.
3. Ibid., 174.
4. Ibid., 173; Mary Bowman-Kruhm, 2010, *The Leakeys: A Biography*, Nova York: Prometheus Books, 114.
5. Mary recebeu, durante a vida, quatro doutorados honorários de universidades na África, Estados Unidos e Reino Unido (e uma longa lista de medalhas e prêmios), mas nunca usou o título "Dr." diante do nome em suas publicações ou no cotidiano. Mantive sua preferência neste livro.
6. Leakey, *Disclosing the Past*, 168–72.
7. Deborah Heiligman, 1995, *Mary Leakey: In Search of Human Beginnings*, Nova York: Scientific American Books, 58.
8. https://www.washingtonpost.com/archive/local/1996/12/10/eminent-archaeologist-mary-leakey-dies-at-83/d2010875-7d07-42fb-9532-c237405940d0/.
9. Mary Leakey e Richard Hay, 1982, "The Fossil Footprints of Laetoli", *Scientific American* 246(2): 50–7; Mary Leakey e J. M. Harris 1987, *Laetoli: A Pliocene Site in Northern Tanzania*, Oxford: Clarendon Press; Tim White e Gen Suwa, 1987, "Hominid Footprints at Laetoli: Facts and Interpretations", *American Journal of Physical Anthropology* 72(4): 485–514.
10. Leakey, *Disclosing the Past*, 212.
11. Ibid., 23.

12. Ibid., 25.

13. Heiligman, *Mary Leakey*, 10. John Frere publicou seu — depois celebrado — artigo em 1798, o mesmo ano em que Nelson venceu a Batalha do Nilo contra Napoleão, encurralando seu exército no Egito logo após descobrirem a Pedra de Roseta.

14. Leakey, *Disclosing the Past*, 211.

15. Ibid., 35.

16. Ibid., 39. O cargo de professor da cátedra John Disney de Arqueologia em Cambridge foi oferecido ao Dr. Thompson, em 1938, que o recusou; o cargo foi depois oferecido à Dra. Dorothy Garrod, que o ocupou entre 1939 e 1952. Dorothy foi a primeira mulher a ocupar uma "cátedra" (o mais prestigiado cargo profissional) em Oxford ou Cambridge.

17. Bowman-Kruhm, *The Leakeys*, 33. Nessa época, muitos estavam convencidos de que o "elo perdido" entre macacos e seres humanos fora encontrado em Sussex, Inglaterra, em 1912: Piltdown Man. Entretanto, por fim, se descobriu ter sido uma farsa na qual o maxilar de um humano moderno tinha sido ligado ao de um orangotango.

18. Heiligman, *Mary Leakey*, 31–5.

19. Mary Leakey, 1979, *Olduvai Gorge: My Search for Early Man*, Londres: Collins, 12–14.

20. Leakey, *Disclosing the Past*, 55.

21. Esse achado ficou conhecido como OH2 – Olduvai Hominid 2 (depois que o esqueleto encontrado por Hans Reck, em 1913, foi denominado OH1): Leakey, *Disclosing the Past*, 56.

22. Leakey, *Disclosing the Past*, 56–9; Leakey, *Olduvai Gorge*, 15–16; Bowman-Kruhm, *The Leakeys*, 53.

23. Leakey, *Disclosing the Past*, 58.

24. Leakey, *Olduvai Gorge*, 16; Heiligman, *Mary Leakey*, 36.

25. Leakey, *Disclosing the Past*, 63.

26. Heiligman, *Mary*, 39–40; Bowman-Kruhm, *The Leakeys*, 55.

27. Leakey, *Disclosing the Past*, 67.

28. Ibid., 69–80.

29. Ibid., 75; Bowman-Kruhm, *The Leakeys*, 56–61.

30. Leakey, *Disclosing the Past*, 90.

31. Bowman-Kruhm, *The Leakeys*, 70.

32. Leakey, *Disclosing the Past*, 83, 96; Bowman-Kruhm, *The Leakeys*, 66, 71.

33. Leakey, *Disclosing the Past*, 96.

34. Ibid., 102.

35. Heiligman, *Mary Leakey*, 43–4.

36. Nos anos 1960, outros fragmentos desse crânio foram encontrados escondidos sob a carapaça de uma tartaruga em uma caixa de achados fósseis da ilha Rusinga datados da temporada de escavações de Mary e Louis, em 1947 — sendo adicionados ao crânio do *Proconsul*: Leakey, *Disclosing the Past*, 99.

37. Ibid., 99. De fato, foi o primeiro crânio de um macaco da era miocênica encontrado: ibid., 212.

38. Como Mary disse depois: "Mesmo que o *Proconsul* não seja um ancestral direto do homem, talvez nosso tributo pessoal (conceber um filho) não tenha sido totalmente inadequado.": Leakey, *Disclosing the Past*, 99.

39. Ibid., 99–102; Heiligman, *Mary Leakey*, 45.

40. Ibid., 46.

41. O crânio permaneceu propriedade do Museu Britânico de História Natural até 1982, quando se provou (graças a Mary ter conseguido a documentação necessária) que o governo queniano só permitira sua saída do país em 1948 como um empréstimo. Ele agora retornou ao Quênia e pode ser visto no Museu Nacional de Nairobi: Bowman-Kruhm, *The Leakeys*, 84.

42. Sua obra f oi publicada em Mary Leakey, 1983, *Africa's Vanishing Art*, Nova York: Doubleday; Leakey, *Disclosing the Past*, 105–6.

43. Ibid., 106.

44. Ibid.

45. Bowman-Kruhm, *The Leakeys*, 77.

46. Leakey, *Olduvai Gorge*, 19.

47. Ibid., 42.

48. Ibid., 43.

49. Heiligman, *Mary Leakey*, 49.

50. Bowman-Kruhm, *The Leakeys*, 79.

51. Ibid., 77.

52. Ibid., 80.

53. Leakey, *Disclosing the Past*, 120–1.

54. Cf. Sonia Cole, 1975, *Leakey's Luck: The Life of Louis Leakey 1903–1972*, Londres: Collins.

55. Heiligman, *Mary Leakey*, 52–3; Leakey, *Olduvai Gorge*, 75–6.

56. Dear Boy é conhecido nos registros das escavações de Olduvai como OH5: Olduvai Hominid No. 5.

57. Leakey, *Disclosing the Past*, 120–1.

58. Leakey, *Olduvai Gorge*, 73–4; Phillip V. Tobias, 1967, *Olduvai Gorge Volume 2: The Craniumand Maxillary Dentitionof Australopithecus (Zinjanthropus) Boisei*, Cambridge: Cambridge University Press.

59. Leakey, *Olduvai Gorge*, 168–9. Hoje se acredita que o *Australopithecus boisei* representa um "espécime secundário extinto na evolução do homem primitivo, sem ser seu ancestral direto": Leakey, *Olduvai Gorge*, 17.

60. Leakey, *Disclosing the Past*, 213.

61. Em 1962, Mary e Louis receberam a Medalha de Ouro Hubbard concedida pela National Geographic Society por seu trabalho.

62. O tempo de Simon com Mary terminou quando ele voltou a Nairobi e se embriagou com várias garrafas de uísque, conhaque e licor e teve que ser realocado: Leakey, *Olduvai Gorge*, 29.

63. Ibid., 31. Mary tinha vários animais de estimação, incluindo cobras e corujas (para as quais ela mantinha carne de ratos picada na geladeira do acampamento).

64. A datação de diferentes camadas em Olduvai foi ainda mais aperfeiçoada pelo trabalho no local do geólogo Richard Hay, que participou de cada temporada de 1962 a 1974: Richard Hay, 1976, *The Geology of Olduvai Gorge*, Berkeley: University of California Press.

65. Leakey, *Disclosing the Past*, 213.

66. Os restos do *Homo habilis* da parte inferior da Camada 1 foram encontrados, em 1968, por um dos escavadores africanos de Mary, Peter Nzube, que achou um crânio quase completo (OH24) datado de mais de 1,75 milhões de anos: Leakey, *Olduvai Gorge*, 80.

67. Leakey, *Olduvai Gorge*, 73–4. Para discussões detalhadas dos achados em diferentes camadas veja: Mary Leakey, 1971, *Olduvai Gorge Volume 3: Excavations in Beds I and II*, Cambridge: Cambridge University Press; Mary Leakey e D. Roe, 1994, *Olduvai Gorge Volume 5: Excavations in Beds III, IV and the Masek Beds (1968–1971)*, Cambridge: Cambridge University Press.

68. Mary Leakey, *Olduvai Gorge*, 14.

69. Ibid., 22.

70. Ibid., 36. Na verdade, foi enquanto construía o museu que um dos escavadores africanos de Mary, Ndibo Mbuika, achou outro crânio de *Homo habilis* (OH13), que provou ser o espécime mais recente datado encontrado na estratigrafia da garganta: Leakey, *Olduvai Gorge*, 78.

71. Leakey, *Disclosing the Past*, 157.

72. Heiligman, *Mary Leakey*, 38; Bowman-Kruhm, *The Leakeys*, 112.

73. Leakey, *Disclosing the Past*, 199.

74. Desde 1964 até Olduvai, sela trabalhou de acordo com a nova legislação sobre antiguidades do governo da Tanzânia, que exigia permissão explícita para escavação. As permissões subsequentes para Mary foram concedidas apenas sob a condição de que todos os achados ficassem no país (com o potencial de empréstimos do estrangeiro): Leakey, *Olduvai Gorge*, 37. Conforme discutido em uma nota anterior, no início dos anos 1980, foi Mary quem achou indícios que ajudaram a provar que o caso do governo queniano referente à exportação do crânio do *Proconsul africanus* da ilha Rusinga para o RU, em 1948–1949 tinha sido um emprés-

timo, e não uma doação. Como resultado, o crânio agora está de volta ao Quênia: Leakey, *Disclosing the Past*, 101.

75. Ibid., 200.

Capítulo 5

1. A transliteração Pinyin é usada para nomes e termos chineses neste capítulo, exceto em títulos de biografias na qual a transliteração original foi mantida.

2. Esse período é conhecido tradicionalmente na história chinesa como duas eras distintas: o "período da Primavera e do Outono" (776–476 AEC) devido ao nome de um importante texto sobrevivente datado daquela época, e o "período dos Estados Combatentes" (476–221 AEC), nomeado em razão da crescente intensidade dos conflitos nessa ocasião, que levou ao surgimento de Qin como único sobrevivente em 221 AEC Cf. M. Scott, 2016, *Ancient Worlds: An Epic History of East and West*, London: Hutchinson, 111–214.

3. D. Bodde, 1967, *China's First Unifier: A Study of the Ch'in Dynasty as Seen in the Life of Li Ssu*, Hong Kong: Hong Kong University Press, 4–5.

4. F. Wood, 2007, *China's First Emperor and His Terracotta Warriors*, Nova York: St Martin's Press, 21.

5. A área conquistada e comandada por Qin só foi expandida de modo significativo por futuros governantes no século XVIII, quando os imperadores Qing aumentaram a extensão territorial do país para o norte e o oeste, tornando-o mais parecido com a China de hoje. Além disso, quando o país sempre se referia a si mesmo como *Zhongguo*, "Reino Central/Médio, o nome moderno "China" provavelmente é uma derivação de transliterações gregas, romanas (e até indianas) de Qin: Wood, *China's First Emperor*, 27. Cf. M. E. Lewis, 2007, *The Early Chinese Empires: Qin and Han*, Cambridge, MA: Harvard University Press.

6. Devido sua posição na fronteira do mundo chinês, o Estado Qin foi considerado com frequência um tanto "bárbaro" ou, ao menos, seus habitantes, de serem descendentes de bárbaros: Wood, *China's First, Emperor*, 20.

7. Scott, *Ancient Worlds*, 139; W. Scheidel, 2009, "From the 'Great Convergence' to the 'First Great Divergence': Roman and Qin-Han state

formation and its aftermath", in W. Scheidel (ed.), *Rome and China: Comparative Perspectives on Ancient World Empires*, Oxford: Oxford University Press, 11–23.

8. Parágrafo 3 (p. 185) in Yang Shang, *The Book of Lord Shang. A Classic of the Chinese School of Law*, traduzido do chinês com Introdução e Notas do Dr. J. J. L. Duyvendak, Londres: Arthur Probsthain, 1928.

9. Cf. A descrição do Estado de Qin, por volta de 400 AEC: "A personalidade de Qin é forte, a terra é traiçoeira e o governo, severo. Acredita-se em suas recompensas e punições, as pessoas nunca se rendem, mas são impetuosas e impulsivas": Wu Qi, *Wuzi*, Section 2, "Evaluating the Enemy". O texto completo traduzido pode ser lido em R. D. Sawyer, 2007, *The Seven Military Classics of Ancient China*, Nova York: Basic Books.

10. Scott, *Ancient Worlds*, 99, 161.

11. E. Burman, 2018, *Terracotta Warriors: History, Mystery and the Latest Discoveries*, Londres: Weidenfeld & Nicolson, 29.

12. Ibid., 32.

13. *Zhan Guo Ce* (*Annals of the Warring States*) *The Book of Qin*, Section 2, "The Story of Su Qin", traduzido por J. I. Crump Jr, *Chan Kuo Ts'e*, 1970, Oxford: Clarendon Press, 55.

14. O avô e o pai do rei Zheng estiveram longe de ter o sucesso de seu bisavô e tataravô. Seu avô governou apenas por três dias depois da coroação, e seu pai, por três anos.

15. Sima Qian, *Shiji*, 6, tradução de B. Watson, 1993, *Records of the Grand Historian: Qin Dynasty*, Nova York: Columbia University Press, 38–9. O comentário foi feito quando o rei Zheng tinha 22 anos, nove anos depois de subir ao trono.

16. Citado em Burman, *Terracotta Warriors*, 41.

17. Wood, *China's First Emperor*, 26.

18. Mêncio Part II, XXI, 2, traduzido por J. Legge, 1875, *The Chinese Classic: Volume 2 – The Life and Teaching of Mencius*, London: Trübner and Co., 335.

19. Cf. A. F. P. Hulsewe, 1985, *Remnants of Qin Law*, Leiden: Brill.

20. Sima Qian, *Shiji*, 6, traduzido por R. Dawson, 2007, *Sima Qian the First Emperor: Selections from the Historical Records*, Oxford: Oxford University Press, 64.

21. Jane Portal, 2007, *The Terracotta Warriors*, Londres: British Museum Press, 10.

22. Wood, *China's First Emperor*, 28.

23. Sima Qian, *Shiji*, 6 (trad. Dawson, *Sima Qian the First Emperor*), 64.

24. Sima Qian, *Shiji*, 6 (trad. Dawson, *Sima Qian the First Emperor*), 74.

25. Wood, *China's First Emperor*, 78–88.

26. Burman, *Terracotta Warriors*, 49–52.

27. Cf. Sima Qian, *Shiji*, 88 (trad. Dawson, *Sima Qian the First Emperor*), 53–9.

28. Scott, *Ancient Worlds*, 162–3.

29. Sima Qian, *Shiji*, 6 (trad. Dawson, *Sima Qian the First Emperor*), 81.

30. Wood, *China's First Emperor*, 115–22.

31. Sima Qian, *Shiji*, 6 (trad. Dawson, *Sima Qian the First Emperor*), 75.

32. Wood, *China's First Emperor*, 128–9.

33. Sima Qian, *Shiji*, 6 (trad. Dawson, *Sima Qian the First Emperor*), 82–3.

34. Sima Qian, *Shiji*, 6 e 7 (trad. Dawson, *Sima Qian the First Emperor)*, 82–3, 103–33.

35. Burman, *Terracotta Warriors*, 93–4.

36. S. Faison, "Clinton in China: The Antiquities – 2 Tales of Who Found the Terracotta Men", *New York Times* 25 de junho de 1998; Wood, *China's First Emperor*, 1; Burman, *Terracotta Warriors*, xx.

37. Xudong Yang e Dahai Shao, "The man who dug a well and found an army", 15 de março de 2013. Publicado em www.swissinfo.ch.

38. Yang e Shao, "The man who dug a well".

39. Yang e Shao, "The man who dug a well".

40. M. Ives e K. Kan, "Zhao Kangmin, Restorer of China's Ancient Terracotta Warriors, Dies at 81", *New York Times*, 22 May 2018.

41. Ibid.

42. Yang e Shao, "The man who dug a well".

43. Cf. J. Glancey, "The Army that Conquered the World", BBC Culture website, 12 de abril de 2017.

44. Burman, *Terracotta Warriors*, xxi.

45. Wood, *China's First Emperor*, 141–59.

46. Como nomeado pelo Primeiro-ministro da França (na época) Jacques Chirac em setembro de 1987.

47. Burman, *Terracotta Warriors*, 78–84, 151–2; Wood, *China's First Emperor*, 131–2; Portal, *The Terracotta Warriors*, 11.

48. Ibid., 41.

49. Burman, *Terracotta Warriors*, 87, 95–7; Portal, *The Terracotta Warriors*, 17.

50. Ibid., 92.

51. Burman, *Terracotta Warriors*, 98–9, 136–7, 178; Portal, *The Terracotta Warriors*, 16.

52. Ibid., 6.

53. *Lüshi Chunqiu* (Anais de Lü Buwei) 10/3.1, traduzido por J. Knoblock e J. Riegel, 2001, *Annals of Lü Buwei*, Stanford: Stanford University Press, 230.

54. Sima Qian, *Shiji*, 6 (trad. Dawson, *Sima Qian the First Emperor*), 83.

55. Cenas semelhantes de destruição foram encontradas em outras tumbas da era Qin, como a da avó do Primeiro Imperador, a rainha Viúva Xia: Burman, 2018, *Terracotta Warriors*, 142–3; Wood, *China's First Emperor*, 132.

56. Ibid., 132; Portal, *The First Emperor*, 207.

57. Para discussão: L. Ledderose, 2000, "A Magic Army for the Emperor", em L. Ledderose (ed.), *Ten Thousand Things: Module and Mass Production in Chinese Art*, Princeton: Princeton University Press, 51–74.

Muitas figuras têm estampas que indicam seu criador e/ou origem — sugerindo um processo muito bem organizado do tipo fabril para sua produção: Burman, *Terracotta Warriors*, 168.

58. Ibid., 111; H. Wu, 2005, "On Tomb Figurines: The Beginning of a Visual Tradition", in H. Wu and K. R. Tsiang (eds), *Body and Face in Chinese Visual Culture*, Cambridge, MA: Harvard University Press, 13–47.

59. Wood, *China's First Emperor*, 134; Ledderose, "A Magic Army for the Emperor".

60. Burman, *Terracotta Warriors*, 151.

61. Ibid., 90–1. Faltam muitas armas de bronze dos guerreiros e suspeita-se que, por estarem em perfeito estado, elas foram levadas por rebeldes que assaltaram o complexo da tumba na época do colapso do Império Qin: Wood, *China's First Emperor*, 135.

62. Burman, *Terracotta Warriors*, 169.

63. Ibid., 112–13.

64. Sima Qian, *Shiji*, 123, traduzido por B. Watson, 1993, *Records of the Grand Historian: Han Dynasty Volume II*, Nova York: Columbia University Press, 233–6.

65. Burman, *Terracotta Warriors*, 152–66; L. Nickel, 2013, "The First Emperor and Sculpture in China", *Bulletin of the School of Oriental and African Studies* 76(3): 413–47.

66. Portal, *The Terracotta Warriors*, 16, 66–8.

67. A exposição do Exército de Terracota no Museu Britânico, entre setembro de 2007 e abril de 2008, quebrou recordes de venda antecipada de ingressos e foi a segunda exposição mais popular em toda a história do museu.

68. https://jingdaily.com/chinas-terracotta-warriors-storm-sydney/.

69. http://global.chinadaily.com.cn/a/202101/05/WS5ff3d11aa31024ad0baa0834.html.

70. Yang e Shao, "The man who dug a well".

71. Ives e Kan "Zhao Kangmin". A rivalidade continua no sítio de turismo, com diferentes corretores alegando ter encontrado os guerreiros: Faison, "Clinton in China".

72. Por exemplo, www.travelchinaguide.com: https://www.travelchinaguide.com/ attraction/shaanxi/xian/terra_cotta_army/face_3.htm.

73. Faison, "Clinton in China".

74. Zhao Xu, "Yang Zhifa, 76, soldiers on amid terracotta warriors", *New York Times*, 9 de dezembro de 2014.

75. Glancey, "The Army that Conquered the World".

76. "Assim é a vida. Mesmo se houver muita injustiça na sociedade, não faz sentido se zangar por isso": Yang e Shao, "The man who dug a well".

77. Relatados (em 2017) como comentários feitos em 2007 para o *South China Morning Post*, em Glancey, "The Army that Conquered the World".

Capítulo 6

1. Meus agradecimentos a Mehmed Çakir, hoje com 63 anos, por atender meu pedido para uma entrevista. Ele respondeu às minhas perguntas por escrito, em turco. Também agradeço meus amigos e colegas turcos Munir Akdogan, Dr. Kerim Altug e Dr. Bahadir Berkaya por ajudar a conseguir a entrevista com Mehmed e traduzi-la e, no caso do Dr. Berkaya, por me contar a história de seu próprio envolvimento na descoberta.

2. G. F. Bass, P. Throckmorton, J. Du Plat Taylor, J. B. Hennessy, A. R. Shulman e H.-G. Buchholz, 1967, "Cape Gelidonya: A Bronze Age Shipwreck", *Transactions of the American Philosophical Society* 57(8): 1–177.

3. Usamos o pronome "ele" em todo o capítulo, pois na Turquia a profissão de mergulhador de esponjas é considerada sempre uma profissão masculina.

4. Bass, Throckmorton, et al., "Cape Gelidonya".

5. G. F. Bass, 2005, "Introduction" in G. F. Bass (ed.), *Beneath the Seven Seas: Adventures with the Institute of Nautical Archaeology*, Londres: Thames & Hudson, 10–27.

6. Meus agradecimentos ao Dr. Bahadir Berkaya por dedicar seu tempo para uma entrevista por telefone no outono de 2020.

7. Bahadir Berkaya, comunicação pessoal, outubro de 2020.

8. Cemal é hoje Professor na cadeira Frederick R. Mayer de Arqueologia Marítima na Texas A&M University.

9. G. F. Bass, 1986, "A Bronze Age Shipwreck at Ulu Burun (Kas): 1984 Campaign", *American Journal of Archaeology* 90(3): 269–96.

10. C. Pulak, 2005, "Discovering a Royal Ship from the Age of King Tut: Ulu Burun Turkey", in G. Bass (ed.), *Beneath the Seven Seas: Adventures with the Institute of Nautical Archaeology*, Londres: Thames and Hudson, 34–47.

11. C. Pulak, 1988, "The Bronze Age Shipwreck at Ulu Burun, Turkey: 1985 Campaign", *American Journal of Archaeology* 92(1): 1–37.

12. As primeiras publicações escrevem Ulu Burun, mas Uluburun é uma representação melhor da grafia tradicional turca e é usada nas publicações mais recentes. Assim, apliquei-a em todo o capítulo.

13. Bass, Throckmorton, et al., "Cape Gelidonya".

14. K. Meckelroy (ed.), 1980, *Archaeology Under Water: An Atlas of the World's Submerged Sites*, Berkshire: McGraw Hill.

15. Bass, "A Bronze Age Shipwreck".

16. Bass, "Introduction".

17. C. Pulak, 1998, "The Uluburun Shipwreck: An Overview", *International Journal of Nautical Archaeology* 27(3): 188–224.

18. C. Pulak, 2012, "Uluburun Shipwreck", em E. H. Cline (ed.), *The Oxford Handbook of the Bronze Age Aegean*, Oxford: Oxford University Press, 863–79.

19. Bass, "A Bronze Age Shipwreck".

20. Ibid.

21. Ibid.

22. Bass, Throckmorton, et al., "Cape Gelidonya".

23. Cf. Monroe, 2010, "Sunk Costs at Late Bronze Age Uluburun", *Bulletin of the American Schools of Oriental Research* 357: 19–33.

24. A. Hauptmann, R. Maddin e M. Prange, 2002, "On the Structure and Composition of Copper and Tin Ingots Excavated from the Shipwreck of Uluburun", *Bulletin of the American Schools of Oriental Research* 328: 1–30.

25. Pulak, "The Uluburun Shipwreck"; Hauptmann, Maddin e Prange, "On the Structure and Composition of Copper and Tin Ingots".

26. Pulak, "The Uluburun Shipwreck".

27. Hauptmann, Maddin e Prange, "On the Structure and Composition of Copper and Tin Ingots".

28. J. D. Muhly, 1985, "Sources of Tin and the Beginnings of Bronze Metallurgy", *American Journal of Archaeology* 89: 275–91; Hauptmann, Maddin e Prange, "On the Structure and Composition of Copper and Tin Ingots".

29. Pulak, "Discovering a Royal Ship".

30. C. Haldane, 1993, "Evidence for Organic Cargoes in the Late Bronze Age", *World Archaeology* 24(3): 348–60; Pulak, "Uluburun Shipwreck".

31. Ibid.

32. A. Anastassiades e L. Ellis, 2008, "The Conservation of Glass Ingots from the Bronze Age Uluburun Shipwreck", *Studies in Conservation* 53(4): 225–37.

33. Pulak, "Uluburun Shipwreck".

34. G. F. Bass, C. Pulak, D. Collon e J. Weinstein, 1989, "The Bronze Age Shipwreck at Ulu Burun: 1986 Campaign", *American Journal of Archaeology* 93(1): 1–29.

35. Na verdade, o maior depósito de caroços de azeitona da Idade do Bronze Tardia no Mediterrâneo: Haldane, "Evidence for Organic Cargoes".

36. C. Ward, 2003, "Pomegranates in Eastern Mediterranean Contexts during the Late Bronze Age", *World Archaeology* 34(3): 529–41.

37. Pulak, "Uluburun Shipwreck".

38. T. Cucchi, 2008, "Uluburun Shipwreck Stowaway House Mouse: Molar Shape Analysis and Indirect Clues about the Vessel's Last Journey", *Journal of Archaeological Science* 35: 2953–59.

39. F. W. Welter-Schultes, 2008, "Bronze Age Shipwreck Snails from Turkey: First Direct Evidence for Oversea Carriage of Land Snails in Antiquity", *Journal of Molluscan Studies* 74(1): 79–87.

40. Pulak, "Uluburun Shipwreck".

41. J. Vidal, 2006, "Ugarit and the Southern Levantine Ports", *Journal of the Economic and Social History of the Orient* 49(3): 269–79; A. e S. Sherratt, 1991, "From Luxuries to Commodities: The Nature of Mediterranean Bronze Age Trading Systems", in N. Gale (ed.), *Bronze Age Trade in the Mediterranean*, Jonsered: Paul Aströms Förlag, 351–86.

42. Pulak, "Uluburun Shipwreck".

43. C. Bachhuber, 2006, "Aegean Interest on the Uluburun Ship", *American Journal of Archaeology* 110(3): 345–63.

44. Güzden Varinlioglu, 2020, "Assessing a Decade of Kas Underwater Archaeopark", *International Journal of Nautical Archaeology* 49(1): 74–86.

Capítulo 7

1. Meus sinceros agradecimentos à Dra. Dr Natalia Polosmak, descobridora da Princesa do Altai, que generosamente concordou em ser entrevistada para este capítulo e respondeu às minhas perguntas por e-mail em maio de 2021.

2. *Moscow Times*, 16 de abril de 2020.

3. *Siberian Times*, 21 de agosto de 2014; G. Plets, N. Konstantinov, V. Soenov e E. Robinson, 2013, "Repatriation, Doxa and Contested Heritages: The Return of an Altai Princess in an International Perspective", *Anthropology and Archaeology of Eurasia* 52(2): 73–100. Para o épico de Altai de Ochi-Bala: V. M. Gatsak (ed.), 1997, *The Altaic Heroic Narratives of "Ochi-Bala"'and "Khan-Altyn"*, Vol. 15 de *Folklore Monuments of the Peoples of Siberia and the Far East*, publicado pela Academia Russa de Ciências.

4. *Siberian Times*, 14 de agosto de 2012; Plets, Konstantinov, Soenov e Robinson, "Repatriation, Doxa and Contested Heritages". Alguns in-

tegrantes da equipe de escavação alegaram ter tido pesadelos à época da escavação, como se o "local estivesse testando nossa disposição de estar ali": PBS documentary, *Ice Mummies: Siberian Ice Maiden*, transmitido em 24 de novembro de 1998.

5. *Siberian Times*, 14 de agosto de 2012; the *Observer*, 3 de outubro de 2017; *Moscow Times*, 16 de abril de 2020.
6. Dra. Natalia Polosmak, entrevista, 13 de maio de 2021; *Siberian Times*, 14 de agosto de 2012; Plets, Konstantinov, Soenov e Robinson, "Repatriation, Doxa and Contested Heritages".
7. TASS Russian News Agency, 26 de setembro de 2012.
8. *Siberian Times*, 21 de agosto de 2014.
9. Ibid.
10. Ibid.; ativistas observam que um corpo antigo preservado semelhante, o "Saka King", voltou a ser enterrado no Casaquistão em julho de 2013 após uma década de ativismo dos habitantes nativos: Plets, Konstantinov, Soenov e Robinson, "Repatriation, Doxa e Contested Heritages".
11. *Siberian Times*, 21 de agosto de 2014.
12. *Moscow Times*, 16 de abril de 2020.
13. N. Polosmak, "A Mummy Unearthed from the Pastures of Heaven", *National Geographic* 186(4): 80–103; documentário da PBS, *Ice Mummies*. É irônico que a República do Altai, depois de proibir futuras escavações no planalto após a remoção do corpo da princesa em 1993, declarou o Ukok "uma Zona de Silêncio".
14. Polosmak, "A Mummy Unearthed".
15. Herodotus, *Histories* 4.71–2.
16. B. Cunliffe, 2015, *By Steppe, Ocean and Desert: The Birth of Eurasia*, Oxford: Oxford University Press, 234–5.
17. Sima Qian, *Shiji*, Capítulo 110 (traduzido em B. Watson 1993 *Sima Qian: Records of the Grand Historian* Volume 2 New Yorks: Columbia University Press, 129–62).
18. Cunliffe, *By Steppe, Ocean and Desert*, 226–36.

19. F. Van Noten e N. Polosmak, 1995, "The Frozen Tombs of the Scythians", *Endeavour* 19(2): 76–82.

20. S. I. Rudenko, 1953, *The Cultures of the Altai Mountains Population in Scythian Times*, Moscow (Leningrad: in Russian). Cunliffe, *By Steppe, Ocean and Desert*, 236–42; Van Noten and Polosmak, "The Frozen Tombs of the Scythians"; Polosmak, "Twenty Years After", *Science First Hand* 37(N1): 6–23; Polosmak, "On the Path to Celestial Pastures", *Science First Hand* 39(N3): 6–17.

21. Cunliffe, *By Steppe, Ocean and Desert*, 236–42; Van Noten e Polosmak, "The Frozen Tombs of the Scythians"; Polosmak, "Twenty Years After"; Polosmak, "On the Path to Celestial Pastures". Os cadáveres preservados são hoje exibidos com muitos outros objetos sobreviventes dessas tumbas, no Hermitage Museum, em S. Petersburgo.

22. Van Noten e Polosmak, "The Frozen Tombs of the Scythians"; N. Polosmak, 2015, "A Different Archaeology: Pazyryk Culture, A Snapshot", *Science First Hand* 42(N3): 78–103.

23. Polosmak, "A Mummy Unearthed".

24. Ibid.

25. Ibid.

26. N. Polosmak, 1995, "The Ak-Alakh 'Frozen Grave' Barrow", *Ancient Civilisations from Scythia to Siberia* 1(3): 346–54.

27. Ibid.; A. Pilipenko, R. Trapezov e N. Polosmak, 2015, "A Paleogenetic Study of Pazyryk People Buried at Ak-Alakha-1, the Altai Mountains", *Archaeology, Ethnology and Anthropology of Eurasia* 43(4): 144–50.

28. Polosmak, "The Ak-Alakh "Frozen Grave" Barrow".

29. Ibid.

30. Polosmak, "A Mummy Unearthed".

31. Ibid.; PBS documentary, *Ice Mummies*.

32. Polosmak, "The Burial of a Noble Pazyryk Woman".

33. N. Polosmak, 2017 (ed.), "The Ukok Diary", *Science First Hand* 47(N2/3): 138–44.

34. Ibid.

35. Ibid.

36. Ibid.

37. Ibid.

38. Ibid.

39. Polosmak, "The Burial of a Noble Pazyryk Woman".

40. Ibid.; Polosmak, "A Mummy Unearthed".

41. Ibid.; documentário da PBS, *Ice Mummies*.

42. Polosmak, "The Burial of a Noble Pazyryk Woman"; Polosmak, "A Mummy Unearthed"; documentário da PBS, *Ice Mummies*.

43. Polosmak, "The Burial of a Noble Pazyryk Woman".

44. Ibid.; Polosmak, "A Mummy Unearthed"; Polosmak (ed.), "The Ukok Diary".

45. Polosmak, "A Mummy Unearthed"; Polosmak (ed.), "The Ukok Diary".

46. Polosmak, "A Mummy Unearthed".

47. Ibid.; Polosmak (ed.), "The Ukok Diary".

48. Polosmak, "A Mummy Unearthed".

49. Ibid.; Polosmak (ed.), "The Ukok Diary"; Polosmak, "The Burial of a Noble Pazyryk Woman".

50. Polosmak, "A Mummy Unearthed"; Polosmak (ed.), "The Ukok Diary".

51. Essa ciência foi aplicada à preservação de seu corpo que, agora fora do gelo, começou a se deteriorar, em parte graças a falhas nos congeladores no Instituto em Novosibirsk. A Donzela foi enviada a especialistas baseados no Mausoléu de Lenin, que a banharam em substâncias químicas, como fizeram com o corpo de Lenin, e conseguiram deter e reverter a deterioração: Polosmak, "Twenty Years After".

52. V. Molodin e N. Polosmak, 2016, "A Multidisciplinary Approach to the Study of Archaeological Complexes with Mummified Objects", *Herald of the Russian Academy of Sciences* 86(2): 111–17.

53. Polosmak, "A Mummy Unearthed"; Polosmak, "The Burial of a Noble Pazyryk Woman"; Polosmak, "Twenty Years After"; documentário da PBS, *Ice Mummies*.

54. Polosmak, "A Mummy Unearthed"; Polosmak, "The Burial of a Noble Pazyryk Woman"; Polosmak, "Twenty Years After".

55. N. Polosmak, 2015, "A Different Archaeology: Pazyryk Culture, a Snapshot", *Science First Hand* 42(N3): 78–103.

56. Polosmak, "On the Path to Celestial Pastures".

57. N. Polosmak, 2005, "Purple and Gold over Thousands of Years", *Science First Hand* 4(N1): 32–55; Molodin and Polosmak, "A Multidisciplinary Approach"; N. Polosmak, 2019, "The Kashmir Diary", *Science First Hand* 51(1): 44–65.

58. Polosmak, "Twenty Years After"; Polosmak, "On the Path to Celestial Pastures"; T. Chikisheva, N. Polosmak e A. Zubova, 2015, "The Burial at Ak-Alakh-3 Mound 1, Gorny Altai, New Findings", *Archaeology, Ethnology and Anthropology of Eurasia* 43(1): 144–54; A. Pilipenko, R. Trapezov e N. Polosmak, 2015, "A Genetic Analysis of Human Remains from Ak-Alakh-3 Burial Mound 1, Gorny Altai", *Archaeology, Ethnology and Anthropology of Eurasia* 43(2): 138–45.

59. Polosmak, "The Burial of a Noble Pazyryk Woman".

60. Polosmak, "A Mummy Unearthed"; Polosmak, "The Burial of a Noble Pazyryk Woman".

61. A. Letyagin, A. Savelov e N. Polosmak, 2014, "High Field Magnetic Resonance Imaging of a Mummy from Ak-Alakh-3 Mound 1, Ukok Plateau, Gorny Altai: Findings and Interpretations", *Archaeology, Ethnology and Anthropology of Eurasia* 42(4): 83–91; Polosmak, "On the Path to Celestial Pastures"; Molodin and Polosmak, "A Multidisciplinary Approach".

62. Polosmak, "On the Path to Celestial Pastures"; Molodin and Polosmak, "A Multidisciplinary Approach".

63. V. Trunova e N. Polosmak, 2015, "Secrets of Copper Hair", *Science First Hand* 42(N3): 22–3; Polosmak, "A Different Archaeology". A inalação de maconha/cobre era um costume comum entre o povo Pazyryk: V. Trunova e N. Polosmak, 2006, "Mortal Delight: SR Finds the Murderer", *Science First Hand* 7(N2): 38–49.

64. Chikisheva, Polosmak e Zubova, "The Burial at Ak-Alakh-3 Mound 1".

65. Polosmak, "On the Path to Celestial Pastures".

66. M. Eliade, 1964, *Shamanism: Archaic Techniques of Ecstasy*. Londres: Routledge.

67. Chikisheva, Polosmak e Zubova, "The Burial at Ak-Alakh-3 Mound 1".

68. Polosmak, "A Different Archaeology".

69. Polosmak, "The Ukok Diary".

70. Dra. Natalia Polosmak, entrevista.

71. Ibid.

72. TASS Russian News Agency; Plets, Konstantinov, Soenov e Robinson, "Repatriation, Doxa and Contested Heritages".

73. Molodin and Polosmak, "A Multidisciplinary Approach".

74. https://www.gazprom.com/projects/power-of-siberia/.

75. J. Bourgeois, A. de Wulf, R. Goossens e W. Gheyle, 2007, "Saving the Frozen Scythian Tombs of the Altai Mountains (Central Asia)", *World Archaeology* 39(3): 458–74.

76. Polosmak, interview.

77. Polosmak, "A Mummy Unearthed".

78. Polosmak, "The Ukok Diary".

79. A Rússia e o Altai tentaram reivindicar a Donzela do Gelo como "seu" ancestral. Em comparação com a identificação dela por comunidades locais como Ochi-Bala do épico heroico do Altai, estudos forenses pela polícia de Moscou e o Serviço Federal de Segurança da Rússia "mostraram" que a Donzela era totalmente caucasiana, sem características mongóis, "provando" que não havia ligação entre essa antiga habitante do Altai e os habitantes atuais. Igualmente, estudos genéticos concluíram que ela não tinha relação com os habitantes atuais do Altai. Esses argumentos baseados em características faciais e genéticas foram desprezados por muitos no Altai, que afirmaram que, independentemente de seus traços e sua genética, ela tinha sido encontrada no planalto e fazia parte do patrimônio do Altai. Cf. Plets, Konstantinov, Soenov e Robinson, "Repatriation, Doxa e Contested Heritages".

80. Polosmak, "The Ukok Diary".

81. Polosmak, "The Kashmir Diary"; Polosmak, interview.

Capítulo 8

1. Meus agradecimentos ao professor Lorde Colin Renfrew e ao Dr. Michael Boyd por concordarem em me conceder uma longa entrevista pelo Zoom sobre Keros, em 26 de fevereiro de 2021, da qual falo em todo este capítulo.

2. C. Renfrew, O. Philaniotou, N. Brodie, G. Gavalas e M. Boyd (eds), 2018, *The Marble Finds from Kavos and the Archaeology of Ritual*, Vol. 3, Cambridge: McDonald Institute for Archaeological Research, 38.

3. *Inscriptiones Graecae* I 37.21 (425–0 bce).

4. Colin Renfrew, entrevista em 26 de fevereiro de 2021.

5. Renfrew, entrevista; Discurso de Aceitação do Prêmio Balzan por Colin Renfrew, 18 de novembro de 2004: https://www.balzan.org/en/prizewinners/colin-renfrew/rome-18-11-2004-renfrew.

6. Renfrew, entrevista.

7. C. Renfrew, O. Philaniotou, N. Brodie, G. Gavalas e M . Boyd (eds), 2013, *The Settlement at Dhaskalio: The Sanctuary on Keros and the Origins of Aegean Ritual Practice – the Excavations of 2006–8*, Vol. 1, Cambridge: McDonald Institute for Archaeological Research, 10–11.

8. C. Renfrew, O. Philaniotou, N. Brodie, G. Gavalas e M. Boyd (eds), 2015, *Kavos and the Special Deposits: The Sanctuary on Keros and the Origins of Aegean Ritual Practice – the Excavations of 2006–8*, Vol. 2, Cambridge: McDonald Institute for Archaeological Research, 402.

9. Ano Koufonisi (Koufonissi Superior) tem uma ilha irmã, Kato Koufonisi (Koufonissi Inferior), que é desabitada. Juntas, as duas ilhas costumam ser chamadas de Koufonisia.

10. Transmissão de documentário da ERT, 20 de julho de 2020, *The Enigma of Keros*: https://www.youtube.com/watch?v=ZdQpvPnnFqo. Para mais discussões sobre o que os habitantes locais poderiam saber: G. Papamichelakis e C. Renfrew, 2010, "Hearsay about the 'Keros Hoard'", *American Journal of Archaeology* 114: 181–5.

11. Renfrew, entrevista.

12. Ibid.

13. Renfrew, Philaniotou, Brodie, Gavalas e Boyd (eds), *The Settlement at Dhaskalio*, 13.

14. Ibid., 188.

15. Renfrew, entrevista.

16. Documentário da ERT, *The Enigma of Keros*. Foi apenas descoberto anos após Doumas visitar o local um pouco antes de Renfrew naquele verão de 1963, em 13 de junho, depois de conseguir uma carona para Keros no iate particular de Goulandris: Renfrew, Philaniotou, Brodie, Gavalas e Boyd (eds), *The Settlement at Dhaskalio*, 79.

17. C. Renfrew, C. Doumas, L. Marangou e G. Gavalas (eds), 2007, *Keros, Dhaskalio Kavos: The Investigations of 1987–88*, Cambridge: McDonald Institute for Archaeological Research, 20; Renfrew, Philaniotou, Brodie, Gavalas e Boyd (eds), *The Settlement at Dhaskalio*, 188.

18. Renfrew, Doumas, Marangou e Gavalas (eds), *Keros, Dhaskalio Kavos*, 29.

19. Ibid., 32–6, 116.

20. Ibid., 5.

21. Este é o mesmo cargo oferecido à Dra. Gertrude Caton Thompson (mentora de Mary Leakey) em 1938, que o rejeitou; ele foi depois oferecido à Dra. Dorothy Garrod, em 1939, que se tornou a primeira mulher a ocupar uma cátedra (a mais ilustre posição professoral) na história de Oxford e Cambridge.

22. Renfrew, entrevista.

23. Documentário da ERT, *The Enigma of Keros*.

24. Renfrew, Doumas, Marangou e Gavalas (eds), *Keros, Dhaskalio Kavos*, 6.

25. Ibid., 116, 178.

26. Ibid., 36.

27. Ibid., 61, 73, 159–60, 185; C. Broodbank, 2000, *An Island Archaeology of the Early Cyclades*, Cambridge: Cambridge University Press, 267–72.

28. Renfrew, Doumas, Marangou e Gavalas (eds), *Keros, Dhaskalio Kavos*, 284, 287, 297, 413; C. Renfrew, 1991, *The Cycladic Spirit: Masterpieces*

from the Nicholas P. Goulandris Collection, Nova York: Harry Abrams, 59, 99–101.

29. Renfrew, entrevista.

30. Ibid.

31. Renfrew, Doumas, Marangou e Gavalas (eds), *Keros, Dhaskalio Kavos*, 73.

32. Renfrew, Philaniotou, Brodie, Gavalas e Boyd (eds), *Kavos and the Special Deposits*, 9.

33. Colin Renfrew e Michael Boyd, entrevista.

34. Renfrew, Philaniotou, Brodie, Gavalas e Boyd (eds), *The Settlement at Dhaskalio*, 1, 15.

35. Renfrew, entrevista.

36. Renfrew, Philaniotou, Brodie, Gavalas e Boyd (eds), *Kavos and the Special Deposits*, 9, 382.

37. Ibid., 353. É a "maior coleção de esculturas e cerâmicas do início da cultura cicládica recuperadas em uma escavação controlada": Renfrew, Philaniotou, Brodie, Gavalas e Boyd (eds), *The Marble Finds from Kavos*, xxi.

38. Renfrew, Philaniotou, Brodie, Gavalas e Boyd (eds), *Kavos and the Special Deposits*, 3, 209.

39. Ibid., 382–3.

40. Ibid., 209.

41. Michael Boyd, entrevista.

42. Renfrew, Philaniotou, Brodie, Gavalas e Boyd (eds), *The Settlement at Dhaskalio*, 309, 323, 377.

43. C. Renfrew, M. Boyd e C. Bronk Ramsey, 2012, "The Oldest Maritime Sanctuary? Dating the Sanctuary at Keros and the Cycladic Early Bronze Age", *Antiquity* 86: 144–60.

44. Ibid.; C. Renfrew, 2013, "The Sanctuary at Keros: Questions of Materiality and Monumentality", *Journal of the British Academy* 1: 187–212;

Renfrew, Philaniotou, Brodie, Gavalas e Boyd (eds), *Kavos and the Special Deposits*, 555.

45. Renfrew, Philaniotou, Brodie, Gavalas e Boyd (eds), *The Settlement at Dhaskalio*, 51–3.

46. Renfrew, Philaniotou, Brodie, Gavalas e Boyd (eds), *Kavos and the Special Deposits*, 385.

47. Renfrew, "The Sanctuary at Keros"; Renfrew, Philaniotou, Brodie, Gavalas e Boyd (eds), *Kavos and the Special Deposits*, 555–60.

48. Renfrew, "The Sanctuary at Keros"; Renfrew, Philaniotou, Brodie, Gavalas e Boyd (eds), *Kavos and the Special Deposits*, 389; documentário da ERT, *The Enigma of Keros*.

49. Ibid.

50. Renfrew, Philaniotou, Brodie, Gavalas e Boyd (eds), *The Settlement at Dhaskalio*, 720; Renfrew, Philaniotou, Brodie, Gavalas e Boyd (eds), *Kavos and the Special Deposits*, 388.

51. Renfrew, "The Sanctuary at Keros"; Renfrew, Philaniotou, Brodie, Gavalas e Boyd (eds), *Kavos and the Special Deposits*, 560.

52. Renfrew, Philaniotou, Brodie, Gavalas e Boyd (eds), *The Marble Finds from Kavos*, 19.

53. Renfrew, "The Sanctuary at Keros"; documentário da ERT, *The Enigma of Keros*.

54. Ibid.; Renfrew, Philaniotou, Brodie, Gavalas e Boyd (eds), *Kavos and the Special Deposits*, 387.

55. Documentário da ERT, *The Enigma of Keros*.

56. Renfrew e Boyd, entrevista.

57. Ibid.

58. Ibid.

59. Renfrew, Philaniotou, Brodie, Gavalas e Boyd (eds), *The Marble Finds from Kavos*, 435.

60. Ibid.

61. Ibid.

62. Os vestígios orgânicos em Dhaskalio sugerem que este pode não ter sido um local de ocupação permanente de uma população numerosa: Renfrew, Philaniotou, Brodie, Gavalas, Boyd (eds), *The Settlement at Dhaskalio*, 709; Renfrew, Philaniotou, Brodie, Gavalas e Boyd (eds), *The Marble Finds from Kavos*, 442.

63. Renfrew e Boyd, entrevista; documentário da ERT, *The Enigma of Keros*.

64. Renfrew e Boyd, entrevista.

65. Renfrew, Philaniotou, Brodie, Gavalas e Boyd (eds), *The Marble Finds from Kavos*, 540.

66. Renfrew, Philaniotou, Brodie, Gavalas e Boyd (eds), *The Settlement at Dhaskalio*, 713; Renfrew, Philaniotou, Brodie, Gavalas e Boyd (eds), *The Marble Finds from Kavos*, 40, 533.

67. Ibid., 711.

68. Renfrew, Philaniotou, Brodie, Gavalas e Boyd (eds), *Kavos and the Special Deposits*, 510, 516, 549–60.

69. Documentário da ERT, *The Enigma of Keros*; https://www.arch.cam.ac.uk/research/projects/current-projects/keros-project/2015-2018-keros-naxos-seaways (acessado em 19 de março de 2021).

70. Encontrado na Vala H em Dhaskalio: documentário da ERT, *The Enigma of Keros*.

71. Renfrew, Philaniotou, Brodie, Gavalas, Boyd (eds), *The Settlement at Dhaskalio*, 706, 715.

72. Ibid., 713; Renfrew, Philaniotou, Brodie, Gavalas e Boyd (eds), *The Marble Finds from Kavos*, 539.

73. Renfrew, Philaniotou, Brodie, Gavalas e Boyd (eds), *The Settlement at Dhaskalio*, 323.

74. Renfrew, Philaniotou, Brodie, Gavalas e Boyd (eds), *The Marble Finds from Kavos*, 556.

75. Documentário da ERT, *The Enigma of Keros*.

76. Renfrew e Boyd, entrevista.

77. Ibid.

78. Documentário da ERT, *The Enigma of Keros.*

79. Renfrew e Boyd, entrevista.

80. Ibid.

81. Renfrew, Philaniotou, Brodie, Gavalas e Boyd (eds), *The Marble Finds from Kavos*, 557.

Índice

D

E

G

H

N

O

P

R

S

T

U

V

W

Y

Z

Impressão e Acabamento | Gráfica Viena
www.graficaviena.com.br